le Temps retrouvé

MA VÉRIDIQUE HISTOIRE

PAR

OLAUDAH EQUIANO

AFRICAIN, ESCLAVE EN AMÉRIQUE, HOMME LIBRE

Traduit de l'anglais, présenté et annoté par
Régine Mfoumou-Arthur

MERCVRE DE FRANCE

INTRODUCTION

« Je crois qu'il est difficile pour ceux qui publient leurs Mémoires d'échapper à l'accusation de prétention... D'ordinaire, les gens pensent que ces Mémoires ont pour unique mérite d'être lus et rappelés, s'ils abondent de grands et remarquables hauts *faits*, ceux qui, en résumé, provoquent de l'admiration ou de la pitié au plus haut degré, alors que tous les autres ne méritent que le mépris et l'oubli. J'avoue donc qu'il n'est pas un peu aléatoire pour un simple individu inconnu, étranger de surcroît, de solliciter ainsi l'attention indulgente du public ; en particulier lorsque je reconnais que l'histoire que je raconte ici n'est pas celle d'un saint, ni celle d'un héros, ni celle d'un tyran[1]*. Je crois que peu d'événements de ma vie n'ont pas été vécus par d'autres, et il est vrai que les incidents de ma vie sont nombreux. Et, si je me considérais européen, je pourrais dire que mes souffrances furent immenses. Mais lorsque je compare mon sort à celui de la majorité de mes compatriotes, je me considère comme un enfant béni du Ciel, et je remercie la Pro-

* Les notes sont regroupées en fin de volume, p. 343 *sqq*.

vidence pour les grâces qu'elle m'a accordées dans chaque circonstance de ma vie. Si, en ce cas, l'histoire qui va suivre n'apparaît pas suffisamment intéressante pour attirer l'attention du public, permettez que mon intention soit un prétexte pour la faire publier[2]. »

C'est ainsi que débute *Ma véridique histoire, par Olaudah Equiano, Africain, esclave en Amérique, homme libre (The Interesting Narrative of Olaudah Equiano, or Gustavus Vassa, the African. Written by Himself),* le récit qu'écrit Equiano pour attirer l'attention de l'Europe sur les conditions inhumaines de l'esclavage. Son histoire personnelle, pourtant marquée de maintes tribulations, est couronnée par une réussite extraordinaire qu'il raconte avec modestie et ironie pour permettre au lecteur d'adhérer à son interprétation afrocentrique de l'esclavage. Effectivement, cet ouvrage est la première véritable revendication africaine. Certes, ancien esclave et nouveau membre de la société britannique en relation avec les plus illustres humanistes de son temps, Equiano écrit un texte profondément humanitaire où la liberté et la quête identitaire sont placées au premier plan. Outre cela, l'importance de l'ouvrage porte, aujourd'hui comme dans le passé, sur son discours qui n'est pas simplement revendicatif. Il est avant tout moralisateur, et expose les raisons socio-économiques qui justifient l'abolition de l'esclavage. Nul doute que la mise en captivité des esclaves africains va à l'encontre des principes chrétiens auxquels il adhère après son baptême, mais surtout elle représente, pour lui, un véritable frein à la croissance économique de l'Afrique :

« Comme le commerce inhumain des esclaves doit être pris en considération par le parlement britannique, je ne doute pas, si un système commercial était établi en Afrique, que la demande de fabriques croîtrait plus rapidement, étant donné que les habitants indigènes adopteraient insensiblement les modes, les us et coutumes britanniques, etc. La consommation des produits manufacturés britanniques serait proportionnelle à la civilisation. L'épuisement et les larmes d'un continent qui est presque deux fois aussi grand que l'Europe, et riche en végétaux et en produits minéraux, sont bien plus faciles à concevoir qu'à évaluer.

Pour illustration. — Les Aborigènes de Grande-Bretagne dépensent peu ou prou en vêtements, etc. La différence entre leurs ancêtres et la génération actuelle est, du point de vue de la consommation, littéralement infinie. Cette supposition est la plus évidente. Elle sera également extrême en Afrique. La même cause, à savoir la civilisation, produira toujours le même effet.

Il s'agit de commercer sur des bases saines. Une relation commerciale avec l'Afrique ouvre une inépuisable source de richesses aux intérêts manufacturiers de la Grande-Bretagne, et à tous ceux qui ont une objection au commerce des esclaves.

Si je suis bien informé, l'intérêt des manufactures est égal, sinon supérieur, à l'intérêt foncier, en ce qui concerne la valeur, pour des raisons qui apparaîtront bientôt. L'abolition de l'esclavage, acte si diabolique, donnera aux fabriques une croissance plus rapide, ce qui est totalement et diamétralement à l'opposé de ce qu'affirment certaines personnes intéressées.

Les manufactures de ce pays doivent et veulent, par la nature et la raison des choses, avoir un plein emploi constant du fait de l'approvisionnement des marchés africains.

La population, les entrailles et le sol de l'Afrique abondent en ressources de valeur précieuse et utile ; les trésors cachés pendant des siècles seront apportés à la lumière et mis en circulation. Les industries, les entreprises, les mines connaîtront leur expansion totale proportionnellement au rythme qu'elles se civilisent. En un mot, cela ouvre un champ infini au commerce des manufactures et de l'aventurier marchand britanniques. L'intérêt des fabriques et l'intérêt général sont synonymes. L'abolition de l'esclavage serait en réalité un bienfait universel. »

Ce paragraphe résume l'ensemble des prédicats d'Equiano pour la fin de l'esclavage. Ici, Equiano exprime aussi ses arguments contre le racisme ainsi que ceux qui pourraient servir à la promotion de l'identité africaine. En effet, *Ma véridique histoire* diffère grandement des récits de ses prédécesseurs, anciens esclaves (Cugoano Ottobah, Ignatius Sancho, Ukwasaw Gronniosaw), par la sincérité, la diligence et la foi avec lesquelles son auteur s'adresse au lecteur[3]. Son expérience personnelle devient universelle parce qu'elle touche l'ensemble de la population noire, captive en Europe et en Amérique. Certes l'auteur propose des solutions pour mettre fin à l'esclavage, mais le plus important sans doute c'est qu'il fournit au lecteur les outils lui permettant de se faire sa propre opinion afin d'arriver à la même conclusion que lui.

Aujourd'hui, l'intérêt de ce récit repose essentiellement sur son message altruiste qui englobe plusieurs valeurs interdisciplinaires et s'adresse à la fois à l'anthropologue, à l'historien, à l'économiste et au littéraire. À ce jour, *Ma véridique histoire* a été édité dans plusieurs pays (l'Angleterre et l'Amérique surtout) et traduit en une dizaine de langues depuis sa première parution. De plus, universellement reconnu pour avoir ouvert la voie à un genre nouveau, le récit d'esclave, qui connaît son apogée au XIXe siècle en Amérique, cet ouvrage a inspiré plusieurs auteurs d'Afrique noire anglophone du XXe siècle. Par exemple, la structure narrative de *Le monde s'effondre* de Chinua Achebe semble avoir été calquée sur celle de *The Interesting Narrative,* bien qu'Achebe transpose son récit sur une époque différente (l'époque coloniale), tout comme Equiano lui-même semble avoir transposé son propre récit sur les aventures de *Robinson Crusoé* (1729) de Daniel Defoe, prouvant ainsi son talent exceptionnel d'auteur afro-anglais. Reconnu en tant que tel dans son pays d'adoption, l'Angleterre, mais aussi en Amérique, aujourd'hui, on étudie Equiano et son œuvre dans les plus grandes universités anglaises et américaines. Par ailleurs, dans un entretien concernant l'avancement de ses recherches au Nigeria, le professeur Catherine Acholonu remarque que :

> « [...] Pour les gens en Afrique, le récit d'Equiano est très important parce que c'est l'ancre des études africaines. Dans chaque discipline, on étudie Equiano. Les historiens commencent leurs cours avec Equiano. En sciences sociales, on commence avec Equiano. Les littéraires commencent avec Equiano. Equiano nous empêche d'oublier la question de l'esclavage et le fait que des millions et des millions de nos frères et sœurs ne sont plus avec nous [...] qui font maintenant partie d'une autre culture, mais font également partie de la nôtre... L'histoire d'Equiano, plus qu'aucune autre his-

toire, porte cette authenticité, cet élan et cet impératif qui relie, qu'on ne doit pas oublier, qui nous rappelle qu'on doit se souvenir, et qu'on doit prendre la responsabilité des actions de nos ancêtres[4]. »

Achebe va plus loin en remarquant que le texte d'Equiano doit être perçu comme le prototype de la littérature africaine. Pour lui, cet ouvrage constitue en soi une réalité historique indéniable :

> « L'écrivain africain ne peut donc pas ignorer [les questions soulevées dans *Ma véridique histoire*], ni être indifférent à l'injustice monumentale que son peuple a subie... L'une des premières préoccupations [d'Equiano] était de lutter contre ces hypothèses fondamentales dont je parle. Equiano a décrit, avec grande affection et nostalgie, la beauté simple de son enfance dont il a à moitié le souvenir[5]. »

En s'accordant avec Acholonu et Achebe sur ce point, et surtout afin de proposer au lecteur francophone un récit fidèle autant que possible au texte original, la présente traduction (retraduction) en français de *Ma véridique histoire* a été réalisée de manière linéaire à partir de l'édition américaine publiée en 1791. En outre, cette édition représente le support de base d'un travail de recherches historiques sur l'esclavage et son incidence en Afrique, sur la société anglaise des années 1780-1800, à travers les deux principales formes de littérature qui semblent alors s'affirmer (le récit de voyage) ou émerger (le récit d'esclave) pour soutenir le mouvement de l'abolition, vecteur principal de l'écriture de *Ma véridique histoire*. En définitive, cette traduction de l'intégralité d'une des neuf premières éditions de *Ma véridique histoire* doit pouvoir compléter, voire corriger la précédente traduction française, mais également devenir le support principal d'autres études en vue d'une meilleure compréhension d'Equiano Olaudah. C'est pour cela que, après avoir situé *Ma véridique histoire* dans son contexte, on offre un aperçu général des fondements et des influences littéraires qui font de cet ouvrage un récit unique et son auteur l'écrivain africain le plus connu de son temps. Ensuite, pour ceux qui se poseraient la question de la crédibilité à accorder à une telle œuvre, on fournit des éléments de réponse en rappelant qu'Equiano s'inquiétait lui-même de l'authenticité de son récit, au point de fournir des informations vérifiables encore aujourd'hui. Pour finir, *Ma véridique histoire* étant un livre vaste et difficile à classer du fait de son caractère pluridisciplinaire, on suggère ici une manière, parmi d'autres sans doute, de le percevoir avec un certain recul historique.

Le contexte du récit d'Equiano

La littérature anglaise a connu un développement notable au XVIIIe siècle, passant d'un cadre élitiste à un cadre populaire, favorisé par le nombre croissant d'écrivains ambitieux qui se consacrent essentiellement à une forme d'écriture plus originale que nouvelle. Elle leur donne la possibilité de décrire leur quotidien tout en prenant parti, pour ou contre, les événements les plus marquants de leur société. La littérature ne s'adresse plus seulement à une catégorie très fermée de la société : elle touche maintenant la classe populaire, et les classes les moins représentées jusque-là (les femmes surtout).

Contrairement à la tendance observée dans la

première moitié du XVIIIe siècle, les écrivains anglais, de façon croissante, émanent de toutes les couches sociales, de la classe populaire à l'aristocratie. Le désir d'une promotion sociale, réalité à laquelle les Anglais aspirent avec beaucoup d'attention, conduit un grand nombre parmi eux, ainsi que des peintres comme William Hogarth, à transcrire la réalité de la vie de tous les jours dans leurs œuvres. C'est ainsi que les récits commencent à témoigner, voire à dénoncer la déchéance sociale qui frappe les Britanniques désœuvrés. De toute évidence, cet environnement socioculturel effervescent favorise tout un courant créatif du roman anglais, qui va modifier les fondements littéraires aristocratiques du siècle précédent, en particulier le conte populaire qui maintenait un écart entre les deux extrémités de l'échelle sociale, l'aristocratie et les bas-fonds de la société. Cependant, comme le remarque Suzy Halimi avec exactitude, « il y a désormais entre les deux une vaste catégorie sociale consciente de son existence et de son importance dans la communauté nationale. Avec elle, apparaît un public à l'esprit positif, soucieux de réalisme et désireux de retrouver dans les livres qu'il lit le monde qui lui est familier, les valeurs qui lui sont chères[6] ». Jusqu'aux années 1750, l'essor du roman intimiste ou diariste est indéniable et les Mémoires semblent prendre leur élan dans la seconde, voire la fin de cette période, permettant ainsi à des classes de populations minoritaires, les femmes ou d'anciens esclaves affranchis, de se révéler par une expression simple ou parfois complexe, mais porteuse d'un message adressé à la société. Ces nouveaux écrivains vont contribuer, de manière substantielle, au renouvellement du roman anglais qui « ne se prive donc ni d'exprimer ni d'exploiter un sentiment de méfiance tout ethnocentriste vis-à-vis du continent [car] le romancier ne laisse pas toujours le soin au lecteur sagace de dresser pour lui-même ce palmarès qui place la Grande-Bretagne bien au-dessus du reste des nations européennes[7] ». De même, ils n'expriment plus l'angoisse du péché des puritains du XVIIe siècle (voir les œuvres de Bunyan), car bien qu'étant de sincères croyants, « ils cherchent et trouvent des accommodements avec le Ciel, pour tirer le meilleur parti de son existence terrestre[8] ». La mission de l'écrivain est désormais d'instruire le public sans contrainte et de se rapprocher autant que possible de lui en parlant de sujets quotidiens ; ses récits répondent ainsi aux attentes du public. La tendance au « réalisme littéraire » s'affiche graduellement, ouvrant la sphère littéraire aux groupes les moins représentés. Dans tous les cas, jusqu'au milieu du XVIIIe siècle, l'écriture semble être devenue un moyen d'épanouissement pour les catégories sociales jusque-là peu représentées (les femmes, les esclaves affranchis). Pour ces derniers en particulier, elle devient le médium principal par lequel ils peuvent faire entendre leur voix ou émerger en qualité de participant à la reconstruction de l'identité de la diaspora africaine dans son ensemble.

Au début des années 1780, une profusion de textes esclavagistes prédomine encore dans le monde littéraire anglais sous la forme de poèmes, de pièces de théâtre et de romans d'aventures. Face à eux, les textes de militants abolitionnistes reconnus grâce à leur engagement ferme pour la cause des Noirs. Le plus illustre parmi eux est incontestablement Thomas Clarkson, dont l'histoire et la participation au mouvement abolitionniste constituent une source d'informations fort importante. De nombreux auteurs antiesclavagistes s'inspiraient de ces travaux, notamment pour imposer une distinction nette entre le récit d'aventures et la littérature de voyage (*travel literature*), qui s'inspire à la fois de l'imaginaire littéraire et de faits réels. En ce qui concerne les récits sur l'Afrique, cette littérature est essentiellement constituée de témoignages fournis par les écrivains européens qui ont exploré l'Afrique, si ce n'est directement d'Africains «exportés» en Europe. Ces derniers témoignages s'avèrent être déterminants pour le rôle que vont jouer les Africains, avant la fin du siècle, pour changer les fondements du récit de voyage ordinaire qui, selon Jean Viviès, «avait en effet ses conventions [car] les voyageurs étaient censés accumuler un certain nombre de données qui correspondaient à des rubriques mentalement ordonnées: la géographie, l'histoire naturelle, les hommes[9]». Effectivement, le style des auteurs africains modifie nettement cette convention, comme l'observe William Heffernan:

> «Le contenu des récits de voyages africains n'inclut pas seulement des descriptions atroces des conditions de la traite — la brutalité du négrier, la mortalité des esclaves et des marins, les effets débilitants du commerce sur la moralité des Noirs et des Blancs — mais aussi les débats sur des sujets aussi étendus que la personnalité du nègre, la nature des différences raciales et culturelles, et les concepts de primitivisme et de progressisme en rapport avec différentes sociétés[10].»

Pour sa part, Clarkson détaille avec précision les récits de plusieurs voyageurs publiés par le Committee for the Abolition of the Slave Trade. Il remarque par exemple qu'entre janvier et février 1788, trois cents exemplaires des récits respectifs d'Alexander Falconbridge, *An Account of the Slave Trade on the Coast of Africa* (Londres, 1788) et de John Newton,

Thoughts on the Slave Trade (Londres, 1788) sont publiés par ce comité (Clarkson, 1808). D'où la nécessité de préciser que la littérature de voyage de la période 1780-1800 est essentiellement composée de témoignages en faveur ou contre l'abolition de l'esclavage des Africains, d'autant plus que l'accès des écrivains africains renouvelle le genre par la création tacite d'un sous-groupe de la littérature du voyage. Ce sous-groupe lui-même aboutira à un genre à part entière sous la forme du récit d'esclave au XIXe siècle. Clarkson et les autres abolitionnistes contribuent grandement à l'essor de cette forme d'expression littéraire en se montrant avides de rencontrer les voyageurs fraîchement revenus d'Afrique, comme William Falconbridge, qui confirment les souffrances des esclaves à bord des navires dans ses témoignages. À l'exemple de Falconbridge, plusieurs anciens esclaves écrivent aussi leurs expériences personnelles en tant que témoins oculaires, afin d'amener le lecteur à prendre conscience des conditions de vie des esclaves à bord des négriers. Ces témoignages servaient de moteur au mouvement abolitionniste.

De toute évidence, l'horreur de la vie à bord des négriers est telle qu'un grand nombre d'écrivains antiesclavagistes commencent à pressentir le besoin d'agir en faveur de l'abolition. Et pour cela, ils doivent œuvrer pour le rétablissement d'une image positive de l'Afrique. Cet effort passe nécessairement par la preuve de l'existence d'une société socialement et économiquement productive en Afrique, que des livres comme *Ma véridique histoire* d'Equiano vont valablement symboliser. Avec le soutien de Falconbridge et de Clarkson qui ont l'expérience, directe ou non, de la vie à bord des navires de traite (Clarkson n'a jamais été en Afrique, mais il a visité ces navires à maintes occasions), les récits de cette période sont animés par la volonté d'informer et d'attirer la sympathie du public, voire d'attiser le sentiment de culpabilité de la société vis-à-vis de la situation des Africains. Nul doute qu'il s'agit là d'une ambition fort utilitariste. Pourtant celle-ci se voit systématiquement contrée par les travaux des opposants de la cause abolitionniste, surtout ceux de William Snelgrave et ses successeurs, en particulier Robert Norris. Une véritable lutte idéologique est alors engagée entre ces parties : tandis que des écrivains comme Falconbridge utilisent leur propre expérience des bateaux négriers, d'autres, Robert Norris par exemple, réfutent continuellement les atrocités racontées par les premiers. La véritable question qui est alors soulevée est naturellement celle de la partie qui détient *la* vérité.

Afin de répondre à cette question, les abolitionnistes trouvent une autre possibilité qui consiste à multiplier les mouvements radicaux prônant l'autodidactisme des Noirs, à travers la reconnaissance de leurs capacités intellectuelles : il faut en effet donner aux Africains eux-mêmes l'occasion de s'exprimer sur leur expérience de l'esclavage ! Ayant recueilli un grand nombre de témoignages d'esclaves ou d'anciens esclaves, ils se mettent donc à rédiger des essais lorsqu'ils n'écrivent pas des récits d'esclaves dont ils ont un total contrôle (voir les récits d'Ottobah, de Sancho ou de Gronniosaw). Davantage, ils commencent même à prêter de la sensibilité et de l'innocence aux Africains tout en dessinant des personnalités fortes, dotées d'un courage, du respect de l'aîné, de compassion pour les plus malheureux et d'une révérence filiale exemplaire. Grâce à de tels éloges, l'Africain nègre est érigé au rang du « noble sauvage ». Les récits sont alors accompagnés d'illustrations puériles supposées représenter la bienveillance des Africains envers les autres ainsi que leur capacité à ressentir la douleur.

Le but recherché est de démontrer que les captifs africains sont égaux aux Blancs, tout au moins quant à leur moralité, si ce n'est du point de vue intellectuel. À ce sujet, Bénezet affirme que les Noirs ont la même susceptibilité que les Blancs face à la douleur et à la souffrance; Equiano, par exemple, s'inspire grandement des travaux de Bénezet qu'il cite plusieurs fois dans *Ma véridique histoire,* justement pour démontrer cette sensibilité naturelle. Et, comme le note Costanzo Angelo avec exactitude: «Equiano essayait de dépeindre une image de l'Africain vu comme un noble sauvage doté d'une dignité héroïque, tandis que Bénezet décrivait peut-être l'Africain du point de vue de la vertu quaker[11].» Parallèlement, on publie des poèmes écrits par des auteurs d'origine africaine (Phillis Wheatley, Sancho) dans des revues, pour démontrer leur humanité. Mais, cette entreprise est fort risquée, car à cette époque, l'esclave africain demeure un individu primitif «sauvage» et «sous-humain». Cette affirmation est réconfortante, pour les trafiquants, parce qu'elle leur sert de leitmotiv depuis plus d'un siècle autant qu'elle rejoint l'argument majeur de leur justification de la traite des Noirs: les esclaves africains étant vendus par les Noirs eux-mêmes, ou par les marchands arabes qui les maltraitaient, il valait mieux les vendre aux Européens qui leur permettaient d'accéder à la civilisation qui passe nécessairement par leur conversion au christianisme (ce qui leur vaut le soutien de l'Église anglicane), tout en les éloignant des guerres ethniques qui animaient l'Afrique à l'apogée de la traite.

Outre cela, les multiples tentatives de réhabilitation d'une image positive de l'Africain n'ont pas été à la hauteur du préjugé racial que les esclaves continuaient de subir, car les abolitionnistes n'ont fait qu'éveiller des pensées contradictoires en appuyant leur argumentation sur le fait que ces derniers étaient, sur les plans intellectuel et moral, égaux, et peut-être même supérieurs aux Blancs. Certes, mais leur opinion progressiste n'admet pas totalement l'accès des Noirs aux avantages de l'âge des Lumières, parce que leur image est multiple et qu'elle nécessite un certain relativisme pour pouvoir être restituée « en tenant compte de l'évolution des relations politiques, sociales, religieuses, militaires et économiques entre l'Angleterre et les pays du continent[12] ». Pour illustration, lors d'un discours en faveur de l'abolition, Pitt (cité par Clarkson) analyse le « retard » accusé par l'Afrique en matière de développement socioculturel, économique et politique par rapport à l'échelle d'ascension dessinée par les pays occidentaux :

> « Parmi les nations terrestres nous fûmes une fois aussi obscures, aussi sauvages dans notre attitude, aussi avilis dans notre moralité, aussi dégradés dans notre compréhension que ces malheureux Africains. Mais dans l'intervalle d'un grand nombre d'années, par une progression lente et en un temps presque imperceptible, nous étions devenus riches d'une diversité de connaissances[13]. »

Ce constat assurément incomplet suggère pourtant l'idée que les abolitionnistes croient que la traite transatlantique pourra trouver sa fin dans quelques décennies. Ce qui explique partiellement la multiplication d'actions en faveur de la cause des Noirs dans les années 1780. Et pour la première fois, on fait appel à des Africains pour participer à cette lutte. Rares sont ceux, parmi eux, qui ont réussi à se faire un nom, surtout que les Mémoires des abolitionnistes ne mentionnent presque jamais leur présence et que les historiens la minimisent ou l'ignorent, au point de la rendre quasi inexistante. Prévoyant, Equiano a compris cette difficulté à se trouver une place valorisante parmi les plus illustres avocats de la cause de ses semblables. C'est pourquoi, pour être reconnu en tant qu'individu à part entière, il doit se distinguer des autres Africains. C'est précisément ce point qui représente l'essence de son projet d'écriture. Le temps lui ayant donné raison, il demeure aujourd'hui le seul écrivain afro-anglais dont la participation à l'abolition n'a jamais été remise en question. Pour plusieurs raisons. La principale, sans doute, est qu'il devient la voix africaine qui se lève pour ceux qui ne peuvent se faire entendre par eux-mêmes. Mais aussi, en côtoyant les plus grands abolitionnistes, il utilise valablement ses relations pour attirer l'attention du public sur l'esclavage et ses conséquences. Un journal londonien publie une plainte le 19 mars 1783, à la suite de la visite d'Equiano à Granville Sharp qui confirme que « le nègre Gustavus Vassa a attiré mon attention sur le cas de 130 nègres jetés à la mer vivants, par-dessus bord d'un négrier anglais ». À la suite de cet appel, Granville Sharp et ses amis abolitionnistes entament une procédure judiciaire contre les responsables du massacre. Curieusement, Equiano ne mentionne pas cet événement dans son autobiographie, pourtant écrite en vue de servir tout spécialement la cause abolitionniste. Mais son ami Cugoano Ottobah raconte cet incident dans le récit qu'il a écrit par diction à une ou plusieurs personnes. Dans tous les cas, il est primordial pour chaque auteur africain à cette époque d'attester l'exactitude de son histoire par un ou plusieurs Blancs, au risque d'éveiller la méfiance, voire le rejet des lecteurs.

Contrairement à ses congénères, Equiano donne l'impression d'avoir compris cette difficulté. De même, il sait qu'il ne peut pas aisément se faire une place parmi les Anglais en tant que participant actif au mouvement abolitionniste, d'où son choix d'agir parallèlement à la campagne contre la traite et pour l'ensemble de la diaspora africaine. C'est ce qui explique qu'il multiplie des actions individuelles : en 1788, il adresse personnellement une pétition au Parlement de Londres, qui est lu en présence de la reine Charlotte (épouse de George III). C'est dans cette pétition, écrite à la première personne et signée par son nom usuel, Gustavus Vassa, « L'Éthiopien opprimé », qu'il se désigne effectivement comme le porte-parole de son peuple, car il parle « pour le compte de [ses] frères africains ». Un an plus tard, Equiano publie *Ma véridique histoire*, autobiographie dans laquelle se révèlent, d'une part, le désir d'éclairer le public populaire et, d'autre part, la motivation de se faire entendre des intellectuels sensibles à la cause des esclaves africains. Grâce au récit passionnant (*Interesting*, en anglais), de sa propre expérience (qui pourrait traduire le terme anglais de *Narrative* dans le titre original de l'ouvrage), il détermine clairement ses ambitions et spécifie les arguments de la pétition présentée à la reine un an auparavant : « L'Éthiopien opprimé [...] ne sollicite point votre royale pitié pour [sa propre] détresse... J'implore la compassion de Votre Majesté pour des millions de mes compatriotes africains, qui gémissent sous les coups de fouet tyranniques dans les Indes-Occidentales. »

Il est de ce fait évident que, chez Equiano, derrière la demande de l'abolition de l'esclavage formulée dans cette pétition, qui ressemble à une lettre personnelle, se cache l'idée d'égalité des races :

> « Je me permets donc, gracieuse Reine, d'implorer votre intervention accompagnée de votre royal réconfort, en faveur des Africains misérables qui, par l'influence bienveillante de votre Majesté, une fin peut à présent être portée à leur misère — et qu'ils peuvent être élevés de la condition de bêtes, à laquelle ils sont aujourd'hui abaissés, aux droits et à l'état d'hommes libres, et admis à prendre part aux grâces de l'heureux gouvernement de votre Majesté ; ainsi fera l'heureux gouvernement de votre Majesté : ainsi votre Majesté appréciera la joie sincère de procurer du bonheur à des millions d'individus, et d'être récompensée par leurs prières reconnaissantes, et par leur postérité. »

Outre les divers débats publics auxquels il participe, cette pétition notable a certainement eu une influence considérable dans la lutte abolitionniste, quels que fussent les desseins réels d'Equiano. Dans tous les cas, force est de constater que *Ma véridique histoire* a été publié pour servir de base au prédicat d'Equiano pour l'abolition de l'esclavage, qui ne se produit finalement qu'en 1807 en Angleterre. Et une fois replacé dans son contexte, cet ouvrage révèle la tendance radicale du discours d'Equiano dont l'ambition est de modeler une nouvelle image de l'Africain grâce à l'illustration d'une respectabilité remise en question par de nombreux auteurs de la fin du XVIIIe siècle.

Les fondements littéraires du récit

Entre 1789 et 1794, Equiano publie neuf éditions de *Ma véridique histoire,* par souscription[14]. Dans chaque nouvelle édition, il modifie des dates, ajoute quelques références personnelles (son baptême, son mariage, etc.). À la différence des autres écrivains africains de cette époque, dont le récit repose davantage sur la narration d'expériences vécues, sans véritable analyse de la question de l'esclavage ni remise en cause de leur environnement, *Ma véridique histoire* n'est pas simplement l'histoire d'un homme qui se raconte. S'inscrivant d'abord dans un discours de représentation et de promotion de l'évolution sociopolitique et culturelle de toute une communauté au sein d'une société hostile, cet ouvrage perd le caractère individualiste qu'on retrouve dans les autobiographies de ses compatriotes. Ainsi le récit est à la fois historique et autobiographique, dramatique et pathétique, symbolique et réaliste, ironique et sentimental. Il exprime aussi une contestation fortement affirmée, protestataire : il dénonce l'inégalité raciale et sociale et revendique l'élévation sociopolitique des esclaves ainsi que la réhabilitation de leur image aux yeux des Européens, comme le souligne Guillaume Cingal :

> « Il n'y a pas de supériorité de telle ou telle race, ni de domination légitime de tel ou tel peuple sur tel autre. En dressant un tableau rapide des mœurs et des modes de vie propres aux Igbo, Equiano cherche, dans le chapitre 1, à montrer que les Africains ne sont pas en retard sur les Européens. Ils n'ont pas besoin de progresser. Ils ont évolué différemment, selon des priorités radicalement distinctes de

> celles des Européens. Mieux, même Equiano multiplie les exemples montrant des Européens immoraux ou "barbares" à l'œuvre, critiquant les viols de jeunes esclaves par les Blancs, ou comparant défavorablement une des lois votées par l'Assemblée de Barbades à l'équité des prétendus "sauvages"[15]. »

Devant une telle approche, l'on ne peut ignorer la spécificité historique de son récit : la traite des Noirs débouche sur l'histoire d'une dépendance des Africains vis-à-vis des Européens.

Toutefois, le caractère autobiographique ne disparaît pas puisque le « je » d'Equiano témoigne d'un véritable travail d'écriture où le style se veut simple et spontané. De plus, en s'efforçant de ne pas dissocier le protagoniste-narrateur de l'auteur, Equiano manifeste la volonté de maintenir une cohésion identitaire, celle d'un ancien esclave africain devenu anglais, voire européen, mais qui demeure à jamais africain. C'est aussi pour cette raison que, contrairement aux récits de ses congénères africains, les détails de sa vie personnelle sont exclus dans la première édition, mais sont rajoutés de manière progressive de la seconde à la neuvième édition. Ainsi l'attention du lecteur s'éloigne de sa personne : Equiano le soumet à une révision de son image de l'Africain, et à une véritable réflexion sur la « possible intelligence » des Noirs. Outre cela, les modifications effectuées d'une édition à une autre, en particulier l'actualisation des données, démontrent le souci qu'il a de réussir dans ce projet de réhabilitation intellectuelle et socioculturelle de la communauté noire, d'où la nécessité de toujours pousser, aussi loin que possible, sa réflexion sur son projet d'écriture, et par conséquent sur sa stratégie littéraire. Ainsi, il ne s'attarde pas véritablement sur chaque mot employé : on a davantage l'impression que les éléments paratextuels qu'il utilise sont destinés à donner du sens à l'ensemble de son discours : le plus important pour lui étant de parvenir à changer les images stéréotypées que ses contemporains européens ont des Africains pour que, enfin, puissent être déstabilisées les certitudes idéologiques qui cloisonnent l'avenir de ces derniers en Europe, et plus loin, en Amérique. Pour ce faire, il laisse parfois sa personnalité transparaître devant celle du narrateur, si bien que le contexte et le texte sont rapprochés tout comme son expérience et le vécu de son protagoniste.

Premièrement, l'ensemble du texte présente des repères spatiotemporels liés au temps de l'histoire mais aussi au temps de l'écriture. Ainsi, dans *Ma véridique histoire*, le système de l'esclavage demeure intact du début jusqu'à la fin du récit. Deuxièmement, l'abolition n'ayant pas encore eu lieu au moment de l'écriture du récit, tout porte à croire que les événements vécus par le protagoniste sont d'actualité pour la majorité des esclaves, directement concernés par son discours. Ce qui permet de penser que l'assimilation de son passé au présent de bon nombre d'Africains invite à une lecture autobiographique de *Ma véridique histoire*. Néanmoins, la remontée dans le passé de l'auteur devient pratiquement réelle car, à ce moment-là, il est totalement déraciné de son pays ibo natal et n'a plus de liens avec ses compatriotes depuis de longues années. En effet, parmi les amis qu'il cite, aucun n'est ibo : Ottobah, par exemple, est originaire du Ghana. Cela explique sans doute la critique, parfois acerbe, qui a accueilli la parution de son récit, remettant essentiellement en cause le crédit à accorder aux souvenirs d'enfance. Par exemple dès la première parution de *Ma véridique histoire*, Equiano sera maintes fois attaqué par des critiques anglais qui doutent qu'un esclave qui n'apprend l'anglais qu'à partir de l'âge de douze ans environ puisse avoir écrit ce livre. En juin 1789, un article de *The Monthly Review* note qu'il « n'est pas improbable qu'un écrivain anglais l'ait assisté dans la composition, ou au moins dans la correction de son livre, car il est assez bien écrit ». Pour essayer de trouver quelque réponse à cette suspicion, Paul Edwards rappelle qu'Equiano apprend à lire et à écrire alors qu'il est encore esclave, et une fois libre, il travaille parmi des Anglais souvent instruits qu'il côtoie régulièrement[16]. Dans son introduction, il proteste donc contre la remise en question de sa paternité concernant *Ma véridique histoire,* en affirmant qu'« il n'y a aucune raison qu'à l'âge de quarante-quatre ans, il ne pût parler couramment l'anglais ». Edwards suggère finalement que, si ce récit avait été revu par un éditeur, le « style [aurait été] bien plus élaboré et les expressions maladroites et agrammaticales auraient été ôtées ». Pour appuyer son affirmation, il cite un poème d'Equiano qui présente justement des rimes « erronées à moins qu'elles ne fussent prononcées par un accent d'Afrique de l'Ouest ». Il compare également des lettres d'Equiano avec son récit, et révèle que « partout où se trouve une erreur grammaticale, à un endroit de la lettre, la même forme grammaticale apparaît correctement, ce qui indique que c'est la hâte, non pas l'ignorance de la forme correcte, qui a causé l'erreur ».

Dans tous les cas, dans *Ma véridique histoire,* Equiano dépeint le portrait « véridique » d'un homme qui pense être méconnu, qui veut être entendu et reconnu pour pouvoir défendre la cause des esclaves. À cet effet, on peut dire que le plus important pour lui, c'est de faire éclater sa vérité profonde, qui se confond avec la Vérité, car cette vérité-là se trouve au fond de son cœur. Toutefois, cela n'empêchera pas de nombreuses attaques comme c'est le cas d'une lettre anonyme qui paraît dans *The Oracle* du 25 avril 1792 :

> « Le Nègre appelé GUSTAVUS VASSA, qui a publié l'histoire de sa vie et fournit un récit si admirable des lois, de la religion, et des productions naturelles de l'intérieur de l'Afrique, dans lequel il raconte qu'il a été capturé dans son enfance, n'est autre qu'un natif de l'île danoise de Santa Cruz. »

Plus loin dans le même journal, la critique continue :

> « Chubb a bien observé qu'il n'y a aucune absurdité, bien que ce soit flagrant, mais la crédulité populaire est assez largement avide pour l'avaler. C'est un fait que le Public puisse dépendre de ce *Gustavus Vassa* qui a publiquement affirmé qu'il fut capturé en Afrique, et n'a jamais été dans ce Continent mais qu'il est né et fut élevé dans l'île danoise de Santa Cruz, dans les Indes-Occidentales. *Ex hoc uno disce omnes* [ce fait seul dit tout]. Ce que nous demandons à tout individu simple d'esprit c'est que la cause qui peut pencher en faveur des mensonges propagés avec autant d'audace qu'ils sont aisément détectés doit-elle exister ? Le Patriotisme moderne que des capricieux expriment tant avec des sentiments, est réellement fondé sur des vues personnelles et intéressées plutôt que sur une considération pour le bien public. »

Afin de répondre à ces attaques publiées pendant qu'il sillonne l'Écosse pour la promotion de la cinquième édition de son autobiographie, en 1792, Equiano adresse la lettre suivante à ses lecteurs par le journal *The Star* du 27 avril, avant de l'insérer au début de cette même édition :

> « Un mensonge injuste ayant été publié dans *The Oracle* du 25, et *The Star* du 27 avril 1792, dans l'optique de heurter ma personne, et de discréditer et d'empêcher la vente de mon récit, affirmant que j'étais né dans l'île danoise de Santa Cruz, dans les Indes-Occidentales, il est indispensable que, dans la présente édition, j'en tienne compte, et il est nécessaire que je fasse appel à ces nombreuses personnes de renom respectables qui m'ont connu à mon arrivée en Angleterre, et que je ne savais aucune autre langue que celle d'Afrique. En vertu de cet appel, à présent j'offre cette édition de mon récit au lecteur sincère, et aux amis de l'humanité, espérant qu'il puisse encore être le moyen, à son niveau, de démontrer les cruautés énormes pratiquées sur mes frères noirs, et de renforcer l'émulation généreuse qui prédomine maintenant dans ce pays, dans le but d'accélérer la fin d'un trafic cruel et injuste. »

À ce niveau, il faut souligner que de telles critiques sont courantes jusqu'à la fin du XVIIIe siècle, en partie parce que les textes d'Africains se ressemblent et ont tendance à adapter ou à déformer la vérité parfois, car le souvenir des narrateurs évolue nécessairement avec le temps et les différentes aventures qu'ils vivent. C'est notamment le cas de la scène du livre qui parle, qu'Equiano s'attribue dans son ouvrage alors qu'elle provient certainement de ses lectures d'écrivains africains qui le précèdent. Effectivement, au début de son récit, le narrateur se présente comme un enfant perdu, étranger à la communauté où il va devoir évoluer jusqu'au moment où il rachètera sa liberté. La distance qu'il place, volontairement, entre ses deux conditions (l'enfant-esclave et l'adulte libre) a pour objectif, semble-t-il, de démontrer qu'à cause et grâce à sa captivité, il reconsidère son vécu selon deux aspects, caractérisés par la double personnalité du narrateur (l'enfant naïf/l'adulte critique), un tel dédoublement a pour mérite de lui permettre de revivre une vie marquée par l'atrocité et les souffrances psychologiques engendrées par la cruauté des esclavagistes européens. Au milieu de ce qu'on peut appeler ses «deux vies», le leitmotiv de l'espoir d'un meilleur avenir pour l'auteur, d'un bout à l'autre de son histoire, semble être à l'origine de l'amélioration des conditions de sa propre vie, alors projetée en avant pour refléter une réalité autre, celle des Africains assujettis. Cela pour revaloriser la communauté africaine en quête d'une voie pour l'avenir. Dans l'optique de cette mission qu'il se donne, Equiano s'attribue des origines nobles. Il est évident qu'un personnage de modeste condition n'aurait certainement pas pu captiver l'attention des Européens. De toutes les manières, il n'est pas le premier à utiliser ce stratagème: à la manière d'Oroonoko (Aphra Behn, 1688), et d'Othello (Shakespeare, 1622) avant lui, la voix noble s'impose comme le meilleur moyen d'accéder à l'aristocratie britannique. On se souvient qu'Othello est issu d'une lignée royale et qu'Oroonoko appartient à une famille royale avant de devenir esclave. Bien que ne s'attribuant pas de trône royal, Equiano affirme quand même son appartenance à l'élite gouvernante de son pays d'origine. Par ce biais, il perpétue, volontairement ou non, le cliché des captifs africains de familles royales fort récurrent dans la littérature anglaise de l'époque et dont la représentation est courante dans les œuvres de la période 1680-1780. Il est évident que le discours littéraire des Afro-Britanniques du XVIIIe siècle laisse entendre qu'une fois écartés de la masse de la diaspora africaine en Europe (parce qu'elle est majoritairement composée d'esclaves-serviteurs), les auteurs afro-anglais s'attribuaient souvent, peut-être un peu trop, du sang bleu. Rien de surprenant alors qu'Ukawsaw Gronniosaw, né à Bornou, affirme furtivement que sa mère était la fille aînée de la famille royale de Zaara. De même, l'ami d'Equiano, Quobna Ottobah Cugoano, évoque son départ d'Ajumako (le Ghana actuel) où sa famille était également aristocratique : « mon père et des membres de ma famille étaient alors des chefs dans le royaume d'Agimaque et d'Assinee ».

Tous ces exemples soulèvent le doute quant au statut social d'Equiano à Essaka, village natal où, d'après son souvenir, son père occupait le titre de chef tribal appelé *Embrenche,* titre auquel il était destiné. À ce propos, Adiele Afigbo a démontré dans une étude fort documentée[17] qu'il est probable qu'Equiano confonde les marques de distinction sociale des Anciens de la société ibo, *Ndichie,* avec les scarifications rituelles, *igbu ichi,* qu'on portait sur le corps pour le décorer. En définitive, en mettant en place une hagiographie élitiste dans *Ma véridique histoire,* Equiano structure son récit de manière à retrouver, bien que sous une forme différente, une distinction sociale similaire à celle qu'il aurait peut-être connue en demeurant chez lui. C'est pourquoi il ne pouvait maintenir le discours de l'enfant africain désorienté d'un bout à l'autre du récit. Aussi propose-t-il, par son regard ethnohistorique de l'Afrique, tous les instants de bonheur qui progressivement disparaissent derrière l'acquisition de la «connaissance» au contact des Blancs. De ce fait, une fois muni de cette connaissance[18], le narrateur adulte utilise ses souvenirs pour reconstruire un passé trop lointain pour être authentique mais aussi pour poser les bases d'un meilleur avenir pour toute la population noire encore soumise en Europe et en Amérique. Finalement, la cohésion identitaire du narrateur, confondue avec celle de l'auteur, est formée à partir de la schématisation d'une personnalité forte, métissée grâce à l'amalgame des personnalités du narrateur-enfant africain et du narrateur-adulte afro-anglais.

En définitive, la personnalité de l'enfant n'a qu'une valeur symbolique dans *Ma véridique histoire.* Par contre, la stratégie d'Equiano est subtile dans la mesure où il contraint son lecteur à prendre conscience de chacun des paliers narratifs qui, précisément, éclairent l'univers de son enfance. Le lecteur doit alors s'identifier au narrateur-enfant. En d'autres termes, l'usage du «je» dans *Ma véridique histoire* donne au lecteur la possibilité de rapprocher son propre vécu à celui d'Equiano. C'est également ce qui justifie le besoin d'authentifier autant que possible son histoire, notamment en prêtant la vedette aux personnages historiques qu'il rencontre (l'Amiral Boscawen, le navigateur John Phipps, Granville Sharp, Thomas Clarkson, la reine Charlotte, etc.) ou en cédant sa voix de façon stratégique à d'autres. Il la donne, par exemple, au capitaine Pascal lorsque celui-ci refuse de lui payer sa part des prises de guerre; il la donne encore à son maître, lorsque celui-ci veut s'opposer à son affranchissement alors qu'Equiano a réuni la somme d'argent qu'il avait demandée contre sa liberté; il la cède enfin pour démontrer l'avidité des marchands d'esclaves qui s'en prennent inopinément à de pauvres Noirs innocents, etc. De même, il procède à un renversement de hiérarchie en valorisant les « damnés de la terre[19] », de manière à diagnostiquer le mal qui est fait à l'Afrique et aux Africains et à suggérer au lecteur une vision idéologique et une réglementation appropriée, qui protégerait les droits des subjugués. En particulier, les derniers chapitres traitant des projets coloniaux d'Equiano, tels que sa tentative d'installation en Sierra Leone, attestent de l'éthique néocolonialiste de son projet qui reprend la pensée abolitionniste des années 1790-1800. Les détails historiques, ethnographiques et anthropologiques de *Ma véridique histoire* convergent vers le même objectif : situer l'histoire d'Equiano au confluent historique des intérêts anglais, caribéens, américains et africains ; réclamer le meilleur traitement des Afro-Anglais ainsi que la réparation des ravages de l'esclavage par la mise en place d'un système mercantiliste parallèle à l'émancipation des esclaves et à leur rapatriement vers l'Afrique grâce au Projet de réinstallation en Sierra Leone (*Sierra Leone Resettlement Project*). Aujourd'hui, des critiques contradictoires s'élèvent sur ce projet jugé de séparatiste par certains, tandis que pour Equiano, il sert de tremplin dans son chemin de reconnaissance, parce qu'il lui permet enfin d'être mis en avant en devenant le premier fonctionnaire africain du royaume britannique. À l'opposé, pour Joseph Fichtelberg, par exemple, Equiano est simplement un *accommodationist*[20] à l'origine d'un projet mercantiliste qu'il espère voir aboutir après l'abolition.

Il est indéniable que *Ma véridique histoire* est né du croisement de plusieurs discours dérangeant l'ordre établi. Toutefois, le plus dominant, le récit d'esclave, provoque une confrontation qui permet de le singulariser par rapport aux autres récits de l'Afrique. Ainsi, parce qu'il se distingue de ses compatriotes écrivains, Equiano devient le plus grand écrivain afro-anglais du siècle des Lumières. À l'image des plus illustres écrivains de son temps, Equiano mérite une réhabilitation complète (du moins dans les pays francophones — France, Afrique, Caraïbes; cette réhabilitation a commencé dans les années 1960 en Angleterre et en Amérique du Nord) dans les domaines auxquels il s'applique (l'histoire de l'esclavage, la littérature afro-anglaise, le récit de voyage et le récit d'esclave). C'est précisément dans cette optique que cette traduction a été réalisée en annexe d'une étude littéraire plus approfondie, qui, on l'espère, servira de base pour d'autres recherches ou pour une meilleure connaissance d'Equiano Olaudah, parce qu'elle permet d'abord de déterminer le genre et le style littéraire de *Ma véridique histoire*, les principales influences qu'a subies Equiano (Daniel Defoe, Ottobah et Sancho, ainsi que les abolitionnistes) et enfin, parce qu'il est l'un des précurseurs du récit d'esclave qui connaîtra son apogée au XIXe siècle seulement par sa contribution active à l'abolition de l'esclavage.

L'originalité du cas d'Equiano

En fait, *Ma véridique histoire* est un récit unique, qui repose sur une multitude de genres, parce que son auteur établit un lien remarquable entre l'ouvrage et la littérature anglaise de son époque, tout en tenant compte de l'héritage de la tradition orale africaine qui révèle à la fois sa dualité culturelle et une personnalité marquée par la reconstruction de son identité métissée, soulignée par Vincent Carretta:

> « Celui qui lisait l'une des neuf éditions du livre d'Equiano était immédiatement confronté à la double identité de l'auteur [...]. Cette double vision d'un individu caractérisé par une dualité identitaire qui parle à la fois à l'intérieur et à l'extérieur de sa société se reflète également dans la manière dont *The Narrative* est raconté[21]. »

L'histoire débute avec la reconstitution idyllique de la vie d'Equiano dans son village natal, Essaka (au sud-est du Nigeria), qu'il veut représentatif de tout le continent africain. C'est pour cela que les premières pages du récit décrivent une Afrique agricole. En particulier, son système économique communautaire est mis en exergue pour révéler une vie tout aussi agréable qu'ailleurs, en l'occurrence en Europe. Par une structure binaire et une mise en parallèle contrastée des moments de bonheur en Afrique et des tribulations qu'il traverse pendant sa captivité en Europe et dans ses colonies, il définit l'esclavage par des sentiments : la peur, l'angoisse, la solitude et la torture parfois. Ces parallélismes permettent en outre d'observer que l'ancrage temporel du récit a son importance : bien que la tendance autobiographique de ce livre privilégie le pan de la vie d'un seul individu, Equiano la prolonge dans l'histoire de la communauté africaine en Occident. Par conséquent sa temporalité ne tient plus seulement sur l'ensemble du récit, mais elle impose une représentation spatio-temporelle évaluée depuis la période esclavagiste jusqu'à la fin de l'esclavage en Europe et en Amérique.

Néanmoins, la première juxtaposition, celle de l'image du paradis africain à celle de l'image infernale de l'esclavage, témoigne de l'attitude sociale symétrique d'Equiano qui se permet de glisser des images opposées, les unes sur les autres, pour que le lecteur prenne conscience des conditions de l'esclavage européen et écoute enfin les diverses expressions de la souffrance des assujettis. Pour mieux illustrer ces conditions infernales, les diverses expériences vécues par le protagoniste ainsi que par d'autres Africains. La seconde, la juxtaposition de l'enfant-personnage et du narrateur-adulte, non accentuée au début du récit mais dans les derniers chapitres, permet de renforcer l'attachement du lecteur au protagoniste : effectivement, en donnant la parole à l'enfant-narrateur dès les premiers chapitres, Equiano réduit à la fois le risque de choquer le lecteur et la controverse. Le regard naïf et innocent de l'enfant-narrateur est certainement plus tolérable que l'œil critique d'un adulte remettant en question les critères d'inégalité et d'injustice qui continuent de reléguer l'esclave au rang de sous-homme au sein de la société anglaise. Il y parvient donc en partie, puisque la critique littéraire de son époque l'épargne. A contrario, du fait du recul historique, la plupart des critiques modernes de *Ma véridique histoire,* S. E. Ogude en particulier, soulignent que l'insularité qu'Equiano connaît dans son village natal, d'où il n'est jamais sorti avant d'être emmené en Occident, le pousse obligatoirement à décrire une Afrique imaginaire, celle qu'il aimerait voir et non celle qu'elle est effectivement, parce que, enfant, il ne participait pas pleinement à la vie d'Essaka mais aussi ses souvenirs d'adulte ne peuvent être que subjectifs et partiaux[22]. Aussi, pour établir un rapprochement entre les deux continents qui le préoccupent et auxquels il se sent appartenir, il ne pouvait que choisir un discours conciliant. De fait, la comparaison de l'esclavage en Afrique et en Europe permet de poser les bases de son projet.

C'est l'esclavage d'abord, ensuite la question de la race et de l'identification du Noir en Europe qui poussent Equiano à écrire cet ouvrage qui, selon Guillaume Cingal, rappelle sensiblement « l'écriture du désastre » de Blanchot[23].

Naturellement, il ne fait que rappeler le débat courant, tout au long du siècle, sur la différence raciale qui réduit les peuples de couleur à un état inférieur à celui du Blanc. À ce propos, dans *Race and Enlightenment*, Emmanuel Chukwudi Eze rappelle que la distinction nette sur les origines des « nègres » et des Blancs est un fait réel, prôné par les plus grands philosophes depuis le XVIIe siècle jusqu'à nos jours (David Hume, Emmanuel Kant...). Kant affirmait par exemple que la différence entre les deux races est fondamentale du fait des capacités intellectuelles et à cause de la couleur de peau. A contrario, comme les abolitionnistes de la fin du XVIIIe siècle anglais, Equiano revendique l'égalité raciale avec une optique différente : ses éléments de comparaison ne reposent pas uniquement sur le concept de supériorité ou d'infériorité d'une race envers l'autre. Sa position est clairement exprimée dans son autobiographie, écrite en vue de déstabiliser les structures colonialistes que les explorateurs européens imposent aux Africains depuis le début de la traite, de manière à redéfinir l'identité des Noirs dans une société où ils sont dépourvus de presque tout droit. À travers cette autobiographie, il revendique également une nouvelle représentation de l'Africain ; de même, il veut être le premier à la redessiner. C'est pour cette raison qu'il s'érige en porte-parole de l'ensemble de la communauté noire. De même, il se démarque de ses compatriotes écrivains dont les récits ont été rédigés par des Européens et, par conséquent, leur objectivité est également remise en question. En effet, l'idée d'identification est omniprésente dans le récit où sont accentués, parfois exagérément, les traits d'une culture blanche civilisée et humaine, mais « raciste » qui ne reconnaît pas le Noir, sauvage et sous-humain, comme un individu à part entière. Aussi, maniant parfaitement la langue anglaise, il utilise tous les outils qu'elle lui offre, la Bible notamment, pour prouver le bien-fondé de son projet général. Le bon citoyen anglais idéal sera placé sur le même pied que le bon nègre christianisé *(black Christian)*. Son objectif est donc d'affirmer son opposition radicale au concept de supériorité raciale qui favorise les Blancs depuis la mise en place de la traite, plus précisément depuis le XVIIe siècle, et fournit aux esclavagistes des éléments de justification de leur action ironiquement salvatrice envers un peuple qu'ils considèrent voué à la mort. Ce qui veut dire qu'Equiano s'efforce de combattre les préjugés stéréotypés qui ont contribué à la destruction de l'image de l'Afrique et de son peuple, pour lui-même et pour ses congénères. Il est vrai qu'au moment où il écrit son livre, sa personnalité est caractérisée par sa « double nationalité » : il est anglais et étranger à la fois. De ce fait, le processus de son acculturation devient secondaire, au bénéfice de son immersion à la culture anglaise. Cette évolution-intégration est d'autant plus marquante qu'il la détermine en se positionnant d'abord du côté des Africains. Ainsi, lorsqu'il parle de la diaspora noire, il dit « nous » ; à ce moment-là, il ne manque pas de remettre en question les fondements du christianisme, en ironisant souvent sur les atrocités commises par les chrétiens blancs. Puis, dès lors qu'il s'assimile aux Anglais, il marque l'éloignement entre lui-même et les Africains qu'il distingue nettement du groupe auquel il appartient désormais en les désignant par « ils », parce qu'il est désormais observateur : « Equiano se retrouve dans la position de l'observateur, c'est-à-dire de l'Européen, même si ses origines lui valent d'être plus informé qu'un Européen des us et coutumes africains[24]. » Finalement, quand il trouve sa voie (par la religion, en partie), il n'est plus nécessaire de distinguer « nous » de « ils » : les Africains et les Anglais sont perçus de la même manière tant qu'ils sont chrétiens ou non chrétiens, ou encore convertis ou non convertis. En d'autres termes, pour Equiano, la transition culturelle qui s'opère dans sa vie se déroule sans grande révolte, justement parce que son acculturation passe nécessairement par une nouvelle définition de son africanité : du fait de sa captivité contraignante, à l'origine de la perte de ses bases culturelles (et malgré son intégration totale dans son pays adoptif), il ne sera jamais totalement anglais mais demeurera un Africain vivant dans le souvenir d'un passé lointain, devenu en partie imaginaire, mais suffisamment présent et véridique pour être raconté et servir l'histoire.

La question de l'authenticité du récit

Aujourd'hui, Daniel Defoe est considéré comme l'un des premiers innovateurs de la prose littéraire du début du XVIIIe siècle. Il a été l'un des premiers auteurs des Lumières à recomposer, avec originalité, une variété de genres existants pour donner à son œuvre l'effet de nouveauté. Pour Hammond, « Defoe est généralement considéré comme celui qui a inventé le roman anglais et le pionnier de sa tradition réaliste. Avant la publication de *Robinson Crusoé* en 1719 en Angleterre, le roman réaliste était pratiquement inconnu[25] ». Effectivement, avec Robinson et Singleton, Defoe transporte le lecteur de son univers vers un environnement étranger. Celui-ci est amené à partager les moments de bonheur ou de malheur du protagoniste et va acquérir une maturité petit à petit avec lui. La schématisation réaliste des événements vécus, à travers des descriptions fort détaillées, permet de combiner fiction et authenticité des faits avec une vraisemblance qu'un genre autre que l'autobiographie aurait atteint avec difficulté. C'est ce qu'affirme Serge Soupel lorsqu'il suggère que « l'écrivain dans cette époque de raison, proclame lui-même sa franchise, et a l'esprit bien positif. Il veut fixer ses livres dans le réel (que la réalité soit intérieure ou qu'elle soit celle du monde observé[26]) ». Ce qui revient à dire que Daniel Defoe opte pour la forme autobiographique afin de donner l'illusion que les histoires qu'il raconte sont vraies. C'est le cas de Robinson Crusoé, personnage qui n'a jamais existé en réalité et dont l'histoire est inspirée de la vie d'un marin abandonné sur une île du Pacifique. En imposant un style d'écriture où le détail et la description sont mis au premier plan, parce qu'ils contribuent à la construction de l'effet de réel, Defoe pose les bases de la reconnaissance de l'authenticité d'un discours, que les écrivains noirs, prédécesseurs d'Equiano, qui n'avaient aucune garantie de voir leur texte accepté par les lecteurs, en dictant leur histoire aux Blancs ou en ajoutant, comme Equiano, une lettre d'authentification d'un ou plusieurs Européens importants dans leurs livres.

Dans le cas d'Equiano, cet effort d'authentification se manifeste dès la page du titre où l'image (le portrait de l'auteur) ainsi que l'extrait biblique des Actes des Apôtres présentent la thématique principale du livre : il s'agit de l'expérience (l'esclavage) d'un esclave africain *(The African)* qui se place dans la perspective chrétienne, tel un prédicateur laïc en pleine méditation, pour aligner son récit sur celui des prophètes bibliques (Moïse, libérateur de son peuple captif en Égypte). Davantage, la légende accompagnant son image, à la page du titre de l'édition princeps de *Ma véridique histoire,* est d'autant plus significative :

Olaudah Equiano,
ou
GUSTAVUS VASSA,
l'Africain
Publié le 1er mars 1789
Par G. Vassa

Les deux qualificatifs qui rappellent son origine, « Olaudah Equiano, the African », sont écrits en italique, tandis que « Gustavus Vassa », nom qu'il a d'abord refusé de porter avant d'être contraint de se soumettre à le faire (« mon capitaine et maître me nomma *Gustavus Vassa* [...] je [...] refusais de répondre à mon nouveau nom [...] cela me valut plus d'une gifle ; si bien que je m'y soumis finalement, et c'est par ce nom que je suis connu depuis »), est écrit en lettres capitales. En fait, « G. Vassa » prend ses responsabilités en tant qu'auteur et éditeur lors de la première parution de l'ouvrage, tandis que le protagoniste ibo témoigne de l'authenticité du récit. Le mouvement des deux dénominations de l'auteur représente sans doute une métaphore des différentes tribulations qu'il a connues tout au long de son existence. En particulier, l'auteur entame son autobiographie avec l'histoire de l'enfant ibo enlevé à ses racines au début de l'ouvrage (Equiano Olaudah), qui devient plus tard Gustavus Vassa, l'esclave anglais qui se bat pour son affranchissement et celui de ses compatriotes africains. Le nom européen, placé au milieu de l'identité première d'Equiano déterminée en italique, permet alors de percevoir la revendication identitaire de l'auteur. Celui-ci, de cette manière, donne à son récit la garantie d'une entité légale et d'une signature ethnoculturelle. Ce jeu typographique permet également de constater que l'auteur inverse la réalité et l'inscription temporelle de son vécu : le portrait du prédicateur évangélique indiquant les Actes (4,12) de la Bible ouverte permet à l'esclave affranchi, qui désormais porte le nom d'un souverain suédois, de s'adresser au lecteur qu'il regarde dans les yeux, son avertissement prophétique en incluant à l'intérieur du livre le texte d'Ésaïe (XII, 2, verset 4) comme épigraphe :

> « Voici le Dieu de mon salut,
> J'aurai confiance et je n'aurai pas peur ;
> Car l'Éternel est ma force et mon chant.
> Il est devenu mon salut.
> Et vous direz en ce jour-là.
> Louez l'Éternel ; invoquez son nom,
> Faites connaître ses hauts faits parmi les peuples. »

En préfaçant son livre par une mise en garde s'adressant à la fois à l'Église, à la noblesse et à la classe populaire d'Angleterre, Equiano démontre qu'il mesure suffisamment l'impact que son discours de réprimande pourrait avoir, notamment auprès des esclavagistes anglais. De même, prévoyant une critique défavorable à son récit, dès les premières pages de l'ouvrage, il précise qu'il n'est « ni un saint, ni un héros, ni un tyran ». Son discours stratégique affiche ainsi une fausse modestie, parfois trahie par la vanité qui l'anime lorsqu'il raconte ses exploits et ses ambitions véritables. Par exemple, il affirme dès les premières pages :

« Je ne suis pas insensé et vaniteux au point de m'attendre soit à l'immortalité, soit à la renommée littéraire. Si cette œuvre procure une quelconque satisfaction à mes nombreux amis qui m'ont demandé de l'écrire ou encore, si au plus petit degré, elle promeut les intérêts de l'humanité, les desseins pour lesquels je m'étais engagé à la réaliser seront entièrement atteints, et chaque vœu de mon cœur assouvi. »

Pourtant, plus loin, il se met en avant, dans le chapitre 8 : « Quatre février, à savoir peu de temps après que nous avions entamé notre nouvelle route, je rêvai que le bateau avait fait naufrage au milieu de vagues déferlantes et d'écueils, et que *j'étais 1e seul à pouvoir sauver tout le monde à bord ;* et la nuit suivante, je fis exactement le même rêve. » Puis, au chapitre 10 : « Il s'avérait que *je fusse le seul de ses amis, qui tenta de lui faire retrouver sa liberté* si possible. »

Ces phrases démontrent bien que l'auteur souhaite se révéler non pas seulement comme un simple individu lettré, mais bel et bien comme un Africain instruit et capable, dans les cas les plus désespérés, de sauver les autres. Après tout, ne dit-il pas, dès le premier chapitre, qu'il se considère être « béni du Ciel » ? Il ne dissimule pas sa fierté quant à sa représentation des Africains, « ses compatriotes qui souffrent ». Enfin, pour toucher le lecteur, son récit est présenté comme une fiction didactique nécessaire à son évolution dans une sphère littéraire excluant presque, du moins n'accordant pas beaucoup de crédit, à l'intellect africain. C'est ainsi qu'il devient l'héroïque porte-parole africain qui peut faire entendre la voix du peuple opprimé. Après tout, son nom ibo ne le prédestinait-il pas à cette position ? Olaudah signifie « vicissitude » ou « fortune », mais également « celui qui est favorisé et qui a une voix forte et une élocution soignée ».

Bien qu'étant un récit autobiographique, *Ma véridique histoire* s'intéresse d'abord à l'Histoire et représente une source documentaire historique. Par ailleurs, cette œuvre se situe également dans le domaine de l'histoire des mentalités et des questionnements religieux de la société anglaise du XVIIIe siècle. À plusieurs reprises, Equiano expose ses idées sur le progrès des Européens chrétiens, justement pour mieux critiquer leurs actions contraires, à savoir la cruauté humaine face aux esclaves. Enfin, ce récit autobiographique est du plus grand intérêt sur un plan littéraire. Il concentre à lui seul deux styles d'écriture différents et offre un mélange de plusieurs genres littéraires : le témoignage d'un esclave nostalgique qui se souvient d'une Afrique imaginaire qu'il n'a pas eu le temps de connaître. Le genre autobiographique semble donc bien adapté pour le récit des voyages que l'auteur effectue depuis sa capture jusqu'à ce qu'on appelle ici sa retraite à Londres, vers la fin de sa vie. De plus, par le récit de sa conversion, son autobiographie à caractère spirituel laisse découvrir les différentes étapes de sa recherche identitaire. Cette *auto*-biographie, « écrite par lui-même » (« *Written by Himself* »), est le choix littéraire de l'auteur de *Ma véridique histoire*. Ce choix demeure fort complexe parce que la narration est en partie fictive. En fait, la marque d'authenticité empruntée à Daniel Defoe — ce « *Written by Himself* » — fait de *Ma véridique histoire* un livre-témoin, où, comme le note Michel Baridon à propos de Robinson Crusoé, le narrateur est « un homme simple [qui] semble ne pas pouvoir mentir puisqu'il dit où il est né, où c'est arrivé, pendant combien de temps, et puisque son aventure le surprend lui-même. Tout est forcément vrai[27] ». Outre l'influence structurelle et stylistique calquée sur *Robinson Crusoé* de nombreuses analyses modernes ont établi le rapprochement entre les destins des deux protagonistes, Robinson et Equiano. Or, mis à part la thématique de la survie, du travail, du but ultime à atteindre par leur ambition et des idées de colonisation, ils ont deux destinées totalement différentes. D'une part, Equiano agit de manière impérialiste, se sentant apte à rétablir l'ordre naturel des choses grâce au retour des esclaves vers leurs racines; d'autre part, il pense pouvoir reconstruire la diaspora noire, ravalée par les effets dévastateurs de l'esclavage. Cependant, si l'un et l'autre essaient de soumettre la nature à leur mode de pensée, malgré les résistances dues à leurs rencontres respectives (pour Robinson, la rencontre de Friday; et pour Equiano, ses différents maîtres, pour ne citer qu'eux), c'est de la tentative de tout réformer que naît leur véritable histoire, celle qui contribue à rendre les récits de leur vie mythiques.

Traductions et retraductions

Ainsi qu'on l'a déjà remarqué, *Ma véridique histoire* est exceptionnellement riche en détails historiques en comparaison avec les récits d'esclaves de son temps. Cet ouvrage présente, par exemple, une société ibo authentique. Cette première autobiographie africaine engagée pose de plus la question des véritables effets de l'esclavage sur l'Afrique et tente de trouver des solutions aux problèmes socio-économiques, culturels et psychologiques de la diaspora noire d'hier et peut-être encore d'aujourd'hui. Fort de ses opinions et du message qu'il souhaite faire passer, le souci d'Equiano n'est pas d'écrire un texte poétiquement riche. En liant son expérience personnelle à l'histoire de l'esclavage, il entend à la fois informer et sensibiliser son lecteur. Peu importe donc que ses positions soient moralisatrices ou partiales (il n'évoque jamais les divisions qui opposent les Africains entre eux, préférant au contraire ne décrire que ce qui servira positivement sa cause et l'amélioration de l'image des Noirs). Ce qui compte avant tout, c'est son combat. Ce combat qui, précisément, va le lancer au rang de précurseur de la littérature afro-américaine moderne.

Equiano a ouvert la voie aux écrivains d'origine africaine qui, après lui, se sont levés contre le colonialisme en démontrant la capacité des Africains à reprendre leur destinée en main. La création d'un style littéraire différent des récits précédents d'anciens esclaves comme lui fait figure de prémices au long travail que représente la restauration de cette identité africaine. Contrairement aux récits peu analytiques de ses prédécesseurs africains, il met sa créativité littéraire au service de toute la communauté noire. La sincérité de son ton, la candeur et la spontanéité de son discours ainsi que sa description méticuleuse de l'Afrique s'adressent d'abord à l'aristocratie britannique, puis au Parlement anglais qui l'entend enfin. Sa démarche inédite lui vaudra l'immense sympathie et la prise de conscience du public et jouera un rôle important dans la lutte en faveur de l'abolition de l'esclavage en Angleterre. Ainsi, sa mission de reconnaissance identitaire est remplie. Afin d'insister sur cette reconnaissance tout au long de son ouvrage, il adopte effectivement une stratégie gratifiante et fort enthousiaste, illustrant un mode de vie africain réglementé par des institutions gouvernementales et judiciaires non écrites mais solidement structurées autour d'Anciens titrés aux visages scarifiés qui veille par-dessus tout à la stabilité sociale, économique et politique des communautés locales. Il évoque par ailleurs la dot, le mariage, la mort, pour définir l'organisation de la vie socioculturelle et la place de chaque individu dans cette société.

De fait, en ajustant les données socio-historiques dont il dispose de l'Afrique et de l'Occident, Equiano offre ici un récit composé d'assemblages et d'oppositions dialectiques. Pour lui, l'Afrique et l'Europe ont chacune leurs forces et leurs faiblesses. Mais aussi, conscient des effets atroces de l'esclavage européen sur l'Afrique, il offre dans cet ouvrage la première véritable critique de l'Europe par un Africain. Et l'intérêt de cette critique repose sur l'empreinte d'une perspective ingénue qu'appuie le point de vue d'un enfant. Ce style est mis en relief le plus souvent lorsque le narrateur-enfant exprime son admiration devant tout ce qui dépasse sa compréhension ou tout ce qui est nouveau :

> « Je demandai comment il était possible que le bateau fonctionnât ; ils me dirent qu'ils ne savaient pas, mais que des voiles étaient enfilées sur la mâture à l'aide de cordes que je voyais, et c'était ainsi que le navire avançait. De plus, les hommes blancs possédaient un certain sortilège magique qu'ils mettaient dans l'eau quand ils voulaient faire arrêter le bateau. Je fus extrêmement abasourdi par cette histoire, et je crus réellement que ces hommes étaient des esprits. Aussi souhaitais-je tant être loin d'eux, car je m'attendais à être offert en sacrifice… Enfin, il jeta l'ancre devant moi, et lorsqu'elle fut descendue, mes compatriotes et moi, qui assistâmes à la scène, fûmes perdus

dans la stupeur en voyant le vaisseau s'arrêter, ce qui nous persuada que cela était réalisé par magie.

Un matin, lorsque je montai sur le pont, je le vis entièrement recouvert de neige tombée pendant la nuit : comme je n'avais jamais rien vu de pareil auparavant, je crus qu'il s'agissait de sel ; alors, je courus immédiatement trouver le second capitaine et lui demandai, autant que je pus, de venir voir comment quelqu'un avait versé du sel partout sur le pont pendant la nuit. Lui, sachant ce que c'était, me demanda de lui en descendre un peu : aussi pris-je une poignée de neige que je trouvai effectivement très froide ; et lorsque je la lui apportai, il me demanda de la goûter. Ce que je fis. Et je fus surpris au-delà de la mesure. Je lui demandai alors ce que c'était. Il me dit qu'il s'agissait de la neige, mais je ne le compris pas. »

C'est précisément par le biais d'une expression simple et naturelle qu'Equiano ouvre le chemin d'un nouveau style littéraire que de nombreux écrivains « africains » adopteront quelques décennies plus tard pour exprimer leur point de vue concernant la colonisation ou encore pour réfuter les théories qui dévalorisent les « barbares » africains. De même, n'accordant aux Européens que leur supériorité technologique qu'il admire, il soulève implicitement, dans sa critique, la question suivante : à quoi sert la technologie si, au lieu d'être employée à des fins utiles pour améliorer le bonheur de l'humanité, elle détruit une partie de cette même humanité ? Cette question, qui rappelle les angoisses de Gulliver dans *Les voyages de Gulliver*, n'est pas la seule qui préoccupe Equiano. En fait, l'esclavage n'est pas, à proprement parler, le principal centre d'intérêt de son livre, puisque l'originalité de son parcours repose sur le bien-fondé de propositions solidement mesurées (car ses observations sont à la fois exo-culturelles et endo-culturelles) eu égard à la manière et aux raisons pour lesquelles les esclaves doivent être affranchis.

L'être innocent et naïf, qu'il projette au début du récit, est néanmoins instruit par les Blancs, si bien qu'une fois adulte, il n'a plus besoin de prouver son intégration totale dans son pays d'adoption. Par conséquent, il est bien placé pour pouvoir le juger. C'est pourquoi sa stratégie est donc clairement définie aussi bien dans son discours que dans les deux formes d'écriture qui séparent visiblement la voix naïve de l'enfant africain de celle de l'adulte afro-anglais nostalgique et fort calculateur qui ne fait ou ne dit jamais rien au hasard, et dont l'esprit est en perpétuel mouvement, ainsi qu'il le démontre d'un bout à l'autre de son récit. Lorsqu'il ne songe pas à la manière de racheter sa liberté, il s'adonne à de nombreux commerces pour gagner sa vie et pour s'enrichir, se lançant même dans des traversées qu'il dédaigne (c'est ce qu'il exprime) comme l'échange de ses compatriotes esclaves contre des marchandises en Jamaïque. Dans tous les cas, la divergence de style d'écriture, parfois alourdie de répétitions de mots ou d'événements récurrents, explique également que depuis 1967, presque tous les éditeurs anglophones qui se sont intéressés à *Ma véridique histoire* ont publié une version abrégée, parfois adaptée, corrigée ou totalement réécrite à certains endroits, afin d'accommoder le récit pour le lecteur du moment. Dans l'introduction de la version qu'il publie en 1988, Paul Edwards se justifie :

« Mon précédent abrégé d'*Equiano Travels* (1967) est démodé depuis quelques années, et je regrette à présent d'avoir coupé un nombre de passages qui n'auraient pas dû être ôtés. Dans cette nouvelle édition, j'ai essayé d'inclure autant de texte original que les conditions de l'éditeur le permettaient, ce qui, finalement, consiste en une très grande quantité : et partout où des passages ont été supprimés, un résumé a été inséré en italiques[28]. »

À en juger par le nombre d'éditions, de traductions, d'extraits reproduits du récit, pour l'usage des anthologies, des critiques littéraires et des guides pédagogiques, et du fait de l'accueil enthousiaste que cet ouvrage continue de recevoir en Angleterre et outre-Atlantique, *Ma véridique histoire* est incontestablement le plus connu des récits écrits par un Africain à l'époque esclavagiste. Depuis 1995, une adaptation filmique de la vie d'Equiano est également disponible sous forme de vidéocassette dans les bibliothèques universitaires américaines et afro-anglaises. Ce n'est pas un hasard ! L'intérêt qu'Equiano suscite tout particulièrement dans la population afro-américaine, tournée vers la recherche de ses racines depuis les mouvements d'indépendance, provient de son adoption, car il est à présent considéré comme l'un des premiers écrivains afro-américains. À ce propos, James Walvin souligne qu'aujourd'hui, Equiano a été consacré aux États-Unis comme un *Africain-Américain*. « Les anthologies d'écrivains africains-américains, de nouvelles éditions de son autobiographie, ainsi que des universitaires de tous bords revendiquent le fait qu'Equiano fût africain-américain[29]. » Pourtant, il est né en Afrique et a été esclave anglais !

De fait, comme à l'époque de sa première parution, l'histoire d'Equiano a su toucher les sensibilités de plusieurs communautés de lecteurs. Ainsi, les premières pages de *Ma véridique histoire* où l'auteur met au premier plan son enfance heureuse en Afrique, malencontreusement altérée à cause de l'esclavage, constituent une source d'informations dans laquelle les Afro-Américains d'aujourd'hui peuvent puiser quelques réponses en s'identifiant à Equiano. Toutefois, l'intérêt de cette œuvre pour un lectorat afro-anglais qui ne se pose pas nécessairement la question de ses origines porte sur des questions purement littéraires et stylistiques. À cet égard, ce récit rencontre l'intérêt du lectorat européen, qui peut y trouver des éléments historiques et littéraires de l'époque de sa parution, l'*Enlightenment* ou siècle des Lumières. Et il ne fait pas de doute que cette reconnaissance est la meilleure preuve de l'impact de *Ma véridique histoire* dans la littérature anglophone où, depuis les années 1960, les plus grandes universités anglaises et américaines l'ont inclus dans leurs départements d'études africaines (*African studies*). L'université de Utah, par exemple, a créé la Fondation Equiano (The Equiano Foundation) et organise annuellement une conférence internationale pour présenter l'avancement des études sur Equiano ainsi que d'autres auteurs « afro » qui d'une manière ou d'une autre ont contribué à l'évolution et à la reconnaissance culturelle des Noirs dans le monde. Parallèlement, l'université de Cambridge, où Paul Edwards fut longtemps professeur, continue d'étudier Equiano ainsi que les questions soulevées dans son récit.

Aujourd'hui, de nombreux pays revendiquent la paternité d'Equiano. Cependant, on peut affirmer qu'aucune nation ne peut se l'approprier, encore moins déclarer que son autobiographie s'inscrit dans un climat littéraire plus que dans un autre : il semble qu'Equiano ait voulu créer un roman à son image, dotant son récit de diverses cultures à la fois. Ainsi, où doit-on précisément le placer parmi ses contemporains ? Il est difficile de répondre à cette question, parce que la notion de tolérance qui prédomine dans *Ma véridique histoire* est symétrique et bivalente. Tout dépend donc du point de vue qu'on adopte entre les positions eurocentrique et afrocentrique de l'auteur. Ce qui explique par exemple qu'au XVIIIe siècle déjà, malgré la popularité du récit, les plus grands abolitionnistes comme Thomas Clarkson omettent de mentionner le rôle joué par Equiano dans leur combat.

Ma véridique histoire est bien plus qu'une simple autobiographie, car Equiano l'a écrit pour réhabiliter les Africains et informer les Anglais de la fin du siècle des Lumières non seulement de la réalité de la condition des esclaves africains, mais aussi des efforts accomplis par cette communauté pour l'améliorer. Enfin parce que Equiano écrit à une époque où la notion d'Europe des Lumières présuppose celle d'une communauté culturelle, *Ma véridique histoire* n'entre donc pas dans les perspectives d'une littérature strictement africaine, anglaise, et encore moins américaine. Il s'agit ici d'un récit largement européen dans sa structure, bien qu'en l'examinant partiellement et de près, chaque pays qui en revendique la paternité y trouve différents accents de sa propre littérature à l'époque concernée : par le récit d'une vie, narrée à la première personne, Equiano écrit incontestablement son autobiographie, à laquelle il ajoute des chapitres entiers relatant ses périples à travers l'Amérique, les Indes-Occidentales, la Méditerranée et l'Arctique, qui donne à son récit l'essence du récit de voyage, dans la lignée de ceux des grands explorateurs européens du siècle des Lumières. Outre cela, les traversées maritimes donnant lieu à des transactions liées à la traite des esclaves noirs, il y puise la motrice principale de son écriture, où par les représentations historiques et ethnoculturelles d'une Afrique paradisiaque, son intention est de la réhabiliter aux yeux des Européens. Malgré cette diversité de genres, son message reste donc principalement communautaire. Malesherbes suggère que :

> « Dans un siècle éclairé, dans un siècle ou chaque citoyen peut parler à la nation entière par la voie de l'impression, ceux qui ont le talent d'instruire les hommes et le don de les émouvoir, les gens de lettres en un mot, sont au milieu d'un public dispersé ce qu'étaient les orateurs de Rome et d'Athènes au milieu du peuple rassemblé[30]. »

De toute évidence, la période est effectivement fort propice à un tel message. Et Equiano le sait…

Il apparaît indéniable qu'Equiano appartient davantage au nombre croissant des écrivains émergeant partout en Europe tout au long du XVIIIe siècle, en tant que principaux vecteurs de l'esprit européen, grâce aux échanges interculturels qui participent à l'épanouissement du roman en général. En devenant le précurseur d'une littérature d'inspiration africaine qui ne prendra son envol qu'au siècle suivant sa mort, Equiano est le premier auteur africain à écrire et à éditer un ouvrage par souscription.

Le récit autobiographique d'Equiano est un modèle qui idéalise plusieurs réalités à la fois. Il s'agit d'abord des aventures d'un individu, qui, en même temps, retrace l'odyssée de tout un peuple, les Africains d'Europe et des colonies européennes.

En tant qu'intellectuel autodidacte, Equiano démontre son talent, motivé par le désir de donner une image positive de l'Africain face à ce qu'il considère être l'ignorance de l'autre. Certes, au XVIIIe siècle, tous les romans sont le produit de l'imagination de leur auteur, tout comme *The Interesting Narrative* est le fruit de l'imagination d'Equiano, en partie. Cela ne remet pas en cause l'authenticité de son témoignage : Equiano semble profiter de l'occasion exceptionnelle qui s'offre à lui, par l'écriture de cet ouvrage, pour réinventer une partie de sa personnalité et définir son identité métissée. Ce métissage s'applique aussi à son écriture, car il est conscient de l'intérêt que le public anglais porte désormais à la littérature des Africains, à la traite des Noirs et à l'esclavage en général. Bien entendu, il n'est pas le premier Africain à écrire un tel récit : les *Lettres de Sancho,* publiées en 1782 occupent l'une des premières places des œuvres afro-anglaises de la fin du XVIIIe siècle. De même, le récit de Cugoano Ottobah paraît juste un an avant *Ma véridique histoire.* Cependant, Equiano demeure le seul Africain éclairé de cette époque car, à bien des égards, le succès de *Ma véridique histoire* dénote qu'il est un produit des Lumières, sa vision étant nettement enracinée dans les débats des droits de l'homme de la fin du XVIIIe siècle. Ce qui amène d'ailleurs une revue contemporaine à commenter *Ma véridique histoire* en soulignant qu'Equiano est « un homme fort raisonnable » (*a very sensible man*). C'est partiellement ce qui explique que, depuis les travaux entamés par Paul Edwards dans les années 1960, on remarque une vague d'intérêt pour *Ma véridique histoire.* En effet, en ramenant ce livre à l'actualité et en présentant ses travaux de recherche dans les écoles de l'Afrique anglophone de 1963 à 1966, Paul Edwards a permis à Equiano de connaître une seconde renommée. En conséquence, suivant son exemple, des historiens tels que Philip Curtin ont consacré dans leurs manuels d'histoire africaine des chapitres entiers à Equiano. D'autres, G. I. Jones notamment, ouvrent le débat sur l'authenticité du village d'Equiano. Les découvertes d'Edwards sont si importantes qu'en 1965, un article du *London Magazine* va permettre de relancer la discussion sur la paternité de *Ma véridique histoire*, ainsi que les recherches de ses véritables origines. Arna Bontemps (1969), Dorothy Porter (1971), Edward Scobie (1972), James Walvin (1973) et Folarin Shyllon (1974) publient de nombreux essais sur Equiano et son unique ouvrage.

C'est seulement à partir des années 1980 que le style littéraire d'Equiano commence à intéresser les critiques modernes et des universitaires. Force est de constater que la plupart de ces travaux sont écrits par des Afro-Américains. En particulier, A. Baker (1980) et Robert B. Stepto (1979) font une approche socio-historique de *Ma véridique histoire*, tandis que Keith Sandiford (1988) oriente ses recherches sur la compréhension des messages de Sancho, de Cugoano et d'Equiano qu'il présente comme des documents à caractère sociopolitique. Ce dernier les évalue également en soulignant les stratégies et les voies empruntées par ces auteurs pour atteindre leur but et faire passer leurs messages.

Dès la seconde partie des années 1980, tandis que Paul Edwards s'efforce de répertorier les récits des principaux acteurs africains de la lutte pour l'abolition de l'esclavage en Angleterre, d'étonnants travaux publiés par William L. Andrews (1986) et Angelo Costanzo (1987) présentent les auteurs afro-anglais de l'époque géorgienne comme les « ancêtres » (*progenitors*) de la littérature afro-américaine, nommément des récits d'esclaves. À cette occasion, Andrews, par exemple, nomme d'ailleurs Equiano «Jean le Baptiste» qui annonce le Messie Frederick Douglass, voire le «prophète, si ce n'est le père, de l'autobiographie afro-américaine[31]». La vision de celui-ci est confirmée dans l'introduction du livre de Henry Louis Gates, *The Classic Slave Narratives*: «Je ne suis pas le seul universitaire qui croit que le récit d'esclave d'Equiano Olaudah, publié en 1789, fut le "deuxième texte caché" de Douglass[32].» C'est également cette reconnaissance qui l'a projeté au rang d'écrivain clé des littératures afro-anglaise et afro-américaine du siècle des Lumières.

On doit retenir de ce récit qu'il est principalement une œuvre d'apprentissage, où l'auteur remplit implicitement une mission d'enseignement envers son lecteur. Lorsqu'il fait référence à son passé en Afrique, et par conséquent à la perte de son identité première, il prépare le lecteur à la difficulté de pouvoir comprendre sa personnalité d'adulte qui se redécouvre après maintes tribulations. La complexité de son auto-analyse se ressent finalement dans son expression: Equiano emploie de nombreuses subtilités grammaticales, des mots choisis avec justesse, des juxtapositions, des parallèles ou des oppositions rhétoriques, notamment pour qualifier les esclavagistes:

> «Ce maître chrétien fixa immédiatement le pauvre malheureux au sol par chaque poignet et chaque cheville, puis prit quelques bâtons de cire à cacheter, et les alluma, les fit glisser tout le long de son dos.
>
> Plus tard, mon capitaine avait l'habitude de me défendre et me rendre mon bon droit, lorsque j'avais été pillé ou traité abusivement par ces tendres déprédateurs chrétiens.

> [...] En découvrant que ceux qui généralement s'appelaient des chrétiens n'étaient pas si honnêtes ni si bons dans leur moralité comme les Turcs. »

Ma véridique histoire est considéré comme une solution permettant à Equiano d'acquérir une dimension officielle en tant qu'écrivain africain, ainsi qu'une reconnaissance publique après de nombreuses années de lutte pour l'abolition de l'esclavage. Ce récit suscite néanmoins de nombreux débats, débouchant sur des critiques ou des éloges. Passé le grand succès qu'il a eu au moment de sa première publication, l'ouvrage d'Equiano connaît pourtant un passage à vide du XIXe siècle jusqu'aux années 1960. Ce, malgré diverses tentatives effectuées par des éditeurs pour le réhabiliter, par la parution d'éditions différentes, et souvent réadaptées, accompagnées de longues préfaces ou d'introductions, et aussi explicitées grâce à une profusion de notes de bas de page destinées à faciliter sa compréhension pour les lecteurs des années suivantes. De même, ces explicitations sont supposées fournir au lecteur actuel des outils nécessaires pour une meilleure appréhension de l'époque où Equiano écrit *Ma véridique histoire*, de manière à saisir son personnage et son véritable projet. Depuis la fin des années 1980, effectuer des recherches sur Equiano et son ouvrage unique s'affirme de plus en plus comme une nécessité pour la compréhension de l'évolution des littératures afro-anglaise et afro-américaine. Étant également une source importante de la littérature africaine, cet ouvrage doit être intégré au sein de la diaspora francophone à travers l'Europe et l'Afrique où Equiano est encore méconnu, voire inconnu. Cette intégration est d'autant plus justifiée qu'Equiano a réussi à se faire une place parmi les plus grands noms du roman anglais en son temps. En effet, en termes de stylistique générale, son autobiographie s'aligne presque au même niveau que *Robinson Crusoé* de Daniel Defoe qui s'est illustré par le renouvellement du genre romanesque. De plus, *Ma véridique histoire* est aisément comparable aux romans traditionnels anglais d'auteurs connus pour leur style épistolaire comme Aphra Behn ou encore Mary de la Rivière Manley, qui passent par une forme de récit de fiction pour dénoncer les vices de la société de leur temps. On peut ainsi conclure que *Ma véridique histoire* est la représentation de plusieurs thèmes.

Finalement, *Ma véridique histoire* est un ensemble de témoignages exceptionnels, sincères et authentiques qui conteste l'image de l'Africain telle qu'elle est véhiculée par les Européens, mais par-dessus tout ressuscite l'humanité longtemps proscrite de la diaspora noire assujettie en Occident.

RÉGINE MFOUMOU-ARTHUR

MA VÉRIDIQUE HISTOIRE

CHAPITRE I

L'auteur parle de son pays, de leurs us et coutumes. Administration de la justice. Embrenche. Cérémonie de mariage, et divertissements publics. Mode de vie. Habillement. Produits manufacturés. Constructions. Commerce. Agriculture. Guerre et religion. Superstition des natifs. Cérémonies funéraires de prêtres ou de magiciens. Manières curieuses de découvrir l'empoisonnement. Quelques indices concernant l'origine des compatriotes de l'auteur, ainsi que les points de vue de différents écrivains à ce sujet.

Je crois qu'il est difficile pour ceux qui publient leurs Mémoires d'échapper à l'accusation de prétention. Et ce n'est pas le seul désavantage dont ils souffrent : pour leur malheur également, tout ce qui est peu commun ne passe jamais ou rarement pour vrai, et on a tendance à se rebeller devant ce qui est évident, et à accuser l'écrivain d'impertinence. D'ordinaire, les gens pensent que ces Mémoires ont pour unique mérite d'être lus et rappelés, s'ils abondent de grands et remarquables hauts faits, ceux qui, en résumé, provoquent de l'admiration ou de la pitié au plus haut degré, alors que tous les autres ne méritent que le mépris et l'oubli. J'avoue donc qu'il n'est pas un peu aléatoire pour un simple individu inconnu, étranger de surcroît, de solliciter ainsi l'attention indulgente du public ; en particulier lorsque je reconnais que l'histoire que je raconte ici n'est pas celle d'un saint, ni celle d'un héros, ni celle d'un tyran. Je crois que peu d'événements de ma vie n'ont pas été vécus par d'autres, et il est vrai que les incidents de ma vie sont nombreux. Et, si je me considérais européen, je pourrais dire que mes souffrances furent immenses. Mais lorsque je compare mon sort à celui de la majorité de mes compatriotes, je me considère comme un *enfant béni du Ciel*, et je remercie la Providence pour les grâces qu'elle m'a accordées dans chaque circonstance de ma vie. Si, en ce cas, l'histoire qui va suivre n'apparaît pas suffisamment intéressante pour attirer l'attention du public, permettez que mon intention soit un prétexte pour la faire publier. Je ne suis pas insensé et vaniteux au point de m'attendre soit à l'immortalité, soit à la renommée littéraire. Si cette œuvre procure une quelconque satisfaction à mes nombreux amis qui m'ont demandé de l'écrire ou encore, si au plus petit degré, elle promeut les intérêts de l'humanité, les desseins pour lesquels je m'étais engagé à la réaliser seront entièrement atteints, et chaque vœu de mon cœur assouvi. Permettez-moi donc de rappeler que, si je m'efforce d'éviter la critique, je ne brigue pas les éloges.

Cette partie de l'Afrique, connue sous le nom de Guinée[33], où le commerce d'esclaves continue, s'étend le long de la côte sur plus de 3 400 milles anglais, du Sénégal en Angola, et compte une variété de royaumes. Le plus important de ces royaumes est celui du Bénin, aussi bien par son étendue que par sa richesse, la fertilité et la culture de la terre, le pouvoir de son roi, ainsi que le nombre et le caractère belliqueux de ses habitants. Le royaume du Bénin est situé presque au niveau de l'Équateur, et s'étend le long de la côte environ 170 milles, mais il pénètre l'intérieur de l'Afrique sur une distance qui, je crois, reste inexplorée par les voyageurs jusqu'ici, et semble ne se terminer qu'au niveau de l'empire d'Abyssine[34], à environ 1 500 milles de son commencement. Ce royaume est divisé en plusieurs provinces et régions. C'est dans l'une des provinces des plus éloignées et des plus fertiles que je suis né en 1745, dans une charmante vallée prodigue appelée Essaka[35]. La distance qui sépare cette province de la capitale du Bénin et de la côte maritime doit être très importante puisque je n'avais jamais entendu parler d'hommes blancs ou d'Européens, ni de la mer ; et notre soumission au roi du Bénin n'était en réalité que nominale, car, autant que mes modestes observations s'étendaient, chaque opération menée avec le gouvernement était dirigée par les chefs ou anciens de la région. Les us et coutumes d'un peuple qui commerce très peu avec d'autres pays sont généralement très élémentaires ; et l'histoire vécue par une famille ou un village peut servir d'exemple à une nation. Mon père était l'un de ces anciens ou chefs que j'ai mentionnés plus haut, et portait le titre d'*Embrenche*[36], terme qui, selon mes souvenirs, signifiait la plus haute distinction et qui, dans notre langue, marquait un *signe* de grandeur. Ce signe est accordé à la personne qui en a droit, par l'entaille de la peau d'un côté à l'autre du sommet du front ; et cette incision est descendue jusqu'aux sourcils ; et, pendant qu'elle se trouve dans cette position, on pose une main chaude sur la peau qu'on frictionne jusqu'à ce qu'elle se contracte, formant ainsi une épaisse *zébrure* le long de la partie basse du front. La plupart des juges et conseillers étaient ainsi marqués ; mon père portait cette zébrure depuis longtemps. J'avais vu l'un de mes frères la recevoir, et j'étais également *destiné* à l'hériter de mes parents. Ces Embrenche ou chefs jugeaient les conflits et punissaient les crimes. À cette fin, tous se réunissaient souvent. Les séances étaient généralement courtes; et dans la plupart des cas, la loi de l'œil pour œil l'emportait. Je me souviens qu'on eut amené un homme devant mon père et les autres juges pour avoir enlevé un garçon. Bien que l'accusé fût le fils d'un chef ou conseiller, on le condamna à un dédommagement par la remise d'un esclave masculin ou féminin. Cependant, on sanctionnait parfois l'adultère[37] par l'esclavage ou par la mise à mort, punition qui, je crois, est infligée dans la plupart des pays d'Afrique[38], tant l'honneur du lit conjugal est sacré parmi ces nations, de même qu'elles sont jalouses de la fidélité de leurs épouses. À ce propos, un exemple me revient: une femme avait été reconnue coupable d'adultère devant les juges, puis remise à son mari pour sa punition selon la coutume. Aussi avait-il décidé de la faire mourir. Mais, juste avant son exécution, l'on découvrit qu'elle était enceinte, et parce qu'aucune femme n'était décidée à accomplir la tâche de la nourrice, elle fut épargnée à cause de l'enfant.

Par contre, les hommes ne sont pas aussi fidèles qu'ils exigent de leurs épouses, puisque ceux-ci s'adonnent à la polygamie, même s'ils épousent rarement plus de deux femmes. C'est ainsi que se déroule le mariage[39]: les jeunes sont habituellement promis en mariage par leurs parents dès leur jeune âge (bien que j'aie connu des hommes qui se sont fiancés tout seuls). À cette occasion, on organise une fête, et les deux jeunes à marier se tiennent debout, au milieu de tous leurs amis rassemblés pour la cérémonie. Là, l'homme déclare que la femme doit dorénavant être considérée comme son épouse et aucun autre prétendant ne doit plus la courtiser.

La nouvelle est aussitôt répandue dans le voisinage, tandis que la future mariée se retire de l'assemblée. Quelque temps après, elle est conduite au domicile de son mari, ce qui occasionne une autre cérémonie à laquelle les familles des deux parties sont invitées. Les parents de la jeune fille confient cette dernière au jeune marié, et les bénissent. En même temps, ils attachent autour de sa taille une ficelle de coton[40], épaisse comme une plume d'oie, que seules les femmes mariées ont le droit de porter : dès cet instant, elle devient la femme du jeune homme. Ensuite, la dot est remise aux jeunes mariés.

Il s'agit généralement de portions de terre, d'esclaves et de bétail, de biens ménagers et du matériel d'agriculture. Ces présents sont offerts par les amis des deux parties. Outre cela, les parents du marié présentent des cadeaux à ceux de la mariée auxquels elle appartient jusqu'à son mariage, mais après son mariage, cette propriété est exclusivement transmise à son époux. Lorsque la cérémonie se termine, les festivités commencent. Elles s'accompagnent de feux de joie et d'acclamations bruyantes, de musique et de danse.

Nous sommes presque un peuple de danseurs, de musiciens et de poètes. Ainsi, chaque événement important, tel qu'un retour triomphant d'une bataille, ou toute autre raison de réjouissance collective, est célébré par des danses collectives accompagnées de chants et de musiques convenant à l'occasion. L'assemblée est divisée en quatre groupes qui dansent soit séparément chacun de son côté, soit en se succédant, chaque groupe ayant un caractère qui lui est propre. Le premier groupe se compose d'hommes mariés qui, dans leurs danses, exhibent fréquemment les faits d'armes et la représentation d'une bataille. À ce groupe, succède celui des femmes mariées qui dansent dans le second groupe.

Les jeunes hommes font partie du troisième groupe, et les jeunes demoiselles constituent le quatrième. Chaque groupe présente une scène originale de la vie ordinaire, comme un exploit notable, le travail domestique, une histoire émouvante, ou une activité rurale. Et, comme le sujet repose ordinairement sur un événement récent, nos danses sont donc toujours nouvelles, ce qui leur procure un esprit et une variété que je n'ai presque jamais vue ailleurs[41]. Nous avons plusieurs instruments de musique[42], et tout particulièrement diverses sortes de tam-tams. L'un de ces instruments à l'aspect d'une guitare, et un autre ressemble davantage à un balafon[43]. Ces derniers sont surtout joués par des vierges fiancées, lors de toutes les grandes fêtes.

Comme nos coutumes sont simples, nous avons peu de produits de luxe. Les vêtements d'hommes et de femmes sont quasiment les mêmes. Il s'agit généralement d'un long tissu de calicot ou encore de mousseline enroulée autour du corps sans être serré, en quelque sorte comme un tissu écossais. Ce tissu est souvent teint en bleu[44], notre couleur préférée. Cette teinte est extraite d'une baie, et est plus vive et plus riche que tout ce que j'ai pu voir en Europe. De plus, nos femmes de haut rang portent des bijoux en or, qu'elles disposent avec une certaine abondance à leurs bras et sur leurs jambes. Lorsque nos femmes ne travaillent pas aux champs avec les hommes, leur occupation habituelle consiste à filer et tisser le coton, qu'elles teignent ensuite, et en font des vêtements. Elles fabriquent également des récipients en terre cuite, dont nous possédons différentes sortes. Par ailleurs, nous avons des pipes à tabac, fabriquées et utilisées de la même manière que celles de Turquie.

Notre mode de vie est tout simple car jusqu'à

présent, les indigènes ne sont pas habitués à ces subtilités culinaires qui corrompent le goût: le bœuf, les chèvres et les volailles constituent la plus grande partie de leur alimentation. Ces aliments représentent aussi la richesse principale du pays, et l'élément primordial de son commerce. La viande est souvent cuite en ragoût dans une casserole; pour la rendre plus savoureuse, quelquefois nous ajoutons aussi du piment ainsi que d'autres épices, et nous avons du sel fait à partir de cendres de bois[45]. En ce qui concerne les légumes, nous disposons de bananes plantains[46], des patates douces[47], des ignames, des haricots et du maïs. Le chef de famille mange habituellement tout seul; ses femmes et ses esclaves ont également leurs propres tables. Avant de toucher au repas, nous nous lavons toujours les mains. En effet, notre propreté en toutes occasions est extrême, mais pour celle-ci, cette cérémonie est indispensable. Après nous être lavé les mains, nous procédons à la libation en versant une petite partie de la boisson au sol, et en servant une petite portion du repas à une place déterminée, pour les esprits de parents défunts que les indigènes considèrent comme des esprits dirigeant leur conduite et les protégeant du mal. Ils ne sont pas du tout accoutumés aux boissons fortement alcoolisées; et leur breuvage principal est le vin de palme[48], qui est produit d'un arbre du même nom, d'où on l'obtient en tapant légèrement le sommet, auquel on attache une grande calebasse. Quelquefois, un arbre produira entre trois et quatre pintes en une nuit. Lorsqu'il vient d'être extrait, il a un goût sucré délicieux. Mais, après quelques jours, son goût devient plus acidulé et plus alcoolisé; malgré tout, je n'ai jamais vu personne ivre pour en avoir bu. Le même arbre produit également des noix et de l'huile. Notre produit de luxe principal ce sont des parfums : l'un de ces parfums est fait à partir d'un bois aromatique composé de senteurs délicieuses ; l'autre a une essence qui rappelle celle de la terre et lorsqu'on en jette une infime partie dans le feu, il diffuse une odeur des plus puissantes[49]. Nous triturons ce bois pour le transformer en poudre que nous mélangeons avec de l'huile de palme ; les hommes et les femmes s'en servent comme parfum.

Pour nos habitations, nous examinons soigneusement le confort plutôt que la décoration. Chaque chef de famille possède un grand lopin de terre carré, entouré d'une douve ou d'une clôture, ou ceint d'un mur construit avec de la terre rouge battue, qui, une fois séchée, est aussi dure qu'une brique. À l'intérieur de cet enclos se trouvent ses demeures qui abritent ses femmes et ses esclaves ; et qui, lorsqu'elles sont nombreuses, donne à l'ensemble l'apparence d'un village. Au centre, est situé le bâtiment principal, accommodé pour le seul usage du maître. Il comporte deux pièces ; le maître et sa famille s'installent dans l'une de ces pièces pendant la journée ; l'autre est réservée à la réception de ses amis. Outre cela, il possède une case distincte dans laquelle il passe ses nuits, en compagnie de ses fils. De chaque côté de celle-ci se trouvent les appartements de ses femmes, qui ont également chacune un bâtiment du jour, et un pour la nuit. Les logements des esclaves et leurs familles sont éparpillés à travers le reste de l'enclos. Ces cases n'excèdent jamais un étage : elles sont souvent construites en bois, ou avec des poteaux enfoncés dans le sol, assemblées de clayonnages et proprement plâtrées à l'intérieur et à l'extérieur. Le toit est couvert de chaume de roseaux. Nos bâtiments du jour restent ouverts sur les côtés ; mais ceux dans lesquels nous dormons sont toujours fermés et l'intérieur plâtré à l'aide d'une mixture de bouse de vache, dans le but d'éloigner les différents insectes qui nous importunent pendant la nuit. De même, les murs et le sol sont généralement recouverts de nattes. Nos lits sont faits de banquettes hautes de trois ou quatre pieds français, sur lesquels sont étalées des peaux et différentes parties d'un arbre spongieux appelé bananier-plantain. Nos couvertures sont en calicot ou en mousseline, comme nos vêtements. Des bûches de bois nous servent habituellement de sièges, mais nous avons aussi des bancs qui sont généralement parfumés pour recevoir les visiteurs : voilà tout le mobilier qu'on trouve dans nos foyers. Les maisons construites et meublées de la sorte n'exigent que très peu de compétence pour être bâties. Tout homme est alors un architecte accompli pour l'occasion. L'ensemble du voisinage offre unanimement son assistance lors des constructions et, en retour, reçoit et ne s'attend à aucune autre récompense qu'une fête.

Comme nous vivons dans un pays où la nature est prodigue de ses faveurs, nos besoins sont peu nombreux et aisément pourvus. Bien entendu, nous avons peu de produits manufacturés[50]. Nos produits sont pour la plupart des calicots, des objets en terre cuite, des bibelots, des outils de guerre et d'agriculture. Mais ces instruments ne sont pas vendus. Conformément à ce que j'ai dit précédemment, ce sont nos provisions que nous mettons principalement en vente. Dans cette condition, l'argent est peu utilisé ; cependant, nous possédons quelques pièces de monnaie, si je peux les appeler ainsi. Leur aspect rappelle celui d'une ancre, mais je ne me souviens ni de leur valeur, ni de leur nom. Nous avons également des marchés et j'y ai souvent été avec ma mère. Quelquefois, des hommes corpulents couleur acajou, originaires du Sud-Ouest, visitent ces marchés. Nous les appelons *Oye-Eboe*[51], terme qui signifie hommes rouges, vivant au lointain. Ils nous apportent généralement des armes à feu, de la poudre à canon, des chapeaux, des perles et du poisson fumé. Ce dernier est très recherché chez nous, étant donné que nous n'avions que des ruisseaux et des sources. Ils troquent leurs produits contre notre bois parfumé et de la terre aromatique, et en échange de notre sel de cendre de bois. Ils sont toujours accompagnés d'esclaves lorsqu'ils passent par chez nous; mais ils se doivent de nous raconter avec exactitude la manière dont ils se les sont procurés pour être autorisés à passer. Certes, il nous arrivait parfois de leur vendre des esclaves, mais il ne s'agissait que des prisonniers de guerre[52], ou encore de ceux des nôtres qui avaient été condamnés pour rapt, adultère ou tout autre crime que nous estimions odieux. Cette pratique du rapt m'amène à penser qu'en dépit de notre sévérité, leur première intention, lorsqu'ils traitaient avec nous, était d'attraper notre peuple par des artifices. Je me souviens encore qu'ils apportaient de grands sacs avec eux qui étaient utilisés pour ce but infâme, tel que j'eus finalement l'occasion fatale de m'en apercevoir un peu plus tard.

Notre pays est extraordinairement riche et fertile, et permet de produire toutes sortes de légumes en abondance. Nous avons beaucoup de maïs, d'énormes quantités de coton et de tabac. Nos ananas poussent sans avoir besoin de culture; ils ont presque la taille des plus grands pains de sucre et sont légèrement parfumés. Nous avons aussi des épices de différentes sortes, en particulier du piment, et une variété de fruits délicieux que je n'ai jamais vue en Europe, de même que plusieurs sortes de gomme[53] et du miel en abondance. Tous les efforts de notre labeur sont concentrés pour fructifier ces cadeaux de la nature.

L'agriculture est notre première source d'emplois et tout le monde, y compris les enfants et les femmes, s'y applique. Ainsi, on nous habitue à travailler dès notre plus jeune âge. Tout le monde contribue à la réserve commune ; et comme nous ne connaissons pas l'oisiveté, nous n'avons pas de mendiants. Les avantages d'un tel mode de vie sont évidents. Les planteurs des Indes-Occidentales ont une préférence pour les esclaves du Bénin ou d'Eboe, en comparaison avec ceux qui sont issus de toute autre région de Guinée, en raison de leur force, de leur intelligence, de leur intégrité et de leur zèle. Ces qualités sont perceptibles par l'état de bonne santé générale des individus, et par leur vigueur et leur vivacité ; je pourrais même ajouter par leur grâce. Effectivement, nous ne connaissons pas de malformations[54] chez nous. Je parle bien entendu de l'infirmité physique. De nombreux natifs d'Eboe, actuellement à Londres, peuvent permettre de vérifier cette affirmation, car, en matière de couleur de peau les idées de beauté sont entièrement relatives. Lorsque j'étais en Afrique, je me souviens avoir vu trois enfants nègres qui avaient une couleur fauve, et un autre qui était presque blanc[55], que l'ensemble des villageois et moi-même regardions comme des personnes déformées à cause de leur couleur de peau. À mes yeux, nos femmes également paraissaient extraordinairement gracieuses, éveillées et réservées à un degré proche de la pudeur.

Je me rappelle n'avoir jamais entendu parler d'un cas d'incontinence avant le mariage parmi elles. Elles sont aussi remarquablement joyeuses. En effet, la gaieté et la sociabilité sont deux des principaux traits de caractère de notre peuple.

Nous travaillons la terre dans une grande plaine ou terrain communal, à quelques heures de marche de nos domiciles. Et tout le voisinage y a recours en masse. Ils n'utilisent pas de bêtes de somme ; les seuls outils agricoles qu'ils possèdent se résument à des houes, des haches, des pelles, des pioches ou encore des pics pour creuser la terre. Parfois, des sauterelles nous envahissent. Elles arrivent en un grand nuage qui noircit l'atmosphère, et détruisent nos récoltes. Cependant, cela arrive toujours rarement, mais quand c'est le cas, la famine s'ensuit. Je me souviens que cela se produisit une ou deux fois. Le champ communal est souvent un champ de bataille. En revanche, lorsque nos gens vont labourer leur terre, ils n'y vont pas seulement en masse, mais emportent généralement des armes avec eux par peur d'être surpris ; et lorsqu'ils appréhendent une invasion, ils surveillent les chemins menant à leurs habitations, et enfoncent dans la terre des bâtons suffisamment pointus à une extrémité pour pouvoir percer un pied. En ce qui concerne les batailles, il me revient à l'esprit qu'elles ont toujours ressemblé à des invasions d'un petit État ou d'un district par un autre, dans le but de se procurer des prisonniers ou du butin. Peut-être qu'ils étaient encouragés à agir ainsi par ces commerçants qui apportaient les produits européens mentionnés et qu'on trouvait chez nous. En Afrique, ce moyen d'obtenir des esclaves est courant ; et je crois que beaucoup sont capturés de cette manière, et surtout grâce aux rapts plutôt que par tout autre moyen. Quand un marchand veut des esclaves, il en fait la demande auprès du chef, et le leurre avec ses marchandises. Il n'y a rien d'extraordinaire : si, à cette occasion, le chef cède à la tentation aisément, il accepte le prix de la liberté de ses semblables avec aussi peu de répugnance que le marchand émerveillé. Par conséquent, le chef attaque ses voisins et une bataille sans merci s'ensuit. S'il domine et attrape des prisonniers, il comble sa cupidité en les vendant ; par contre, si sa troupe est vaincue et tombe entre les mains de l'ennemi, il est mis à mort, puisque c'est lui qui aurait fomenté le conflit qui les oppose. On pense qu'il est dangereux de lui laisser la vie, aussi, aucune rançon ne peut le racheter, tandis que tous les autres prisonniers peuvent être libérés. Nous possédons des armes à feu, des arcs et des flèches, de grandes épées à double tranchant et des javelots ; nous avons aussi des boucliers qui protègent un homme de la tête aux pieds. Nous tous nous apprenons l'usage de ces armes. Même nos femmes sont des guerrières et vont au combat d'un pas audacieux avec les hommes. Notre région entière est une sorte de milice : dès qu'un certain signal est donné, tel qu'un coup de feu dans la nuit, tout le monde se lève, armé, et se précipite sur l'ennemi. Il peut sembler curieux que, lorsque notre peuple va au champ, un drapeau rouge ou une bannière le précède. Je fus une fois témoin d'un combat dans notre terrain communal. Comme d'habitude, nous y travaillions tous un jour lorsqu'on nous attaqua par surprise. Je montais haut sur un arbre d'où je suivis le combat. Il y avait beaucoup de femmes et d'hommes des deux côtés, parmi lesquels ma mère qui était armée d'une grande épée. Après avoir combattu avec beaucoup d'acharnement pendant un temps considérable, et après que beaucoup furent tués, notre peuple gagna et fit du chef de l'ennemi son prisonnier. On le porta triomphalement, et malgré la forte rançon qu'il proposa contre sa vie, il fut exécuté. Une jeune fille vierge distinguée du camp adverse fut tuée pendant le combat et on exposa son bras sur notre place du marché où nos trophées étaient toujours exhibés.

Les captifs étaient départis selon les mérites des guerriers. Ceux d'entre eux qui n'étaient ni vendus ni rachetés restaient chez nous en qualité d'esclaves. Mais quelle différence entre leur condition et celle des esclaves des Indes-Occidentales ! Chez nous, ils ne fournissent pas plus de travail que les autres membres de la communauté, ni plus que leur maître ; leur alimentation, leur habillement et leurs logements étaient presque similaires aux leurs (excepté qu'ils n'étaient pas autorisés à manger avec ceux qui étaient nés libres) ; presque aucune autre différence ne les distinguait, hormis l'importance suprême du chef de famille dans notre communauté, et l'autorité qu'il exerçait au sein de son foyer, en tant que tel. Certains de ces esclaves possèdent eux-mêmes des esclaves sous leur autorité, qui leur appartiennent et sont assujettis à leur propre usage.

En ce qui concerne la religion, les indigènes croient qu'il existe un Créateur pour toutes choses, qui vit dans le soleil, et qui est encerclé d'une ceinture qui l'empêche de manger et de boire. Mais, d'après certains, il fume une pipe, notre produit de luxe principal. Ils croient qu'il contrôle les événements, spécialement nos décès ou la captivité ; je ne me rappelle pas avoir jamais entendu parler de la doctrine sur l'éternité. En revanche, d'autres croient en une transmigration des âmes dans une certaine mesure. Ils croient que les esprits qui ne transmigrent pas, comme ceux de leurs amis chers ou de leurs parents, les assistent toujours et les protègent des esprits mauvais ou de leurs adversaires. C'est pour cette raison que, ainsi que je l'ai déjà noté, ils posent toujours une petite quantité de viande et versent un peu de leur boisson au sol pour les esprits avant de manger ; de même, ils font souvent des offrandes de sang d'animaux ou de volaille sur leurs tombes. J'aimais beaucoup ma mère et j'étais très fréquemment avec elle. Lorsqu'elle se rendait sur la tombe de sa mère pour ces oblations, dans une sorte de maisonnette isolée au toit de chaume, je l'assistais quelquefois. Là, elle faisait ses sacrifices et passait presque toute la nuit à pleurer et à se lamenter. Ces scènes me terrifiaient le plus souvent. L'isolement du lieu, l'obscurité nocturne et la cérémonie de libation, assurément horrible et sinistre, étaient amplifiés par les pleurs de ma mère auxquels se mêlaient des cris d'oiseaux plaintifs qui fréquentaient dans ce genre d'endroit; tout cela donnait à cette scène une terreur inexprimable.

L'année est calculée dès le jour où le soleil traverse l'équateur; et, lorsqu'il se couche ce soir-là, un cri général retentit à travers la région. Tout au moins, je parle de ce que j'ai vu dans notre voisinage. Les gens font en même temps un énorme bruit avec des crécelles, qui n'ont rien à voir avec les hochets en osier qu'utilisent les enfants ici, bien qu'ils soient plus grands, et ils lèvent leurs mains vers le ciel pour demander une grâce. Ensuite, les plus grandes offrandes sont effectuées; et les enfants, auxquels les sages prédisent une vie favorable, sont alors présentés à différentes personnes. Je me souviens que beaucoup de personnes vinrent me voir, et on m'amena voir d'autres dans ce but. Plusieurs offrandes sont offertes, particulièrement pendant les pleines lunes; généralement, deux pendant la saison des récoltes, avant l'extraction des produits de la terre; et quelquefois, ils offrent en sacrifice des morceaux de jeunes animaux égorgés. Lorsque ces offrandes sont offertes par l'un des chefs d'une famille, elles valent pour toute la famille. Je me souviens qu'on en offrait régulièrement chez mon père et mon oncle, et leurs familles y assistaient. Certaines de nos offrandes sont consommées avec des herbes amères. Nous avions un proverbe chez nous pour désigner un individu au tempérament coléreux : « S'il devait être mangé, il faudrait y ajouter des herbes amères. »

Nous pratiquions la circoncision comme les Juifs[56], et faisions des sacrifices et des fêtes à cette occasion, de même qu'ils le faisaient. Toujours à leur exemple, nous nommions nos enfants à partir d'un événement, d'une circonstance ou encore d'une prémonition évoquée au moment de leur naissance. On me nomma *Olaudah*, ce qui signifie dans notre langue vicissitude ou encore fortune, ou celui qui est favorisé et qui a une voix forte et une élocution soignée[57]. Dans mes souvenirs, nous n'avions jamais souillé le nom de l'objet de notre adoration ; au contraire, nous le disions toujours avec le plus grand respect ; et nous ne savions pas du tout jurer, ni dire ces mots d'insultes et de reproches qui circulent si facilement et copieusement dans les langues des peuples plus civilisés. Les seules expressions de ce type dont je me souvienne étaient : « que la mort t'emporte, ou que ton cadavre pourrisse ou qu'un animal sauvage t'emporte[58] ».

J'ai précédemment remarqué que les indigènes de cette partie de l'Afrique sont très propres. Cette nécessaire pratique de convenances faisait partie de notre religion, de ce fait, nous effectuions beaucoup de purifications et d'ablutions[59] ; en effet, il y en avait presque autant que les Juifs et nous les accomplissions aux mêmes occasions qu'eux, si mes souvenirs sont exacts. Ceux qui touchaient les morts devaient à tout moment se laver et se purifier avant d'entrer dans une maison d'habitation. De même, on interdisait à chaque femme, à certains moments, d'entrer dans une maison habitée, de toucher quiconque ou tout aliment que nous consommions.

J'aimais tellement ma mère que je ne pouvais rester loin d'elle, ni éviter de la toucher pendant certaines de ces périodes, par conséquent, on m'obligeait à demeurer à l'écart avec elle, dans une maisonnette réservée à cette fin, jusqu'à ce que l'offrande eût été effectuée, et que nous fussions ensuite purifiés.

Bien qu'aucun édifice ne fût consacré au culte public, nous avions des prêtres et des sorciers ou sages. Je ne sais plus s'ils effectuaient différentes fonctions ou si c'étaient les mêmes personnes qui les accomplissaient, en tout cas, les gens leur témoignaient un grand respect. Ils évaluaient le temps chez nous et prédisaient les événements, et comme leurs noms l'indiquaient, nous les appelions Ah-affoe-way-cah, ce qui signifie calculateurs ou hommes annuels, notre année s'appelant Ah-affoe. Ils portaient une barbe et, à leur mort, un de leurs fils leur succédait. On les inhumait avec la plupart de leurs matériels et objets de valeur. Des pipes et du tabac étaient également placés dans la tombe avec le cadavre qui était toujours parfumé et enjolivé, en outre, des animaux leur étaient offerts en sacrifice. Personne excepté ceux qui exerçaient leur profession ou appartenaient à leur clan composaient le cortège funéraire. On les enterrait après le coucher du soleil, et le cortège repartait toujours de la tombe par un chemin différent de celui qu'ils avaient pris à l'aller.

Ces sorciers étaient également nos docteurs et nos médecins. Ils pratiquaient des saignées par l'application de ventouses, réussissaient habillement à guérir les blessures et évacuer les poisons. De même, ils employaient une méthode plutôt extraordinaire pour déceler la jalousie, le vol et l'empoisonnement, dont le succès provenait sans doute de l'influence illimitée qu'ils avaient sur la crédulité et la superstition de la population. Je ne me souviens pas de ces méthodes, excepté celle de l'empoisonnement : un ou deux exemples me reviennent qui je l'espère ne seront pas perçus comme impertinents ici, puisqu'ils peuvent servir d'illustration pour le reste, d'autant plus qu'ils sont encore employés par les nègres dans les Indes-Occidentales. Une jeune fille vierge avait été empoisonnée, mais on ne savait pas par qui. Les sorciers demandèrent à quelques personnes de porter le cadavre jusqu'au tombeau. Aussitôt les porteurs eurent-ils posé le corps sur leurs épaules, ils semblèrent être saisis d'une impulsion brusque et se mirent à courir de long en large, sans pouvoir s'arrêter. Finalement, après être passés à travers plusieurs épines et sur des buissons piquants sans se blesser, le cadavre glissa de leurs épaules pour tomber près d'une maison qu'il dégrada pendant sa chute ; on arrêta le propriétaire qui avoua aussitôt l'empoisonnement[60].

Les indigènes font extrêmement attention au poison. Lorsqu'ils achètent un aliment consommable, le vendeur le passe ses lèvres tout autour devant le client, pour lui montrer que l'aliment n'est pas empoisonné ; on fait de même pour tout mets ou toute boisson présentée à un étranger en particulier. Nous avons différentes espèces de serpents parmi lesquels certains sont considérés comme annonçant de bons présages quand ils apparaissent dans nos maisons, et, ceux-là, nous ne les malmenons jamais. Je me souviens que deux de ces serpents bienfaisants, qui étaient chacun aussi gros que le mollet d'une jambe humaine, et dont leur couleur s'apparentait à celle d'un dauphin dans l'eau, se faufilaient parfois dans l'appartement nocturne de ma mère, où je dormais toujours avec elle, et se lovaient dans des plis et chaque fois, ils entonnaient un chant similaire à celui du coq. Certains de nos sages me demandèrent de les toucher afin de profiter des bons augures, ce que je fis, car ils étaient vraiment inoffensifs, et souffraient docilement que quelqu'un les effleurât ; puis, on les mit dans une grande casserole béante en terre cuite qu'on plaça au bord de la grande route. Cependant, certains de nos serpents étaient venimeux : un jour, l'un d'eux traversa la route alors que je m'y trouvais. Il passa entre mes pieds sans essayer de me toucher, à la grande surprise de tous ceux qui le virent ; ce genre d'incidents était considéré par les sages, et également par ma mère et le reste des personnes présentes comme de remarquables présages en ma faveur.

Ceci est l'imparfait résumé dont ma mémoire m'a pourvu, concernant les habitudes et les coutumes du peuple au milieu duquel je vis le jour. Et à ce propos, je ne peux m'abstenir de suggérer ce qui m'a longtemps affecté avec beaucoup de véhémence, nommément la grande analogie, qui, même par cette ébauche, si imparfaite soit-elle, semble prévaloir dans les us et coutumes de mes compatriotes et dans ceux des Juifs, avant qu'ils n'atteignent la Terre Promise, et en particulier des patriarches pendant qu'ils étaient encore dans l'état pastoral dépeint dans la Genèse — analogie qui, seule, m'amène à croire que l'un des peuples naquit de l'autre. Effectivement, ceci est l'opinion du Dr Gill[61], qui, dans son commentaire sur la Genèse, déduisit très habilement que la lignée des Africains découlait d'Afer et Afra[62], les descendants d'Abraham et Keturah, sa femme et concubine (car ces deux titres lui sont attribués). Cette idée confirme également les sentiments du Dr John Clarke, ancien Doyen de Sarum, dans son *Truth of the Christian Religion*[63] : ces deux auteurs concourent à nous imputer cette origine. Les raisonnements de ces messieurs sont de surcroît confirmés par la chronologie de l'Écriture

Sainte ; et si toute autre confirmation était requise, cette similitude, à bien des égards, est une preuve considérable en faveur de ce point de vue. Comme les Israélites dans leur état primitif, notre gouvernement était dirigé par nos chefs ou juges, nos sages et nos anciens ; et le chef de famille chez nous jouissait dans son foyer de la même autorité que celle attribuée à Abraham et deux autres patriarches. La loi du talion s'appliquait presque universellement chez nous comme chez eux : et même leur religion semblait avoir déversé sur nous un rayon de sa gloire, bien qu'elle fût brisée et épuisée lors de son passage, ou éclipsée par le nuage avec lequel le temps, la tradition et l'ignorance pourraient l'avoir enveloppée ; car nous pratiquions la circoncision (pratique que je trouve particulière à ce peuple), nous faisions aussi nos sacrifices et brûlions des offrandes, nous effectuions nos lavements et purifications pour des occasions semblables aux leurs.

En ce qui concerne la différence de couleur entre les Africains d'Eboe et les Juifs modernes, je ne me permettrai pas de l'expliquer. C'est un sujet qui a engagé les plumes d'hommes de génie et d'érudits, ce qui dépasse de loin mes compétences. Cependant, le très talentueux Révérend Sir T. Clarkson, dans son très admirable *Essay on the Slavery and Commerce of the Human Species*, affirme sa cause d'une manière qui, à la fois, résout chaque objection sur ce chef, et, à mon humble avis, génère la conviction la plus complète. Néanmoins, je devrais mentionner cette interprétation pour sa théorie, en me contentant de citer un fait raconté selon les termes du Dr Mitchel : « Les Espagnols qui habitent l'Amérique, sous la zone torride, depuis quelque temps, sont devenus aussi noirs que nos Indiens natifs de Virginie, ce dont *j'ai moi-même été témoin*. » De même, un autre exemple d'installation d'un Portugais à Mitomba, fleuve de Sierra Leone, où les habitants sont engendrés à partir d'un mélange des premiers explorateurs portugais et des indigènes, et sont à présent devenus par leur teint et la qualité laineuse de leurs cheveux, *de parfaits nègres*, qui ont cependant retenu quelques mots de la langue portugaise.

Ces exemples, ainsi que la quantité considérable d'autres qui peuvent être suggérés, tandis qu'ils démontrent comment les couleurs d'individus similaires varient selon les climats différents, peuvent également permettre, espère-t-on, d'éradiquer les préjugés que certains considèrent aller à l'encontre des natifs d'Afrique, à cause de leur couleur. Il est certain que les pensées des Espagnols n'ont pas changé avec leur teint ! N'y a-t-il pas assez de causes auxquelles on peut attribuer l'infériorité apparente d'un Africain, sans limiter la bonté de Dieu, et en supposant qu'Il s'abstînt d'imprimer l'intelligence sur sa propre image assurément, parce qu'elle aurait été « sculptée en ébène » ? Cela ne peut-il pas être naturellement imputé à leur situation ? Lorsqu'ils arrivent parmi les Européens, ils ignorent la langue de ces derniers, leur religion, leurs us et coutumes. Des efforts sont-ils effectués pour leur enseigner ces valeurs ? Les traite-t-on comme des hommes ? L'esclavage même ne réduit-il pas la pensée, et n'éteint-il pas tous ses feux ainsi que tout sentiment noble ? Mais surtout, quels avantages ne possède pas une personne cultivée par rapport aux individus grossiers et sans éducation ? Rappelons à l'Européen cultivé qui est hautain que *ses* ancêtres furent, une fois, incultes, voire des barbares tout comme les Africains. La Nature fait-elle d'*eux* des êtres inférieurs à leurs descendants ? Et, *eux-mêmes*, auraient-ils été des esclaves ? Toute pensée rationnelle répond : Non. Laissons ce genre de réflexions fléchir la fierté de leur supériorité pour la transformer en compassion pour les besoins et pour les misères de leurs frères noirs, et obligeons-les à reconnaître que l'intelligence n'est pas confinée à un trait du visage, ni à la couleur. Si, en parcourant le monde, ils ressentent de la joie, qu'elle soit tempérée avec de la bienveillance envers les autres et de la gratitude envers Dieu, « qui, à partir d'un sang, a créé toutes les nations humaines dans le but de peupler toute la face de la terre[64] ; et dont la Sagesse n'est pas la nôtre, ni nos chemins les Siens ».

CHAPITRE II

La naissance de l'auteur et ses origines. Son rapt en compagnie de sa sœur. Leur séparation. Surprise de se revoir. Sont séparés définitivement. Récit des différents endroits et incidents que l'auteur rencontra jusqu'à son arrivée à la côte. L'effet que produisit en lui la vision d'un bateau négrier. Il part en direction des Indes-Occidentales. Horreurs d'un bateau négrier. Arrivée à la Barbade, où la cargaison est vendue et dispersée.

J'espère que le lecteur ne pensera pas que j'abuse de sa patience en me présentant à lui avec un récit des us et coutumes de mon pays, qui furent implantées en moi avec grand soin, et eurent un tel effet dans mon esprit que le temps ne pourrait pas effacer ; et que toute l'adversité et la variété du hasard que j'ai connues depuis, ont seulement servi à éblouir et à être exposés ; car, si l'amour d'un individu pour son pays est réel ou imaginaire, ou encore si c'est une leçon de raison ou un instinct naturel, j'ai encore le plaisir de revenir sur les premiers événements de ma vie, bien que ce plaisir ait été en grande partie mêlé de chagrins.

J'ai déjà informé le lecteur de mes date et lieu de naissance. En plus de nombreux esclaves, mon père avait une famille nombreuse dont sept enfants avaient survécu, parmi lesquels moi-même et une sœur, seule fille de la famille. Comme j'étais le cadet des garçons, je devins évidemment le préféré de ma mère que j'accompagnais partout ; elle se donnait énormément de mal pour façonner mon caractère. Très tôt dans mon enfance, on m'apprit les arts de combat ; je m'exerçais quotidiennement au tir et au lancer de javelot ; ma mère me parait d'emblèmes à la manière de nos plus grands guerriers. C'est ainsi que je grandis jusqu'à l'âge de onze ans, où mon bonheur s'acheva. Généralement, pendant que les adultes du voisinage étaient allés loin dans les champs pour travailler, les enfants se rassemblaient dans l'une des propriétés du voisinage pour y jouer ; et ordinairement certains d'entre nous grimpaient sur un arbre pour rester vigilants à toute attaque, ou au rapt d'enfants ; car ceux qui les commettaient profitaient parfois de l'absence de nos parents pour attaquer et emporter autant d'enfants qu'ils pouvaient prendre. Un jour, alors que je surveillais du haut d'un arbre, dans notre cour, je vis l'un de ces ravisseurs pénétrant notre avant-dernier voisin dans le but d'attraper des jeunes gens vigoureux, qui s'y trouvaient en grand nombre. Je signalai immédiatement la présence du gredin, et il fut encerclé par les plus forts d'entre eux, qui l'attachèrent avec des cordes pour l'empêcher de fuir avant le retour de quelques adultes qui le mirent à l'abri. Mais hélas ! Peu de temps après, mon destin voulut que je fusse attaqué de la sorte, et que je fusse emmené de force alors qu'aucun adulte n'était à proximité. Un jour où tous nos parents étaient allés à leurs travaux comme d'habitude, tandis que j'étais resté seul avec ma sœur pour garder la maison, deux hommes et une femme franchirent nos murs et, en un instant, nous saisirent tous les deux, et, sans nous laisser le temps de hurler ou de nous défendre, ils nous fermèrent la bouche, et prirent la fuite avec nous, en direction du bois le plus proche. Là, ils nous ligotèrent les mains, et nous transportèrent ainsi aussi loin que possible, jusqu'à la tombée de la nuit, lorsque nous atteignîmes une maisonnette où les ravisseurs s'arrêtèrent pour se rafraîchir et passer la nuit. On nous délia alors, mais nous fûmes incapables d'avaler aucun aliment ; et, épuisés de fatigue et de chagrin, notre seul soulagement fut le sommeil, qui apaisa notre malheur pendant un court moment. Le lendemain matin, nous quittâmes la maisonnette et marchâmes pendant toute la journée. Nous restâmes dans les bois pendant longtemps, mais nous finîmes par arriver sur une route que je croyais connaître. J'eus alors quelque espoir d'être délivré, car nous n'avions fait que peu de route avant que quelques personnes n'apparussent au loin, ce qui m'incita à crier pour qu'ils vinssent nous secourir, mais mes cris n'eurent pour effet que d'amener les ravisseurs à resserrer mes liens et à me bâillonner, puis ils me mirent dans un grand sac. Ils bâillonnèrent également la bouche de ma sœur et ligotèrent ses mains. Nous continuâmes ainsi jusqu'à ce que ces gens eussent disparu de notre champ de vision. La nuit suivante, au moment du repos, ils nous offrirent quelques victuailles que nous refusâmes, et notre seule consolation fut de rester dans les bras l'un de l'autre pendant toute la nuit, nous baignant de nos larmes. Mais hélas ! Nous fûmes bientôt privés même du petit réconfort de pleurer ensemble. Le jour suivant s'avéra être le plus douloureux que j'avais connu jusque-là, car ma sœur et moi fûmes séparés alors que nous étions enlacés l'un à l'autre. Nous les suppliâmes en vain de ne pas nous séparer ; on l'arracha à moi, et on l'emmena aussitôt, tandis que je demeurais dans un état d'affolement indescriptible. Je pleurais et me lamentais continuellement; et pendant plusieurs jours, je refusai de manger tout aliment excepté ce qu'ils me forçaient à avaler. Finalement, après plusieurs jours de voyage pendant lesquels je changeai souvent de maîtres, j'arrivai entre les mains d'un chef de clan, dans une région agréable. Ce chef avait deux épouses et quelques enfants, et tous me traitaient très bien, faisant tout leur possible pour me réconforter, surtout la première femme qui avait quelque chose de ma mère. Bien que je fusse à plusieurs jours de voyage du domicile de mon père, ces gens parlaient exactement la même langue que nous. Ce premier maître que j'eus, si je peux l'appeler ainsi, était forgeron et mon principal emploi consistait à actionner ses soufflets qui étaient pareils à ceux que j'avais vus dans ma région. À quelque chose près, ils n'étaient pas différents des fourneaux, qu'on trouve installés dans les cuisines des gentilshommes ici, et étaient recouverts de cuir au milieu duquel une branche était fixée; une personne se tenait debout, et l'actionnait de la même manière que pour pomper de l'eau d'un fût à l'aide d'une pompe manuelle. Je pense que c'était de l'or qu'il travaillait, car cela avait une magnifique couleur jaune brillant, que les femmes portaient aux poignets et aux chevilles. Cela faisait environ un mois que j'y étais et ils m'autorisèrent enfin à parcourir une petite distance loin de la maison. J'usais de ces occasions de liberté pour rechercher le chemin menant à ma propre maison; pour les mêmes raisons, je partais parfois avec les jeunes filles, dans la fraîcheur du soir, puiser des seaux d'eau à la source pour l'usage domestique. Pendant mes périples, j'avais également remarqué l'endroit où le soleil se levait le matin, et où il se couchait le soir alors que je faisais mon chemin, ainsi j'avais observé que la maison de mon père était du côté où se levait le soleil. J'étais alors déterminé à saisir la première occasion pour m'échapper, et me diriger en cette direction, car je me sentais complètement opprimé et le chagrin me rongeait à la pensée de ma mère et de mes amis ; de plus, mon amour pour la liberté, plus grand que jamais, fut amplifié par les circonstances humiliantes qui me contraignaient à ne pas manger avec les enfants nés libres, bien que je fusse notamment leur camarade. Pendant que je planifiais mon évasion, un jour, un événement malheureux se passa, qui désorganisa plutôt mon plan et mit fin à mes espoirs. Quelquefois j'aidais une vieille esclave à cuisiner et à s'occuper des volailles, et, un matin, alors que je nourrissais quelques poulets, il m'arriva de lancer un petit caillou à l'un d'eux, qui le toucha en plein milieu et le tua sur le coup. Peu après, la vieille esclave n'ayant pas trouvé le poulet me demanda si je savais où il était ; et après que je lui eus raconté l'accident (car je lui dis la vérité, parce que ma mère n'aurait jamais supporté que je dise un mensonge) elle se mit dans une colère violente, me menaça que je le paierais ; et, mon maître étant sorti, elle alla aussitôt dire à sa maîtresse ce que j'avais fait. Ceci m'effraya beaucoup, et je m'attendais à être fouetté instantanément, ce qui, pour moi, était extraordinairement atroce, car on me battait rarement chez moi. Je décidai donc de m'enfuir ; et en conséquence, je courus dans un hallier qui se trouvait tout près et heurtai les buissons. Peu après ma maîtresse et l'esclave rentrèrent et, ne me voyant pas, elles cherchèrent partout dans la maison ; mais, parce qu'elles ne me trouvèrent pas, et parce que je ne répondais pas à l'appel de mon nom, elles pensèrent que je m'étais enfui et tout le voisinage fut envoyé à ma poursuite. Dans cette partie de la région (tout comme chez nous) les habitations et les villages étaient bordés de bois ou d'arbustes massifs, et les buissons étaient si épais qu'un homme pouvait aisément s'y cacher, de manière à échapper à la recherche la plus minutieuse. Les voisins continuèrent de me chercher pendant toute la journée, et maintes fois, plusieurs d'entre eux s'approchèrent à quelques pieds de l'endroit où je me trouvais caché. Je m'attendais, à chaque instant où j'entendais un bruissement parmi les arbres, à être découvert et à être puni par mon maître : mais ils ne me trouvèrent jamais, bien qu'ils fussent souvent si près que j'entendais même leurs hypothèses alors qu'ils me recherchaient partout ; et j'eus bientôt l'assurance, grâce à eux, que tout retour à la maison serait désespéré. La plupart d'entre eux supposaient que je m'étais enfui en direction de chez moi : mais la distance était si grande et le chemin si compliqué, qu'ils pensaient que je ne pourrais jamais y arriver, et que je devrais être perdu dans les bois... Lorsque j'entendis cela, je fus saisi d'une panique intense et je m'abandonnai au désespoir. La nuit se mit également à tomber et accentua toutes mes peurs. J'avais auparavant nourri l'espoir d'arriver chez moi, et m'étais décidé, que lorsqu'il ferait sombre, à faire une tentative ; mais j'étais à présent convaincu que cela était vain, et me mis à considérer que, si cela m'était possible, je pourrais échapper à tous les autres animaux, mais pas à ceux de l'espèce humaine ; et que, ne connaissant pas le chemin, je périrais dans les bois. Ainsi j'étais comme une biche pourchassée :

Chaque feuille et chaque souffle de murmure
Trahissait un adversaire, et chaque adversaire la mort[65]

J'entendis des bruissements fréquents entre les feuilles; et étant bien certain qu'il s'agissait de serpents, je m'attendais à ce qu'ils me mordissent à chaque instant. Cela augmentait mon angoisse, et l'horreur de ma situation devint à cet instant assez insupportable. Finalement, je quittai le fourré, très épuisé et affamé, car je n'avais ni mangé ni bu quoi que ce fût de toute la journée, et je rampai vers la cuisine de mon maître d'où j'avais pris la fuite; c'était une cabane ouverte, et je m'allongeai dans les cendres avec le désir pressant de la mort pour me soulager de toutes mes peines. J'étais à peine réveillé le matin lorsque la vieille esclave, qui fut la première à se lever, vint allumer le feu et me vit dans l'âtre. Elle fut fort surprise de me voir et put à peine croire ses propres yeux. Elle promit présentement d'intercéder en ma faveur et alla chercher son maître, qui arriva bientôt, et m'ayant légèrement réprimandé, ordonna qu'on prît soin de moi et qu'on ne me maltraitât pas.

Peu de temps après cet incident, la fille unique de mon maître, enfant de sa première épouse, tomba malade et mourut, ce qui l'affecta profondément si bien que pendant quelque temps, il fut presque fou et aurait réellement pu se tuer si l'on ne l'avait pas surveillé pour l'en empêcher. Cependant, il récupéra peu après et je fus encore vendu. On me transporta cette fois vers le côté gauche du soleil levant, à travers de lugubres terres isolées et des bois sinistres, parmi les rugissements affreux de bêtes sauvages. Les gens à qui on me vendit me portaient très souvent, quand j'étais fatigué, soit sur leurs épaules, soit sur leur dos. Je vis beaucoup de cabanes commodes et bien bâties le long du trajet, à des distances correctes, dans lesquelles logeaient les marchands et voyageurs qui s'y reposaient avec leurs épouses qui les accompagnaient souvent. Et ils étaient toujours bien armés.

Depuis le moment où je quittai mon propre peuple, je trouvai toujours une personne qui me comprît jusqu'à ce que j'atteignisse la côte. Les langues de ces peuples divers ne différaient pas totalement, de même qu'elles n'étaient pas aussi prolixes que celles des Européens, en particulier l'anglais. Par conséquent, il était facile de les apprendre, et pendant que je voyageais à travers l'Afrique, j'appris deux ou trois différentes langues. Je voyageais ainsi depuis un temps considérable, lorsqu'un soir, je fus grandement surpris en voyant arriver dans la maison où j'étais ma chère sœur ! À peine me vit-elle, qu'elle poussa un grand cri et se précipita dans mes bras... J'étais complètement médusé : aucun de nous ne put parler, mais pendant un long moment, nous restâmes enlacés l'un à l'autre, incapables de faire autre chose que de pleurer. Notre rencontre toucha tous ceux qui étaient présents. En effet, il me faut reconnaître, à l'honneur des hommes noirs destructeurs des droits de l'homme, que je n'ai jamais été maltraité et je n'ai jamais vu aucun esclave maltraité, excepté qu'on les attachait en cas de nécessité pour les empêcher de s'enfuir. Lorsque ces gens se rendirent compte que nous étions frère et sœur, ils témoignèrent de l'indulgence et nous laissèrent ensemble ; et l'homme à qui, je suppose, nous appartenions, se coucha avec nous : il se trouvait au milieu, tandis qu'elle et moi nous nous tenions la main à travers sa poitrine durant toute la nuit, oubliant ainsi nos malheurs pour un temps, dans la joie d'être ensemble. Cependant, même cette mince consolation dut bientôt prendre fin, à peine le matin fatal arriva où on me l'arracha encore pour toujours ! Cette fois, j'étais, si possible, plus malheureux qu'auparavant. La petite consolation que sa présence me procurait s'était évanouie, et l'extrême tristesse de ma situation fut doublée par mon anxiété concernant son sort et mes craintes que ses souffrances fussent plus grandes que les miennes, alors que je ne pouvais être près d'elle pour les alléger. Oui, toi, chère partenaire de tous mes jeux d'enfance ! Toi qui partageais mes joies et mes peines ! Heureux aurais-je été de porter tous tes malheurs à ta place, et d'obtenir ta liberté en sacrifiant la mienne. Bien qu'arrachée très tôt de mes bras, ton image est restée à jamais gravée dans mon cœur, et jamais, *ni le temps ni le destin* n'ont pu l'effacer ; si bien que, si les seules pensées de tes souffrances ont refroidi mes moments de prospérité, elles se confondaient aussi avec l'adversité et augmentaient son amertume. Au Ciel qui protège les faibles des forts, je confie le soin de ton innocence et de tes vertus, si elles n'ont pas encore entièrement été récompensées, si ta jeunesse et ta délicatesse n'ont pas depuis longtemps assouvi les violences du trafiquant africain, à l'odeur nauséabonde d'un bateau négrier, à l'acclimatation dans des colonies européennes ou succombé aux coups de fouet et à la luxure d'un contremaître cruel et impitoyable[66].

Je ne restai pas à cet endroit longtemps après ma sœur. Je fus de nouveau vendu et transporté à travers différents endroits, jusqu'à ce que, après un très long voyage, j'arrivasse dans une ville appelée Tinmah[67], dans la plus belle région que je vis en Afrique. Elle était extrêmement riche et plusieurs petits ruisseaux la traversaient, qui se jetaient dans un grand étang au centre de la ville dans lequel les gens se baignaient. C'est là que pour la première fois je vis et goûtai la noix de coco que je trouvai supérieure à toutes les noix que je n'avais jamais mangées auparavant ; et les arbres qui étaient chargés étaient également répandus parmi les cases avec ses abris ressemblant aux nôtres, l'intérieur étant soigneusement plâtré et blanchi à la chaux. C'est également dans cette région que je vis et goûtai la canne à sucre pour la première fois. En guise de monnaie, ils avaient de petits coquillages blancs[68] de la taille de l'ongle. Un marchand qui y vivait me vendit pour m'y avoir emmené pour cent soixante-douze de ces coquillages. Cela faisait deux ou trois jours que je me trouvais chez lui, lorsqu'une riche veuve, l'une de ses voisines, arriva un soir, accompagnée de son fils unique, un jeune homme d'environ mon âge et de ma taille. Ils me virent là; et s'étant pris d'affection pour moi, ils m'achetèrent au marchand, puis m'emmenèrent chez eux. Sa maison et ses dépendances étaient situées près de l'un de ces petits ruisseaux dont j'ai parlé, et étaient les plus belles que je vis en Afrique: elles étaient très grandes, et elle possédait beaucoup d'esclaves à son service. Le lendemain, on me lava et on me parfuma, et quand l'heure du repas arriva, on me dirigea auprès de ma maîtresse, où je mangeai et bus avec son fils devant elle. Cela me remplit d'étonnement, et je pus à peine taire ma surprise du fait que le jeune homme acceptât que moi, qui fus esclave, mange avec lui qui était libre; mais aussi du fait qu'à aucun moment, il ne mangeait et ne buvait sans que je ne me fusse d'abord servi, car j'étais l'aîné, ce qui correspondait aux coutumes de chez nous. En effet, tout en cet endroit, de même que la manière dont on me traitait, me fit oublier mon statut d'esclave. La langue de ces gens ressemblait si bien à la nôtre, qu'on se comprenait parfaitement. Leurs coutumes étaient aussi très proches des nôtres. Pareillement, il y avait des esclaves pour nous assister quotidiennement lorsque mon jeune maître et moi, ainsi que d'autres garçons, nous

nous exhibions avec nos javelots, nos arcs et nos flèches, tel que j'avais l'habitude de le faire chez moi. Je passai ainsi deux mois qui me rappelèrent mon bonheur d'autrefois ; et je commençais à croire que cette famille m'adopterait, aussi commençais-je à m'habituer à ma situation et à oublier, graduellement, mes malheurs, lorsque soudain l'illusion s'envola ; car, sans en avoir eu la moindre connaissance précédemment, un matin à l'aube, alors que mon cher maître et compagnon dormait encore, on me tira de mes rêves pour m'enfoncer dans un nouveau chagrin, en m'emmenant précipitamment chez les incirconcis.

Ainsi, au moment même où je rêvais du plus grand bonheur, je me retrouvais le plus malheureux, et cela donnait l'impression que le destin voulait me faire goûter cette joie, juste pour rendre son contraire plus poignant. Le changement que je connus dès cet instant était aussi pénible qu'il avait été soudain et inattendu. Effectivement, je passai d'un état de félicité à un tableau que je ne peux décrire, puisqu'il me laissait découvrir un engin que je n'avais jamais vu et dont j'ignorais l'existence jusque-là, et dans lequel s'opéraient continuellement de tels cas de méchanceté et de cruauté que je ne peux évoquer sans être horrifié.

Toutes les régions et tous les peuples par lesquels j'étais passé ressemblaient au nôtre dans leurs mœurs, leurs coutumes et leurs langues : mais finalement, on m'amena dans un pays où ces attributs différaient des nôtres dans le comportement des habitants. Je fus très frappé par cette différence, surtout lorsque j'arrivai au milieu d'un peuple où la circoncision ne se pratiquait pas, où l'on mangeait sans se laver les mains. Ils cuisinaient aussi dans des marmites en fer, et possédaient des coutelas européens et des arbalètes inconnus chez nous, et ils luttaient aux poings entre eux. Leurs femmes n'étaient pas aussi réservées que les nôtres, puisqu'elles mangeaient, buvaient et dormaient avec leurs hommes. Mais par-dessus tout, je fus étonné de ne voir aucun sacrifice ni aucune offrande chez eux. À certains de ces endroits, les gens s'ornaient de scarifications, et de même, ils se limaient les dents. Parfois, ils désiraient me parer comme eux, mais je m'y refusais, espérant qu'un jour je me retrouverais au sein d'un peuple qui ne se défigurait pas tel qu'ils le faisaient. Finalement, j'arrivai au bord d'une grande rivière[69] où affluaient des pirogues dans lesquelles les gens semblaient vivre avec leurs ustensiles domestiques et toutes sortes de provisions. Cela m'étonna outre mesure, d'autant plus que je n'avais jamais auparavant vu une étendue d'eau plus large qu'un étang ou un petit ruisseau ; et ma surprise fut mêlée d'une grande peur lorsqu'on me plaça dans l'une de ces pirogues, et qu'on commença à pagayer et à avancer le long de la rivière. Nous continuâmes ainsi jusqu'à la tombée de la nuit, et lorsqu'on atteignit le rivage, nous fîmes des feux sur le bord ; chaque famille pour soi, certains tirèrent leurs embarcations vers le rivage, d'autres restèrent à l'intérieur, y préparèrent, et y passèrent toute la nuit. Ceux qui étaient à terre possédaient des nattes avec lesquelles ils montèrent des tentes dont certaines ressemblaient à de petites maisons. Nous y dormîmes. Après le repas du matin, nous embarquâmes de nouveau et la même activité recommença comme précédemment. Très souvent, je fus étonné de voir des femmes et des hommes sauter dans l'eau, plonger jusqu'au fond, remonter à la surface et nager tout autour. De cette manière, je continuai mon voyage, quelquefois par terre, quelquefois par l'eau, à travers différentes régions et des peuples divers, jusqu'à ce que, au bout de six ou sept mois après ma capture, j'arrivasse à la côte maritime. Il serait ennuyeux et inintéressant de raconter tous les incidents qui m'arrivèrent pendant ce voyage, et que je n'ai pas encore oubliés ; il me faut cependant observer que, des différentes mains par lesquelles je passai, et des us et coutumes de tous les différents peuples parmi lesquels je vécus, dans tous les sols que je foulai, la terre était extrêmement fertile : on trouvait des citrouilles, des patates douces, du plantain, des ignames, etc., à profusion, et de taille incroyable. Il y avait aussi de grandes quantités de gommes différentes, bien qu'elles ne fussent utilisées pour un but précis ; et partout, beaucoup de tabac. Le coton poussait même de manière sauvage, et il y avait beaucoup de bois rouge. Je ne vis aucune machine pendant tout le trajet, excepté celles que j'ai mentionnées. L'agriculture était l'emploi principal dans ces régions, et comme chez nous, les hommes et les femmes étaient formés pour cela et initiés aux stratégies de combat.

La première chose qui salua mon regard lorsque j'arrivai à la côte fut la mer, ainsi qu'un bateau négrier qui allait alors au mouillage et attendait son chargement. Cette scène me remplit d'étonnement, qui bientôt se transforma en terreur lorsqu'on me transporta à bord. Quelques membres de l'équipage me malmenèrent aussitôt et me jetèrent en l'air pour voir si j'étais bien portant ; et j'étais à présent persuadé qu'on m'avait emmené dans un monde d'esprits mauvais, et qu'ils allaient me tuer. Leur teint si différent du nôtre, leurs longs cheveux, et la langue qu'ils parlaient (qui était très différente de toutes celles que j'avais jamais entendues) convergeaient à confirmer cette idée. Effectivement, telles furent les horreurs et craintes que mes yeux considérèrent à ce moment-là : dix mille mondes m'eussent-ils appartenu, je m'en serais séparé de pure grâce contre la condition du dernier des esclaves dans mon propre pays. Lorsque j'observai tout autour du bateau, et aperçus un grand fourneau rappelant du cuivre en fonte, ainsi qu'une multitude de Noirs de tous âges enchaînés les uns aux autres, chacun exprimant par sa mine à la fois le découragement et la souffrance, je ne doutai plus de mon sort ; et presque accablé d'horreur et d'anxiété, je tombai sans mouvement sur le pont et m'évanouis. Quand je repris un peu connaissance, je vis quelques Noirs[70] près de moi qui, je crois, faisaient partie de ceux qui m'avaient amenés à bord, et pour cela recevaient leur salaire ; ils me parlèrent dans le but de dissiper mes craintes, mais en vain. Je leur demandai si nous n'étions pas destinés à servir de nourriture à ces hommes blancs aux regards horribles, aux visages rouges et aux cheveux longs. Ils me rassurèrent que ce n'était pas le cas ; et l'un des hommes de l'équipage m'apporta un peu de liqueur alcoolisée dans un verre à vin ; mais comme j'avais peur de lui, je ne voulus pas le prendre de sa main. L'un des hommes noirs le prit donc de ses mains et me le donna ; et j'en bus un peu, ce qui, au lieu de me redonner du courage comme ils l'avaient escompté, me plongea dans la plus grande torpeur à cause de l'étrange sensation qu'elle produisit, n'ayant jamais goûté à pareille liqueur auparavant. Peu après cela, les Noirs qui m'amenèrent à bord s'en allèrent, m'abandonnant au désespoir. Je me retrouvai maintenant dépourvu de toute chance de retourner dans mon pays natal, et de même la moindre lueur d'espoir de gagner le rivage que je considérais à présent comme un lieu accueillant ; et je préférais ma précédente situation d'esclave à celle que je connaissais désormais, qui débordait d'horreurs de toutes sortes, d'autant plus accentuées par mon ignorance de ce qui m'attendait. On ne me laissa pas longtemps m'apitoyer sur mon chagrin ; très vite, on me plaça sous les ponts, où mes narines reçurent un tel salut que, de toute ma vie, je n'avais jamais connu, de telle sorte qu'entre la particularité répugnante des odeurs nauséabondes mêlées à des pleurs, je me rendis si malade et si faible que je n'avais ni la force de manger, ni le moindre désir de goûter à quoi que ce fût. Je souhaitai maintenant que mon dernier compagnon, la mort, vînt pour me délivrer ; mais très vite, pour mon malheur, deux hommes blancs m'offrirent des aliments comestibles ; et, parce que je refusai de manger, l'un d'eux empoigna fermement mes bras et m'allongea à travers le guindeau, je crois, où il lia mes jambes tandis que l'autre me flagellait sévèrement. Je n'avais jamais connu pareil traitement auparavant ; et n'étant pas habitué à l'eau, j'eus naturellement peur de cette substance la première fois que je la vis. Pourtant, si j'avais pu me retrouver sur les filets, j'aurais sauté par-dessus bord, mais je n'eus pas cette occasion ; de plus, l'équipage avait l'habitude de nous surveiller de très près, nous qui n'étions pas enchaînés aux ponts, de peur que nous ne sautions à l'eau : et j'ai vu certains de ces malheureux prisonniers africains très sévèrement contusionnés pour avoir essayé de le faire, ou encore fouettés pendant des heures parce qu'ils refusaient de se nourrir. En effet, ce traitement m'était souvent infligé. Peu de temps après, parmi les pauvres individus enchaînés, je retrouvai des compatriotes, ce qui procura quelque moment d'apaisement à mon esprit.

J'interrogeai ceux-ci à propos de ce que nous allions devenir ; ils me laissèrent entendre que nous devions être transportés au pays de ces hommes blancs pour travailler pour eux. Ce qui me redonna alors un peu de courage; et je pensai que, s'il ne s'agissait de rien de pire que de travail, ma situation n'était pas si désespérée; néanmoins, je craignais d'être mis à mort, car les Blancs semblaient et agissaient, ainsi que je le pensais, d'une manière si sauvage: je n'avais jamais vu de tels cas de cruauté barbare chez un peuple; et elle n'était pas uniquement exercée envers nous, les Noirs, mais aussi envers d'autres Blancs. J'ai vu un Blanc en particulier, alors que nous étions autorisés à rester sur le pont, fouetté si impitoyablement à l'aide d'une grande corde près du mât, à la suite de quoi il décéda; et ils le jetèrent par-dessus bord comme ils l'auraient fait d'une brute. Cela renforça ma peur de ces gens; et je ne m'attendais à rien d'autre qu'à être traité de la même manière. Je ne pouvais m'empêcher de confier mes peurs et appréhensions à mes compatriotes: je leur demandai si ces gens n'avaient pas de pays, mais vivaient dans cet endroit creux (le navire); ils me dirent qu'ils n'y vivaient point, mais venaient d'un pays lointain. « Alors, dis-je, comment se fait-il que dans tout notre pays on n'ait jamais entendu parler d'eux! » Ils me répondirent que c'était parce qu'ils vivaient vraiment très loin. Je m'enquis ensuite de savoir où leurs femmes se trouvaient; s'ils en avaient qui fussent comme eux. On me dit qu'ils en avaient. « Et pourquoi, continuai-je, nous ne les voyons pas? » Ils répondirent que c'était parce qu'elles restaient à la maison. Je demandai comment il était possible que le bateau fonctionnât; ils me dirent qu'ils ne savaient pas, mais que des voiles étaient enfilées sur la mâture à l'aide de cordes que je voyais, et c'était ainsi que le navire avançait. De plus, les hommes blancs possédaient un certain sortilège magique qu'ils mettaient dans l'eau quand ils voulaient faire arrêter le bateau. Je fus extrêmement abasourdi par cette histoire, et je crus réellement que ces hommes étaient des esprits. Aussi souhaitais-je tant être loin d'eux, car je m'attendais à être offert en sacrifice : mais mes souhaits furent vains, car nous étions tellement encadrés qu'il était impossible de s'évader. Pendant tout le temps que nous restâmes sur la côte, je fus souvent sur le pont ; et un jour, à ma grande surprise, je vis l'un de ces bateaux arriver avec ses voiles levées. Aussitôt que les Blancs l'aperçurent, ils poussèrent un grand cri qui nous surprit ; et davantage lorsque le vaisseau apparut plus grand, à mesure qu'il approchait. Enfin, il jeta l'ancre devant moi, et lorsque l'ancre fut descendue, mes compatriotes et moi, qui assistâmes à la scène, fûmes éperdus de stupeur en voyant le vaisseau s'arrêter, ce qui nous persuada que cela était réalisé par magie. Peu après cela, l'autre navire sortit ses canots, et ils montèrent à notre bord ; et les hommes des deux navires semblaient très heureux de se voir. Plusieurs de ces étrangers nous serrèrent aussi la main, à nous les Noirs, et firent des gestes avec leurs mains, signifiant, à mon sens, que nous devions aller dans leur pays ; mais nous ne les comprîmes pas. Finalement, lorsque le navire dans lequel nous étions chargea toute sa cargaison, ils s'apprêtèrent faisant des bruits effrayants, et on nous installa tous sous le pont, si bien que nous ne pûmes voir comment ils manœuvraient le navire. Mais cette déception était le cadet de mes préoccupations. La puanteur de la cale, alors que nous étions sur la côte, était si insupportable et écœurante qu'il était dangereux d'y demeurer un certain temps, et on avait autorisé certains d'entre nous à rester sur le pont pour respirer de l'air frais ; mais aussi, maintenant que tout le chargement du navire y était enfermé, cette odeur devint littéralement pestilentielle. L'étroitesse de l'endroit ainsi que la chaleur du climat, ajoutées aux passagers du bateau, qui était tant encombré de monde que chacun avait à peine l'espace pour se retourner, nous étouffaient presque. Cela généra d'abondantes transpirations, de sorte que l'air devint bientôt irrespirable, à cause d'une variété d'odeurs répugnantes, et provoqua une maladie parmi les esclaves dont plusieurs en moururent, devenant ainsi les victimes d'une avarice involontaire de leurs acquéreurs, si je peux m'exprimer ainsi. Cette situation misérable fut encore aggravée par le bruit irritant des chaînes, maintenant devenues insupportables ; et la crasse des latrines, dans lesquelles les enfants tombaient souvent et s'étouffaient presque. Les cris des femmes et les gémissements des personnes mourantes rendaient toute la scène atroce quasiment inimaginable. Heureusement pour moi, peut-être, que je devins bientôt si faible en cet endroit qu'on jugea nécessaire de me laisser sur le pont presque tout le temps, et parce que j'étais très jeune, on ne me mit pas aux fers. Dans cette situation, je m'attendais continuellement à partager le sort de mes compagnons, dont certains, sur le point de mourir, étaient quotidiennement amenés sur le pont, ce qui m'amena à commencer d'espérer que la mort mettrait bientôt fin à mes tourments. Souvent, j'imaginais les habitants des grandes profondeurs bien plus heureux que moi. Je les enviais pour la liberté qu'ils connaissaient et, comme toujours, et je souhaitai maintes fois changer ma condition contre la leur. Chaque épreuve que je rencontrais ne concourait qu'à rendre mon état plus douloureux et à accroître mes appréhensions ainsi que mon opinion sur la cruauté des Blancs. Un jour, ceux-ci pêchèrent une grande quantité de poissons ; et après les avoir tués et mangés autant que possible à satiété, à la surprise de ceux d'entre nous qui nous trouvions sur le pont, au lieu de nous donner le reste des poissons pour manger, tel que nous l'escomptions, ils le rejetèrent à la mer, bien que nous mendiions et priions autant que possible pour en avoir un peu, mais en pure perte ; et certains de mes compatriotes, tourmentés par la famine, profitèrent d'une occasion, lorsqu'ils croyaient que personne ne les voyait, pour essayer d'en attraper en secret ; mais on les attrapa et cette tentative leur valut de très douloureux coups de fouet. Un jour, alors que la mer était calme et le vent modéré, deux de mes compatriotes fatigués qui étaient enchaînés l'un à l'autre (je me trouvais près d'eux à ce moment-là), préférant la mort à une telle vie de misère, passèrent à travers les filets tant bien que mal et sautèrent à la mer : aussitôt, un autre individu plutôt abattu, qui, à cause de sa maladie, fut autorisé à être déchaîné, suivit également leur exemple ; et je crois que beaucoup d'autres auraient bientôt fait de même s'ils n'avaient pas été empêchés par l'équipage du bateau qui fut d'emblée alerté. Ceux d'entre nous qui étaient les plus agiles furent, pendant un temps, réinstallés sous le pont, et une agitation et une confusion, que je n'avais jamais entendues auparavant, gagnèrent l'équipage du navire qui criait pour qu'il fût arrêté et que des chaloupes fussent sorties pour rattraper les esclaves. Toutefois, deux pauvres malheureux se noyèrent, mais ils eurent l'un d'entre eux et, par la suite, le fouettèrent sans pitié pour avoir ainsi essayé de choisir la mort plutôt que l'esclavage. Ainsi avons-nous continué à subir plus d'épreuves que je ne peux raconter ici, des épreuves qui sont indissociables à ce maudit commerce. À plusieurs reprises, nous frôlâmes l'étouffement par manque d'air frais, car nous en étions souvent privés pendant plusieurs jours successifs. Cela, ajouté à la puanteur des latrines, emporta plusieurs individus. Durant notre traversée je vis pour la première fois des poissons volants, ce qui me surprit énormément : ils survolaient fréquemment le bateau, et beaucoup tombaient sur le pont. Pour la première fois aussi, je vis l'utilisation du quadrant ; j'ai souvent admiré les marins qui effectuaient des observations avec, et j'étais loin de m'imaginer ce que cela signifiait. Finalement, ils remarquèrent ma surprise ; et l'un d'eux, voulant l'augmenter et aiguiser ma curiosité me fit regarder à travers. Les nuages me semblaient être le rivage, ainsi ils disparaissaient en passant leur chemin. Cette expérience augmenta mon émerveillement ; j'étais à présent plus que jamais convaincu d'être dans un autre monde, et que tout, autour de moi, était magique. Enfin, nous vîmes apparaître l'île de la Barbade, ce qui incita les Blancs à bord à pousser un grand cri tout en nous faisant de grands signes de joie. Nous ne savions pas ce qu'il fallait penser de cette clameur ; mais, plus le bateau avançait, plus on apercevait tout le port ainsi que d'autres bateaux de différentes sortes et de toutes tailles, et nous ancrâmes bientôt parmi eux à Bridgetown. Plusieurs marchands et planteurs montèrent à bord, bien qu'il fût nuit. Ils nous divisèrent en différents groupes et nous examinèrent attentivement. Ils nous demandèrent aussi de sauter, puis indiquèrent la terre du doigt, ce qui signifiait qu'on devait s'y rendre. Nous crûmes, par ce geste, que nous serions mangés par ces individus déplaisants, tels qu'ils nous apparaissaient ; lorsque, peu après, nous fûmes renvoyés sous le pont, beaucoup d'entre nous étaient terrifiés et tremblaient, et rien, excepté des pleurs amers s'élevèrent pendant toute la nuit à cause de ces appréhensions, tant et si bien que les Blancs firent finalement appel à quelques vieux esclaves à terre pour nous calmer. Ils nous dirent qu'on n'allait pas être mangés, mais que nous allions travailler, et que nous devions nous rendre à terre très bientôt, où nous allions rencontrer beaucoup de nos compatriotes. Ces affirmations nous apaisèrent énormément, et très certainement, après notre débarquement, des Africains de toutes langues vinrent vers nous. Immédiatement, nous nous dirigeâmes vers la cour du marchand, où on nous entassa tels des moutons dans un parc, sans souci du sexe ni de l'âge. Comme tout était nouveau à mes yeux, tout ce que je vis me remplit de surprise. Ce qui me frappa d'abord c'était les maisons en brique et en pierre, et à d'autres égards différentes de celles que j'avais vues en Afrique: mais je fus bien plus abasourdi de voir des gens à cheval. Je ne savais pas ce que cela signifiait; et effectivement, je pensais que ces gens étaient totalement doués pour les artifices. Alors que j'étais ainsi abasourdi, l'un de mes compagnons captifs parla à un de ses compatriotes des chevaux, qui dit qu'ils étaient de la même espèce que ceux qu'ils possédaient dans leur pays. Je comprenais ce qu'ils disaient, bien qu'ils fussent d'un lointain pays d'Afrique, et je trouvai étrange de n'y avoir jamais vu aucun cheval; mais après, lorsque j'eus l'occasion de parler avec divers Africains, je découvris qu'ils possédaient beaucoup de chevaux chez eux, et de bien plus gros que ceux que je vis alors. Cela ne faisait pas plusieurs jours que nous nous trouvions sous la garde du marchand, lorsqu'on nous vendit de nouveau d'après leur manière habituelle, qui est la suivante: au signal donné (tel que le roulement d'un tambour), les acheteurs accourent dans l'enclos où les esclaves sont massés, et choisissent le lot qu'ils préfèrent. Le bruit et la clameur avec lesquels cette scène se déroule, ainsi que la convoitise visible sur les visages des acheteurs ne contribuent pas peu à amplifier les appréhensions des Africains terrifiés, qui peuvent bien être considérés comme les auteurs de la destruction à laquelle ils pensent être voués. De ce fait, sans scrupule, des familles et des amis sont séparés ; la plupart d'entre eux ne se reverront plus jamais. Je me souviens que, dans le bateau où je fus transporté, dans le compartiment des hommes, il y avait plusieurs frères, qui furent vendus dans différents lots[71] ; ce fut fort émouvant, à cette occasion, de voir et d'entendre leurs cris lors de leur séparation. Ô vous qu'on appelle chrétiens ! qu'un Africain ne vous demande pas, si vous avez appris ceci de votre Dieu, qui vous dit : Faites aux autres hommes ce que vous voudriez que les hommes vous fassent. N'est-il pas suffisant que nous soyons éloignés de notre pays et de nos amis pour satisfaire votre luxe et votre avidité du gain ? Chaque sentiment tendre doit-il ainsi être sacrifié à votre avarice ? Des amis chers et des familles, qui vous sont plus chers à présent du fait de leur séparation d'avec leurs parents, doivent-ils toujours être séparés les uns des autres ; de même doit-on aussi les empêcher de se réconforter des sombres couleurs de l'esclavage grâce au petit soulagement d'être ensemble et de mélanger leurs souffrances et douleurs ? Pourquoi des parents doivent-ils perdre leurs enfants, des frères leurs sœurs, ou des maris leurs femmes ? Certainement, ceci est un nouveau raffinement cruel, qui, alors qu'il ne présente aucun avantage pour le légitimer, aggrave le désarroi, et ajoute même de nouvelles horreurs à l'adversité de l'esclavage.

CHAPITRE III

L'auteur est transporté en Virginie. Sa détresse. Surpris de voir un tableau et une pendule. Est acheté par le capitaine Pascal, et part vers l'Angleterre. Sa terreur pendant le voyage. Arrivé en Angleterre. Son émerveillement face à la chute de neige. Est envoyé à Guernesey et, quelque temps après, monte à bord d'un bateau de guerre avec son maître. Récit de l'expédition contre Louisbourg sous le commandement de l'Amiral Boscawen, en 1758.

J'avais désormais perdu tous les maigres restes du réconfort que j'avais eu à converser avec mes compatriotes ; même les femmes qui, habituellement, me lavaient et s'occupaient de moi, étaient toutes parties vers des directions différentes, et je ne revis jamais aucune après.

Je demeurai dans cette île pendant quelques jours ; je crois que cela n'excéda pas quinze jours, lorsqu'on m'embarqua moi et plusieurs autres esclaves, qui n'étions pas à vendre du reste, et qui nous faisions sans cesse du mauvais sang ; nous fûmes embarqués dans un sloop[72] en partance pour l'Amérique du Nord. Durant la traversée, on nous traita mieux que lorsque nous venions d'Afrique, et nous avions beaucoup de riz et du porc gras. On nous débarqua sur une rivière à une bonne distance de la mer, près de l'État de Virginie, où nous vîmes peu sinon aucun de nos concitoyens africains, et pas une âme qui fût capable de me parler. Pendant quelques semaines, je désherbai et ramassai des pierres dans une plantation ; et finalement, tous mes amis furent dirigés vers des chemins différents, et seul, je restai. J'étais désormais extrêmement misérable, et je croyais ma situation pire que celle de n'importe lequel des compagnons qu'il me restait ; puisqu'ils pouvaient parler entre eux, alors que je n'avais personne avec qui converser qui pût me comprendre. Dans cette situation, j'étais constamment affligé et je dépérissais, et je souhaitais mourir plutôt que quoi que ce fût d'autre. Lorsque j'étais dans cette plantation, l'homme à qui, je suppose, la propriété appartenait, étant souffrant, on m'envoya un jour dans sa demeure pour l'éventer ; quand j'entrai dans la chambre où il se trouvait, je fus très tourmenté par quelques objets que je vis, et encore plus parce que je vis une esclave noire en entrant dans la maison, qui préparait le dîner : la pauvre créature était cruellement chargée de diverses sortes d'instruments en fer ; en particulier, elle en portait un sur la tête, qui fermait sa bouche si fortement qu'elle pouvait à peine parler, manger ou boire. Je fus fort étonné et choqué par ce dispositif, qui s'appelait une muselière de fer tel que je le découvris plus tard. Peu après, on me mit un éventail dans la main, pour éventer le monsieur tandis qu'il dormait ; ainsi m'exécutai-je effectivement avec grande peur. Pendant qu'il était profondément endormi, je me permis de regarder tout autour de la chambre, qui me paraissait très raffinée et étrange. Le premier objet qui captiva mon attention fut une pendule suspendue sur la cheminée, et qui fonctionnait. Je fus assez surpris par le bruit qu'elle faisait, et j'avais peur qu'elle ne dît au monsieur tout ce que je pourrais faire de travers : et lorsque après, je vis très vite un portrait accroché dans la pièce, qui semblait constamment me regarder, je fus encore plus effrayé, car je n'avais jamais vu des choses pareilles auparavant. À un moment, je pensai que c'était quelque chose qui touchait à la magie ; et ne le voyant pas bouger, je crus que c'était probablement une manière par laquelle les Blancs gardaient leurs grands hommes après leur mort, et leur offraient des libations comme nous étions accoutumés à le faire avec nos esprits favorables. Je demeurai dans cet état d'anxiété jusqu'au réveil de mon maître, quand on me renvoya de la chambre, non pas à ma moindre satisfaction et soulagement ; car je pensais que ces gens n'avaient que des choses merveilleuses. En cet endroit, on me nomma Jacob ; mais à bord de l'*African Snow* on m'appela Michael. J'avais été dans cet état misérable quelque temps, délaissé et découragé, sans avoir quelqu'un à qui parler, ce qui fit de ma vie un fardeau, jusqu'au moment où la main miséricordieuse et insoupçonnée du Créateur (qui, dans tout acte, dirige les aveugles vers un chemin qu'ils ne connaissent pas) commença à poindre, ce qui me réconforta, car, un jour, le capitaine d'un navire marchand appelé *Industrious Bee* vint chez mon maître pour affaires. Cet homme, qui s'appelait Michael Henry Pascal, était lieutenant de la Marine royale, mais commandait dorénavant ce bateau marchand, positionné quelque part dans les confins de l'État à mille lieues de là. Alors qu'il se trouvait au domicile de mon maître, il lui arriva de me voir, et il m'apprécia tant qu'il m'acheta. Je crois que je l'ai toujours entendu dire qu'il offrit trente à quarante livres sterling pour moi[73] ; mais je ne me souviens plus du prix auquel il m'obtint. Cependant, il me réservait comme cadeau pour certains de ses amis en Angleterre : et par conséquent on me renvoya de la maison de mon maître de l'époque (un certain M. Campbell) pour me rendre à l'endroit où le bateau était au mouillage : un vieil homme noir me conduisit à cheval (moyen de transport qui me parut très étrange). Lorsque j'arrivai, on m'emmena à bord d'un magnifique grand bateau, chargé de tabac, etc., juste sur le point de partir vers l'Angleterre. Je croyais à présent que ma situation s'était bien améliorée ; j'avais des voiles pour m'allonger, et beaucoup de bonne nourriture à manger ; et tout le monde à bord me traitait très gentiment, tout à l'opposé de ce que j'avais vu de la part de tout homme blanc précédemment ; je commençais donc à croire qu'ils n'avaient pas tous le même tempérament. Quelques jours après que je fus à bord, nous mîmes les voiles pour l'Angleterre. Je continuais de me perdre en conjectures quant à mon destin. En ce temps-là, cependant, je connaissais quelques mots d'anglais ; et je voulais savoir autant que possible l'endroit où nous nous dirigions. Quelques personnes du bateau avaient l'habitude de me dire qu'ils me ramèneraient dans mon propre pays, ce qui me rendait très heureux. J'étais assez réjoui à l'idée du retour ; et je pensais que si je retournais chez moi, que d'histoires merveilleuses j'aurais à raconter. Mais un autre sort m'était réservé, et je fus très vite désabusé lorsque la côte anglaise apparut au loin. Alors que j'étais à bord de ce bateau, mon capitaine et maître me nomma Gustavus Vassa. À ce moment-là, je commençais à le comprendre un peu, et refusais d'être appelé ainsi, et lui dis autant que je pus que je préférais être appelé Jacob ; mais il dit que je ne devrais pas, et continua de m'appeler Gustavus ; et lorsque je refusais de répondre à mon nouveau nom, ce que je fis au début, cela me valut plus d'une gifle ; si bien que je m'y soumis finalement, et c'est par ce nom que je suis connu depuis. La traversée du bateau fut longue; par conséquent, nos provisions s'étaient amenuisées. Vers la fin, nous avions plus qu'une livre et demie de pain par semaine, et environ la même quantité de viande, ainsi qu'un quart d'eau par jour. Nous ne communiquâmes qu'avec un bateau pendant tout le temps qu'on resta en mer, et une seule fois, nous attrapâmes quelques poissons. Quand nous étions aux abois, le capitaine et ses hommes me disaient, pour rire, qu'ils me tueraient et me mangeraient; je les croyais sérieux, et j'étais complètement découragé, attendant chaque instant comme étant mon dernier. Alors que j'étais dans cette situation, un soir, ils attrapèrent avec grande difficulté un grand requin qu'ils montèrent à bord. Cela mit une joie intense dans mon pauvre cœur, comme je pensais qu'il servirait de repas à ces gens plutôt que moi; mais très vite, à ma surprise, ils coupèrent un petit morceau de la queue et jetèrent le reste par-dessus bord. Cela renouvela ma consternation; et je ne savais pas quoi penser de ces hommes blancs, bien que j'eusse très peur qu'ils ne me tuassent et me mangeassent. À bord du bateau se trouvait un jeune garçon qui n'avait jamais pris la mer auparavant. Il avait quatre ou cinq ans de plus que moi; il s'appelait Richard Baker. Il était originaire d'Amérique, avait reçu une éducation excellente, et était d'un tempérament des plus agréables. Peu après que je fus monté à bord, il témoigna beaucoup de sympathie et d'attention envers moi, et je l'aimais beaucoup. Nous étions finalement devenus inséparables; et, en l'espace de deux ans, il m'était très indispensable, de même qu'il était mon camarade et instructeur. Bien que mon cher jeune ami eût beaucoup d'esclaves à son propre service, lui et moi avons pourtant connu diverses souffrances ensemble à bord du bateau ; et nous avons passé plusieurs nuits collés l'un à l'autre dans les moments de grande détresse. Ainsi, fut liée une telle amitié entre nous, puisque nous nous adorions jusqu'au moment de sa mort, qui, à mon grand regret, survint en 1759, alors qu'il se trouvait sur la mer Égée, à bord du bateau de Sa Majesté, *Le Preston* : un événement que je n'ai jamais cessé de regretter, puisque je perdis à la fois un agréable interprète, un bon compagnon et un ami fidèle qui, à l'âge de quinze ans, démontra un esprit supérieur aux préjugés ; et qui n'avait pas honte de me côtoyer, ni de marcher avec moi, ni d'être l'ami et l'instructeur d'une personne ignorante, un étranger d'une couleur différente, un esclave ! Mon maître avait séjourné dans la maison de sa mère en Amérique : il avait beaucoup de respect pour lui, et l'appelait toujours pour manger avec lui dans sa cabine. Pour plaisanter, il lui disait souvent qu'il me tuerait pour me manger. Quelquefois, il me disait : les Noirs ne sont pas bons à manger ; et il me demandait si nous ne mangions pas les gens dans mon pays. Je répondais : non ; puis, il disait qu'il tuerait Dick en premier (c'est ainsi qu'il l'appelait souvent), ensuite moi. Bien que d'entendre cela soulageât un peu mon esprit, en ce qui me concernait, je m'inquiétais pour Dick et chaque fois qu'on l'appelait, j'avais peur qu'il ne fût tué ; et je regardais furtivement pour voir s'ils allaient le tuer : je ne fus pas tranquille jusqu'à notre débarquement. Une nuit, un homme passa par-dessus bord ; les cris et le bruit qui retentirent pour arrêter le bateau étaient si forts et confus, que moi qui ne savais pas ce qui se passait, je commençais à avoir très peur comme à l'accoutumée, et je pensais qu'ils allaient m'offrir en sacrifice, et exhiber quelque magie, que je continuais de croire qu'ils employaient. Comme les vagues étaient très hautes, je crus que le Seigneur de la mer était en colère, et je m'attendais à être offert pour l'apaiser. Cette pensée remplit mon esprit d'angoisse, et je ne pus plus, cette nuit-là, refermer mes yeux pour me reposer. Cependant, lorsque le jour se leva, mon esprit fut un peu tranquillisé ; mais je pensais toujours que, chaque fois qu'on m'appelait, c'était pour être tué. Quelque temps après cela, nous vîmes de grands poissons dont j'appris plus tard qu'il s'agissait d'orques. Pour moi, ils avaient une apparence extrêmement terrible, et n'apparaissaient qu'à la nuit tombante ; et ils étaient si proches qu'ils parvenaient à éclabousser de l'eau sur le pont du bateau. Je crus que c'étaient les seigneurs de la mer ; et, comme les Blancs ne procédaient jamais à aucune libation, je pensai qu'ils étaient en colère contre eux : et, enfin, ce qui confirma ma pensée fut le fait que le vent s'éloigna tout simplement, et un calme revint, en conséquence de quoi le bateau arrêta d'avancer. Je supposai alors que les poissons avaient causé cela, et me cachai à l'avant du bateau, craignant d'être offert pour les apaiser, jetant des coups œil et tremblant à chaque minute : mais mon cher ami Dick vint près de moi peu après, et j'en profitai pour lui demander, autant que je pus, ce que ces poissons représentaient. N'étant pas capable de bien parler l'anglais, je pus juste lui faire comprendre ma question ; et je ne pus me faire comprendre lorsque je lui demandai si on leur offrait des sacrifices. Toutefois, il me dit que ces poissons pouvaient avaler un homme, ce qui m'inquiéta plutôt. À ce moment-là, il alla trouver le capitaine qui l'appela et qui s'était penché sur la balustrade de la plage arrière et regardait les poissons ; et la plupart des gens étaient occupés à allumer un baril de brai pour jouer avec. Le capitaine m'appela à mon tour, Dick lui ayant parlé de mes appréhensions ; et après que lui-même et d'autres se furent amusés pendant un temps de mes frayeurs, tandis que mes cris et mes frissons semblaient assez risibles, il me renvoya. Le baril de brai était à présent allumé, puis il fut jeté dans l'eau : à ce moment-là, il faisait presque nuit, et les poissons le suivirent ; et à ma grande joie, je n'en vis plus aucun.

Nonobstant, toutes mes inquiétudes se mirent à s'apaiser lorsque nous aperçûmes la terre ; enfin, le bateau arriva à Falmouth, après une traversée de treize semaines. Toute âme présente sur le bateau sembla enchantée lorsque nous arrivâmes sur la côte, et aucune ne pouvait l'être plus que moi. Le capitaine se dirigea immédiatement sur le rivage, et envoya quelques provisions fraîches à bord, ce dont nous avions le plus besoin : nous en fîmes bon usage, et notre famine se transforma bientôt en festins, presque sans fin. On était presque au début du printemps de 1757 lorsque j'arrivai en Angleterre, et j'avais presque douze ans à ce moment-là[74]. Je fus fort frappé de voir des immeubles et les trottoirs des rues pavées de Falmouth ; et, effectivement, tout objet que je voyais me remplissait d'étonnement. Un matin, lorsque je montai sur le pont, je le vis entièrement recouvert de neige tombée pendant la nuit : comme je n'avais jamais rien vu de pareil auparavant, je crus qu'il s'agissait du sel ; alors, je courus immédiatement trouver le second capitaine et lui demandai, autant que je pus, de venir voir comment quelqu'un avait versé du sel partout sur le pont pendant la nuit. Lui, sachant ce que c'était, me demanda de lui en descendre un peu : aussi pris-je, prenant une poignée de neige que je trouvai effectivement très froide ; et lorsque je la lui apportai, il me demanda de la goûter. Ce que je fis. Et je fus surpris au-delà de la mesure. Je lui demandai alors ce que c'était. Il me dit qu'il s'agissait de la neige, mais je ne le compris pas. Il me demanda si nous n'avions pas une chose pareille dans mon pays. Je lui répondis : Non. Je m'enquis ensuite de savoir à quoi elle servait, et qui la fabriquait. Il me dit un grand homme vivant au paradis appelé Dieu : mais là encore, j'étais perdu et je saisissais pas, et pire, quand peu après je vis toute l'atmosphère remplie de cela, par une couche épaisse qui tomba le même jour. Après cela, j'allai à l'église ; et n'ayant jamais mis les pieds dans un tel endroit auparavant, je fus encore abasourdi de voir et d'entendre l'office. Je demandai tout ce que je pus à ce propos ; on m'expliqua que c'était une manière d'adorer Dieu qui nous créa, ainsi que toutes choses. Je fus encore perdu, et bientôt, je m'engageai dans un champ interminable de questions, pour autant que je fus capable de parler et poser des questions. Toutefois, mon cher ami Dick était souvent mon meilleur interprète, car je me sentais libre avec lui et il m'instruisait toujours avec plaisir : et tout ce qu'il m'apprit sur ce Dieu, ainsi que le fait de voir que ces hommes blancs ne se vendaient pas les uns les autres comme nous, me rendirent très heureux ; et pour cela, je pensai qu'ils étaient bien plus heureux que nous autres, les Africains. Je fus stupéfait par la sagesse des hommes blancs devant toutes choses que je voyais ; mais aussi j'étais intrigué par le fait qu'ils ne pratiquaient aucun sacrifice, ni aucune offrande, et mangeaient sans se laver les mains ou touchaient les morts. De même, je ne pus m'empêcher de remarquer la minceur particulière de leurs femmes que je n'aimai pas d'abord, et je pensais qu'elles n'étaient pas aussi modestes et réservées que les femmes africaines.

J'avais souvent vu mon maître et Dick lisant, et j'étais fort curieux à l'idée de parler aux livres comme je croyais qu'ils le faisaient, afin de savoir comment toutes choses avaient commencé : pour ce faire, je prenais souvent un livre et lui parlais, et le plaçais à mes oreilles, lorsque j'étais seul, dans l'espoir de l'entendre me répondre ; et je fus très déçu quand je remarquai qu'il restait silencieux.

Mon maître logeait dans la demeure d'un monsieur à Falmouth. Ce dernier avait une jolie petite fille d'environ six ou sept ans, et elle m'apprécia prodigieusement, si bien que nous mangions habituellement ensemble, et des domestiques nous servaient. Cette famille me traita avec tant d'affection que cela me rappelait souvent le traitement que j'avais connu auprès de mon cher noble maître africain. Plusieurs jours après mon arrivée à cet endroit, on m'envoya à bord d'un bateau. Mais l'enfant pleura tant pour me revoir que rien ne put la calmer jusqu'à ce qu'on revînt me chercher. C'est plutôt ridicule à dire, mais je commençai à avoir peur d'être fiancé à cette jeune fille ; et lorsque mon maître me demanda si je voulais rester avec elle en attendant son retour, comme il reprenait la mer avec le bateau qui avait été chargé de tabac, je me mis aussitôt à pleurer et dis que je ne voulais pas être séparé de lui. À la fin, on m'embarqua de nouveau furtivement une nuit ; et en peu de temps, nous mîmes les voiles pour Guernesey, car le bateau appartenait en partie à un marchand, un certain Nicolas Doberry. À présent que je me trouvais au milieu d'un peuple qui ne scarifiait pas son visage, comme c'était le cas dans certains pays d'Afrique où j'étais passé, j'étais très heureux de ne leur avoir pas permis de m'orner de cette manière quand j'étais avec eux. À notre arrivée à Guernesey, mon maître me plaça en pension au domicile de l'un de ses seconds capitaines dont la femme et la famille s'y trouvaient ; et quelques mois plus tard, il alla en Angleterre, me laissant au soin de ce second, en compagnie de mon ami Dick. Ce second avait une fillette d'environ cinq ou six ans que j'appréciais beaucoup. J'avais constaté que lorsque sa mère lavait son visage, il paraissait très rose, mais quand elle lavait le mien il n'avait pas la même apparence : par conséquent, moi-même, j'essayai maintes fois, autant que possible, en me lavant le visage, de le rendre de la même couleur que celui de ma camarade de jeu (Mary), mais en vain. Je commençai à présent à me mortifier à cause de notre différence de couleur. Cette femme se comportait avec grande gentillesse et attention à mon égard ; elle m'enseignait tout de la même manière qu'elle le faisait avec son propre enfant, et effectivement me traitait de la sorte en tout point. Je demeurai à cet endroit jusqu'à l'été de 1757, lorsque mon maître, nommé premier lieutenant du bateau de Sa Majesté, le *Roebuck*, envoya chercher Dick et moi, ainsi que son vieux second capitaine : ainsi, nous quittâmes tous Guernesey pour partir en Angleterre, à bord d'un sloop se dirigeant vers Londres. Lorsque nous approchions de Nore, où le *Roebuck* était au mouillage, un navire de guerre nous aborda pour prendre nos hommes de force. Sur ce, chaque homme courut se cacher. Cela me fit très peur, malgré mon ignorance de ce que cela signifiait, ou de ce qu'il fallait en penser ou faire. En tout cas, j'allai également me cacher sous une cage à poules. Immédiatement après, la troupe de racoleurs monta à bord avec leurs épées à la main. Ils fouillèrent tout le bateau, sortirent des gens de force et les emmenèrent dans leur bateau. À la fin, on me trouva aussi : l'homme qui me délogea me souleva par les talons tandis qu'ils me tournaient en ridicule et que je poussais de grands cris et hurlais inlassablement de la manière la plus vigoureuse : mais finalement, le second capitaine, qui était mon tuteur, voyant cela, vint m'aider et fit tout son possible pour me calmer, mais en pure perte, jusqu'à ce que j'eusse vu le bateau redémarrer. Peu après, nous arrivâmes à Nore où le *Roebuck* était ancré. Et à notre grande joie, mon maître vint nous rejoindre à bord et nous amena vers le navire. Quand je montai dans ce grand bateau, je fus évidemment surpris par le nombre d'hommes et de canons. Cependant mon étonnement commença à diminuer à mesure que mes connaissances augmentaient ; et je cessai de ressentir ces appréhensions et peurs qui m'avaient tant saisi la première fois que j'arrivai parmi les Européens, et pendant un certain temps après. Désormais, je passais d'un extrême à l'autre. J'étais si loin d'avoir peur de toute chose nouvelle que je voyais, que, après avoir passé quelque temps dans ce bateau, je commençai même à désirer une bataille. Mes chagrins également, qui ne restent pas éternellement dans l'esprit des enfants, se dissipaient à présent ; et très vite, je me sentis plutôt bien, et suffisamment à l'aise dans ma nouvelle situation. Il y avait plusieurs garçons à bord, ce qui rendait le voyage plus agréable, car nous étions souvent ensemble et passions une grande partie de notre temps à jouer. Je restai dans ce bateau pendant un temps considérable, pendant lequel nous fîmes plusieurs croisières et visitâmes divers endroits : entre autres, nous allâmes deux fois en Hollande d'où nous ramenâmes plusieurs personnalités importantes dont je ne me souviens pas des noms. Un jour pendant la traversée, pour distraire ces messieurs, tous les garçons furent appelés sur le gaillard d'arrière et placés en couples proportionnels pour lutter ; après quoi, les messieurs donnèrent à chacun des combattants entre cinq et neuf shillings. C'était la première fois que je luttais avec un garçon blanc ; et je n'avais jamais vu un nez en sang auparavant. Ceci me fit combattre de la manière la plus désespérée ; je suppose que cela dura bien plus d'une heure : et finalement, tous les deux étant épuisés, on nous sépara. Je dus recommencer ce genre d'activité par la suite, ce à quoi le capitaine et les membres de l'équipage avaient l'habitude de beaucoup m'encourager. Peu après, le bateau se dirigea vers Leith en Écosse, et de là vers Orkneyes, où je fus surpris de rarement voir de nuit : de là, nous partîmes avec une grande flotte remplie de soldats en partance pour l'Angleterre. Pendant tout ce temps, nous ne fûmes jamais face à un combat, bien que nous fissions fréquemment des croisières vers la côte française, période pendant laquelle nous chassâmes de nombreux navires et remportâmes tous les dix-sept prix. On m'avait appris plusieurs manœuvres du bateau pendant notre croisière, et plusieurs fois, on me confia les canons pour la mise à feu. Un soir, au large du Havre de Grâce[75], alors que la nuit commençait à tomber, nous nous écartions du rivage quand nous croisâmes une jolie et grande frégate de construction française. Nous apprêtâmes immédiatement tout notre équipement pour la bataille, et je m'attendais à présent à être gratifié de voir un engagement, que j'avais tant espéré en vain. Mais au moment même où le mot d'ordre fut donné pour mettre le feu, nous entendîmes ceux qui se trouvaient à bord de l'autre bateau crier : « Abaissez le foc ! » et à cet instant-là ils hissèrent les couleurs anglaises. Il y eut instantanément parmi nous un cri stupéfiant : « Arrêtez ! » c'est-à-dire cessez le feu ; et je pense qu'un ou deux coups de canon avaient été tirés, mais heureusement ils ne causèrent pas de tort. Nous les saluâmes plusieurs fois ; mais comme ils n'entendaient pas, nous ne reçûmes aucune réponse, ce qui provoqua notre mise à feu. L'embarcation fut donc envoyée à son bord et il s'avéra qu'il s'agissait du navire de guerre l'*Ambuscade*, à ma grande déception. Nous retournâmes à Portsmouth, sans être entré en action, excepté au procès de l'Amiral Bying (que je vis plusieurs fois en ce temps-là) : mon maître ayant quitté le bateau et étant parti à Londres où on l'affecta, on embarqua Dick et moi dans un navire de guerre, le *Savage*, afin de participer au retour du navire de guerre, le *Saint-George*, qui avait débarqué quelque part sur la côte. Après plusieurs semaines sur le *Savage*, Dick et moi fûmes envoyés à terre à Deal, où nous restâmes un court moment, jusqu'à ce que mon maître nous fît chercher et amener à Londres, une ville que j'avais tant désiré voir. Tous les deux, nous montâmes donc dans le fiacre avec grande joie, et arrivâmes à Londres, où un certain M. Guerin nous reçut. C'était une connaissance de mon maître. Cet homme avait deux sœurs, de très aimables dames, qui eurent beaucoup d'attention et prirent soin de moi. Bien que j'eusse tant désiré voir Londres, lorsque j'y arrivai, je fus malheureusement incapable de satisfaire ma curiosité, car à cette époque, j'avais des engelures à un tel point que je ne pus me lever pendant plusieurs mois, et on dut m'emmener à l'hôpital de Saint-George. Là, la maladie empira tant que les médecins voulurent amputer ma jambe gauche à plusieurs reprises, craignant sa mortification ; mais je répétais inlassablement que je préférerais mourir plutôt que d'endurer cela ; et fort heureusement (je remercie Dieu) je guéris sans être opéré. Après y avoir passé plusieurs semaines, et juste après avoir récupéré, la variole envahit mon corps, si bien qu'on me mit en quarantaine ; je pensais alors être particulièrement malchanceux. Cependant, je me remis encore très vite ; et entre-temps, mon maître ayant été promu premier lieutenant du navire de guerre de cinquante canons, le *Preston*, nouvellement arrivé à

Deptford, on envoya Dick et moi à son bord, et peu après, nous prîmes le large en direction de la Hollande pour ramener l'ancien Duc de *** en Angleterre[76]. Alors que j'étais dans ce bateau, un incident se produisit que, bien qu'il soit insignifiant, je me permets de raconter, puisque je ne pus m'empêcher d'y prêter une attention particulière, et parce que je le considérais alors comme un jugement de Dieu. Un matin, un jeune homme observait la plage avant, et d'un ton méchant, ce qui était commun à bord d'un bateau, dirigea ses yeux sur quelque chose. Juste à ce moment-là, quelques petites particules de saleté tombèrent dans son œil gauche, et à la fin de la journée, il avait énormément enflé. Le jour suivant, il enfla davantage ; et au bout de six ou sept jours, il le perdit. Étant dans ce bateau, mon maître fut nommé lieutenant du *Royal George*. À son départ, il souhaita que je reste à bord du Preston pour apprendre le cor d'harmonie, mais le bateau ayant reçu l'ordre de se rendre en Turquie, je ne pus m'imaginer séparé de mon maître, à qui j'étais chaleureusement attaché ; et je lui dis que s'il me laissait derrière lui, cela me briserait le cœur. Cela le persuada de m'amener avec lui ; mais il laissa Dick sur le *Preston* et je l'embrassai au moment de notre séparation pour la dernière fois. Le *Royal George* était le plus grand bateau que j'eusse jamais vu, si bien que lorsque je montai à son bord, je fus surpris par le nombre de gens, d'hommes, de femmes et d'enfants de toute catégorie sociale. De même, je vis pour la première fois la grosseur des canons dont la plupart étaient en cuivre. Des boutiques et des étalages exhibant toutes sortes de marchandises s'y trouvaient aussi, ainsi que des gens hurlant les noms de leurs différentes marchandises partout dans le bateau comme dans une ville. À mes yeux, cela donnait l'impression d'un petit globe dans lequel j'étais de nouveau jeté sans ami, car je n'étais plus avec mon cher compagnon Dick. Nous ne restâmes pas longtemps à cet endroit. Mon maître ne mit pas plusieurs semaines à bord avant de recevoir une nomination en tant que sixième lieutenant du Namur, qui se trouvait alors à Spithead, où on le préparait pour l'Amiral adjoint Boscawen qui allait en expédition avec une grande flotte contre Louisbourg. L'équipage du *Royal George* avait chaviré vers lui, et le drapeau de ce brave amiral était hissé à bord, le bleu étant de la magnifique grande tête de mât supérieur. Il y avait une très grande flotte de guerriers de tout genre, réunis pour cette expédition, et j'espérais bientôt avoir l'opportunité d'être gratifié par un combat maritime. Tout étant désormais prêt, cette puissante flotte (puisqu'il y avait aussi la flotte de l'Amiral Cornish en partance pour les Indes-Orientales) leva enfin l'ancre et prit le large. Les deux flottes naviguèrent ensemble pendant plusieurs jours, puis se quittèrent ; l'Amiral Cornish, dans le Lenox, salua en premier notre amiral dans le Namur qui lui retourna son salut. Nous fîmes alors route pour l'Amérique ; mais, à cause de vents contraires, nous fûmes dirigés vers Tenerife dont le remarquable sommet me frappa. Sa hauteur prodigieuse et sa forme rappelant celle d'un pain de sucre me remplirent d'émerveillement. Nous eûmes la vue de cette île pendant quelques jours, et ensuite continuâmes vers l'Amérique que nous atteignîmes très vite en arrivant dans un très vaste port appelé Saint-George, à Halifax, où nous prîmes des poissons en grand nombre ainsi que d'autres aliments frais. Différents navires de guerre nous y rejoignirent, ainsi que des navires transportant des soldats ; après quoi, notre flotte étant augmentée d'un nombre étonnant de bateaux de toutes sortes, nous partîmes vers Cap

Breton en Nouvelle-Écosse. À bord de notre bateau nous avions le généreux et brave Général Wolfe dont l'affabilité faisait de lui un être grandement estimé et apprécié de tous les hommes. Il m'honorait souvent, de même que les autres garçons, avec des marques d'attention et m'évita une fois le fouet après que j'avais lutté avec un jeune homme. Nous arrivâmes à Cap-Breton l'été 1758 : et là, les soldats devaient se rendre à terre, pour faire l'assaut sur Louisbourg. Mon maître participa un peu à la supervision du Débarquement ; là, je fus quelque peu gratifié de voir un combat entre nos hommes et l'ennemi. Les Français étaient positionnés sur le rivage pour nous recevoir, et débattirent sur notre débarquement pendant un long moment. Mais à la fin, ils furent refoulés de leurs tranchées et un débarquement complet fut effectué. Nos troupes les poursuivirent jusqu'à la ville de Louisbourg. Lors de cet affrontement, beaucoup furent tués des deux côtés. Je vis une chose remarquable ce jour-là. Un lieutenant du *Princess Amelia* qui, comme mon maître, supervisa le débarquement, donnait les ordres, et alors que sa bouche était ouverte, une balle de mousquet la traversa et transperça sa joue. Ce jour-là, je tenais à la main le scalp d'un roi indien qui avait été tué dans la bataille : ce scalp avait été arraché par un natif des Highlands. Je vis également les parures de ce roi qui étaient très étranges et faites de plumes.

Nos forces terrestres assiégèrent la ville de Louisbourg, tandis que la flotte bloquait les navires de guerre français, que les tirs par salves affluaient en même temps sur eux sur le rivage.

Ces tirs étaient réalisés avec tant d'efficacité qu'un jour, je vis quelques-uns de ces bateaux en flamme, à cause des boulets provenant des tirs, et je crois que deux ou trois furent assez brûlés. À un autre moment, environ cinquante bateaux appartenant aux navires de guerre anglais aux ordres du capitaine George Belfour du bateau de pompiers, l'*Etna*, et d'un autre capitaine adjoint, M. Laforey, attaquèrent et encerclèrent les seuls deux navires de guerre français qui se trouvaient au port. Ils mirent aussi le feu à un bateau de soixante-dix canons, mais emportèrent un bateau à soixante-quatre canons appelé le *Bienfaisant*. Pendant mon séjour à cet endroit, j'eus souvent l'opportunité d'être proche du Capitaine Belfour, qui était heureux de me rencontrer et m'appréciait tant qu'il demandait souvent à mon maître de me laisser avec lui, mais ce dernier ne voulait pas se séparer de moi ; et aucune considération n'aurait pu me persuader de le quitter. Finalement, Louisbourg fut envahi et bien avant cela, les navires de guerre anglais entrèrent dans le port à ma grande joie ; puisque j'avais à présent plus de liberté pour me faire plaisir, et j'allais souvent sur la côte. Quand les bateaux furent au port, nous eûmes la plus belle procession maritime que je n'avais jamais vue. Tous les amiraux et capitaines des navires de guerre, en uniforme et dans leurs barges bien ornées de flammes, vinrent le long du *Namur*. L'amiral adjoint s'avança alors sur le rivage dans sa péniche, suivi des autres officiers classés selon leur ancienneté, pour prendre possession, je crois, de la ville et du fort. Quelque temps après cela, le gouverneur français et son épouse, ainsi que d'autres personnes de marque, montèrent dans notre navire pour dîner. À cette occasion, on favorisa nos bateaux de toutes sortes de couleurs, partant de la superbe tête de mât supérieur jusqu'au pont ; et cela, accompagnés de coups de canons, constituaient un grand et magnifique spectacle.

Aussitôt que tout en cet endroit fut réglé, l'Amiral

Boscawen partit avec une partie de la flotte vers l'Angleterre, abandonnant certains bateaux à des vice-amiraux, les Sires Charles Hardy et Durell. C'était à présent l'hiver, et un soir, pendant notre voyage de retour, à l'approche du crépuscule, alors que nous étions dans le chenal, ou à proximité des sondages, et commencions à chercher la terre, nous distinguâmes sept voiles de grands navires de guerre, qui se trouvaient proches du littoral. Plusieurs individus à bord de notre bateau dirent, comme les deux flottes (après quarante minutes de la première vue) étaient à portée de voix l'une de l'autre, que c'étaient des navires de guerre anglais ; et quelques-uns de nos hommes commencèrent même à nommer certains de ces bateaux.

À ce moment-là, les deux flottes commencèrent à se confondre, et notre Amiral donna l'ordre de hisser son drapeau. Au même instant, l'autre flotte, qui était française, hissa ses pavillons et nous offrit son flanc en passant à côté du nôtre. Rien n'aurait pu causer une plus grande surprise et confusion parmi nous que cela : le vent était fort, la mer agitée, et nos bas et moyens canons de pont étaient rangés, si bien qu'un seul fusil à bord n'était prêt à tirer sur l'un de ces bateaux français. Cependant, le *Royal William* et le *Somerset*, étant nos bateaux les plus proches derrière nous, furent quelque peu préparés et chacun offrit aux bateaux français un flanc à leur passage. Par la suite, j'entendis dire qu'il s'agissait d'une escadrille française, commandée par Monseigneur Conflans ; et certainement, si les Français avaient connu notre situation, et s'ils avaient eu l'intention de nous combattre, ils nous auraient créé bien des ennuis. Mais nous ne mîmes pas beaucoup de temps avant d'être prêts pour un engagement. Aussitôt, on jeta plusieurs objets pardessus bord ; on apprêta les bateaux pour le combat aussi vite que possible ; et vers dix heures du soir, nous avions envergué une nouvelle voile principale, l'ancienne s'étant cassée. Étant à présent prêts pour le combat, nous mîmes le bateau en route, à la poursuite de la flotte française qui possédait deux ou trois bateaux de plus que nous. Néanmoins, nous les traquâmes et continuâmes à les poursuivre toute la nuit durant ; et au lever du jour, nous en vîmes six, tous de grands bâtiments de ligne, et un navire anglais faisant le voyage des Indes-Orientales, un prix qu'ils avaient gagné. Nous les pourchassâmes pendant toute la journée, jusqu'à trois ou quatre heures de l'après-midi, lorsque nous croisâmes et passâmes au milieu d'un tir de mousquet d'un bateau de soixante-quatorze canons, et le navire en destination pour les Indes également, qui à présent hissa ses couleurs, mais les affala aussitôt. Voyant cela, nous fîmes un signe pour que les autres bateaux se saisissent de lui ; et, supposant que le navire de guerre attaquerait pareillement, nous poussâmes des cris, mais il ne le fit pas ; bien que, si nous avions tiré sur lui, comme nous étions trop près, nous l'eussions sans doute pris. À ma grande surprise, le *Somerset* qui se trouvait au flanc du *Namur*, prit le même chemin ; pensant qu'ils connaissaient bien ce bateau français, ils s'acclamèrent de la même manière, mais continuèrent ainsi de nous suivre. Le commandant français se trouvait à environ un coup de feu devant tous, allant à toute vitesse devant nous ; et vers quatre heures, il jeta son mât de misaine supérieur pardessus bord. Ceci provoqua une autre grande clameur parmi nous ; et, peu après, le mât de hune s'avança vers nous, mais à notre grande surprise, au lieu de s'en approcher, nous trouvâmes qu'il allait aussi vite que jamais, si ce n'était pas plus vite. La mer devint maintenant plus lisse ; et, le vent se calmant, le bateau aux soixante-quatorze canons que nous avions dépassés s'approcha encore de nous exactement dans la même direction que nous, et vint si proche que nous entendîmes ses passagers parler alors qu'il passait ; cependant aucun tir ne partit d'aucun côté, et vers cinq ou six heures, juste alors que l'obscurité tombait, il rejoignit son commandant. Nous les poursuivîmes pendant toute la nuit, mais le jour suivant, nous fûmes hors de vue, si bien que nous ne vîmes plus aucun d'eux ; et il nous restait le vieux bateau indien, l'*Indiaman* (appelé *Carnarvon*, je crois) nous donnait de l'inquiétude. Après cela, nous nous présentâmes à l'entrée du chenal et atteignîmes très vite la terre, à l'approche de la fin d'année de 1758-1759, nous arrivâmes indemnes à Sainte-Hélène. Là, le *Namur* s'échoua, de même qu'un autre grand bateau qui nous suivait en poupe, mais, en dégorgeant notre eau, et en jetant des choses par-dessus bord pour l'alléger, nous descendîmes des bateaux sans aucun dommage. Nous restâmes peu longtemps à Spithead, puis nous allâmes au port de Portsmouth pour remettre notre bateau en état, d'où l'amiral partit pour Londres ; et mon maître et moi le suivîmes bientôt, en compagnie d'un bateau de racoleurs, puisque nous avions besoin de quelques bras pour compléter tout notre effectif.

CHAPITRE IV

L'auteur est baptisé. Échappe de peu à la noyade. Va en expédition vers la Méditerranée. Incidents qu'il y rencontra. Est témoin d'un combat entre quelques navires anglais et français. Un récit particulier d'un combat entre l'Amiral Boscawen et Mons. Le Clue, au large de Cap Logas en août 1759. Explosion horrible d'un navire français. L'auteur va vers l'Angleterre. Son maître est nommé aux commandes d'un brûlot. Rencontre un garçon noir avec qui il se montre fort bienveillant. Se prépare pour une expédition contre Belle-Île. Remarquable récit du désastre qui importuna son navire. Arrivée à Belle-Île. Opérations de mouillage et état de siège. Le danger et désarroi de l'auteur, ainsi que la manière dont il s'en dégage. Capitulation de Belle-Île... Ensuite, transactions sur la côte française. Remarquable exemple de rapt. L'auteur retourne en Angleterre. Entend parler de paix, et s'attend à être affranchi. Son bateau part pour Deptford pour être récompensé, et lorsqu'il y arrive, il est soudainement saisi par son maître et transporté de force à bord d'un navire en partance pour les Indes-Occidentales puis il est vendu.

Cela faisait maintenant deux ou trois ans que j'étais arrivé pour la première fois en Angleterre ; je passai une grande partie de ce temps en mer, si bien que je devins insensible à ce travail, et commençai à considérer ma situation bienheureuse, puisque mon maître me traitait souvent extrêmement bien. De plus, mon attachement et ma gratitude envers lui étaient fort grands. Du fait des scènes diverses que j'avais vues à bord des navires, je devins très bientôt indifférent à toute sorte de terreur, et j'étais, à cet égard au moins, presque un Anglais. Je me suis souvent dit avec stupéfaction que, face aux nombreux dangers que j'ai traversés, je n'ai jamais ressenti la moitié de l'inquiétude qui m'envahit à ma première vue des Européens, et en voyant chacun de leurs actes, même les plus insignifiants, lorsque j'arrivai pour la première fois parmi eux et pendant quelque temps après. Cependant cette peur qui était due à mon ignorance s'effaça à mesure que je commençais à les connaître. Je parlais à présent anglais d'une manière tolérable, et je comprenais parfaitement tout ce qu'ils disaient. Je me sentais non seulement suffisamment à l'aise avec ces nouveaux compatriotes, mais je trouvais du plaisir à leur société et leur comportement. Je ne les regardais plus comme des esprits, mais comme des individus supérieurs à nous ; par conséquent, je désirais énormément leur ressembler, assimiler leur esprit et copier leurs manières. Alors, je saisissais chaque occasion pour m'améliorer et chaque nouveauté que je remarquais, je la conservais précieusement dans ma mémoire. Pendant longtemps, j'avais espéré être capable de lire et écrire ; et dans cette optique, je profitais de toute opportunité pour m'instruire, mais j'avais jusque-là fait très peu de progrès. Cependant, quand je partis à Londres avec mon maître, j'eus bientôt une occasion de m'instruire, que je saisis avec plaisir. Peu après mon arrivée, il m'envoya au service des demoiselles

Guerin[77], qui m'avaient traité avec beaucoup de gentillesse lorsque je m'étais rendu chez elles précédemment. Elles m'envoyèrent à l'école.

Tandis que je servais ces dames, leurs domestiques me dirent que je ne pourrais pas aller au Paradis à moins d'être baptisé. Ceci me troubla énormément, car j'avais à présent quelque idée vague d'un état futur; en conséquence, je confiai mon anxiété à l'aînée des Guerin dont j'étais devenu le favori, la poussant à me faire baptiser, lorsque, à ma grande joie, elle me dit que je devrais effectivement l'être. Elle avait précédemment demandé à mon maître de me laisser être baptisé, mais il avait refusé. Cependant, elle insista désormais à ce propos; et lui, étant soumis à quelque obligation envers son frère, fit droit à sa requête. Ainsi, je fus baptisé dans l'église Sainte-Marguerite, à Westminster, en février 1759, par mon nom actuel. Le pasteur, par la même occasion, me donna un livre intitulé *A Guide to the Indians*, écrit par l'évêque de Sodor et Man[78]. Pour cet événement, Mademoiselle Guerin me fit l'honneur d'être ma marraine, et après me traita fort bien. J'avais l'habitude d'accompagner ces dames en ville, ce qui me rendait extrêmement heureux, car ainsi, j'eus alors plusieurs occasions de voir Londres, chose que je désirais fort parmi tant d'autres. Quelquefois cependant, j'allais avec mon maître à son point de ralliement, qui se trouvait au fort du Pont de Westminster. Là, je m'amusais souvent en jouant autour des escaliers du pont, et souvent dans les bachots des mariniers, avec d'autres garçons. À l'une de ces occasions, un autre garçon se trouvait avec moi dans un bachot, et nous fûmes emportés par le courant de la rivière: alors que nous nous y trouvions, deux autres garçons robustes avancèrent vers nous dans un autre bachot, et nous insultèrent parce que nous avions pris le bachot et me mandèrent de monter dans l'autre bachot. En conséquence, je m'apprêtai à descendre du bâtiment dans lequel j'étais ; mais, juste au moment où je posai un de mes pieds dans l'autre barque, les garçons le poussèrent au large, si bien que je tombai dans la Tamise ; et ne sachant pas nager, je me serais inévitablement noyé si quelques bateliers providentiels n'étaient pas venus à mon secours.

Le *Namur* étant de nouveau prêt à prendre le large, mon maître et son équipage reçurent l'ordre de regagner le bord ; et, non sans regret, je fus contraint de quitter mon maître d'école que j'aimais beaucoup, et que j'assistais souvent, ainsi que mon maître, pendant que j'étais à Londres, pour les réparations à bord. De même, je ne quittai pas mes gentilles patronnes, les demoiselles Guerin, sans déchirement et regret. Elles avaient l'habitude de m'apprendre à lire, et prirent grande peine pour m'enseigner les principes de la religion et la connaissance de Dieu. Je me séparai donc de ces aimables dames avec réticence, après avoir reçu d'elles beaucoup de conseils amicaux sur la manière de me conduire, et quelques précieux cadeaux.

Lorsque j'arrivai à Spithead, je découvris que nous nous dirigions vers la Méditerranée, à bord d'une grande flotte, qui était à présent prête à prendre la mer. Nous n'attendions plus que l'arrivée de l'amiral, qui monta bientôt à bord ; et vers le début du printemps 1759, ayant levé l'ancre, et pris la route, nous partîmes pour la Méditerranée ; et en onze jours, à partir du cap des Cornouailles[79], nous arrivâmes à Gibraltar. Pendant que nous y étions, j'allais souvent sur le rivage où j'achetais des fruits divers qu'on trouvait en grand nombre et à très bon marché.

J'avais souvent raconté à plusieurs personnes, lors

de mes excursions à terre, l'histoire de mon rapt avec ma sœur, ainsi que notre séparation, tel que je l'ai raconté précédemment ; et j'avais aussi souvent exprimé mon angoisse quant à son sort, et ma douleur pour ne l'avoir plus jamais revue. Un jour, alors que j'étais sur le rivage, et racontant ces événements à quelques personnes, un homme me dit qu'il savait où ma sœur se trouvait, et que si je voulais bien l'accompagner, il m'emmènerait à elle. Si improbable que fût cette histoire, je la crus aussitôt, et acceptai d'aller avec lui, tandis que mon cœur tressaillait de joie ; et, effectivement, il me conduisit chez une jeune femme noire, qui ressemblait tant à ma sœur que, à première vue, je crus vraiment que c'était elle ; mais je fus vite détrompé ; et, en lui parlant, je découvris qu'elle venait d'un autre pays.

Pendant que nous étions au mouillage à cet endroit, le *Preston* arriva du côté du Levant. Aussitôt qu'il arriva, mon maître me dit que je devrais revoir mon vieux compagnon Dick, qui était parti à son bord quand il partit vers la Turquie. Cette nouvelle me réjouit énormément, et j'attendais chaque minute pour l'embrasser ; et quand le capitaine monta à bord de notre bateau, ce qu'il fit immédiatement après, je courus l'interroger à propos de mon ami ; mais, avec une douleur inexprimable j'appris de l'équipage du bateau que le cher jeune homme était mort ! Et qu'ils avaient apporté son coffre ainsi que toutes ses autres affaires à mon maître : il me les donna ensuite et je les considérais comme un mémorial à mon ami que j'aimais et que je pleurai comme un frère.

Pendant que nous étions à Gibraltar, je vis un soldat pendu par les talons, sur l'un des môles[80] : je trouvai cette scène étrange, de même que lorsque j'avais vu un homme pendu à Londres par le cou.

À un autre moment, je vis le maître d'une frégate remorqué jusqu'au rivage sur un grillage, par plusieurs navires de guerre, et décharger la flotte, ce qui, je compris, était une marque de disgrâce pour cause de lâcheté. À bord du même bateau un marin avait aussi été pendu au bout de la vergue.

Après avoir mouillé à Gibraltar pendant un certain temps, nous partîmes pour la Méditerranée, une route extraordinaire au-dessus du Golfe du Lyon, où un terrible coup de vent nous surprit une nuit, qui était bien plus fort que tout ce que j'avais pourtant connu. La mer était si forte que, en dépit du fait que tous les canons fussent bien à l'abri, nous avions de bonnes raisons d'avoir peur qu'ils ne se détachent ; le bateau roulait tant, et s'ils s'étaient détachés cela aurait causé notre destruction. Après avoir fait des croisières à cet endroit pendant une courte période, nous arrivâmes à Barcelone, un port maritime espagnol, remarquable pour ses manufactures de soie. Les bateaux devaient tous y être approvisionnés en eau ; et mon maître qui parlait différentes langues, et servait habituellement d'interprète à l'amiral, supervisa l'approvisionnement du nôtre. C'est pour cela que, lui-même et les officiers des autres bateaux, qui effectuaient le même travail, eurent leurs tentes érigées dans la baie ; et les soldats espagnols étaient positionnés le long de la berge, je suppose, pour veiller à ce qu'aucun pillage ne fût commis par nos hommes.

J'assistais régulièrement mon maître ; et cet endroit m'enchanta. Tout le temps que nous y restâmes, on eut l'impression d'être à une assemblée festive avec les indigènes, qui nous apportaient toutes sortes de fruits, et nous les vendaient bien moins cher que je ne les achetais en Angleterre. Ils nous apportaient également du vin dans des peaux de sangliers et de moutons, ce qui m'amusait beaucoup. Les officiers espagnols, à cet endroit, traitaient nos officiers avec grande politesse et attention ; et certains d'entre eux, en particulier, venaient souvent dans la tente de mon maître pour lui rendre visite, ou se divertissaient parfois en me faisant monter sur les chevaux ou les mulets, dans une position m'empêchant de tomber ; puis les poussaient au grand galop. Mon imparfait talent de cavalier, pendant tout ce temps-là, leur procurait un grand divertissement. Après que les bateaux furent approvisionnés en eau, nous retournâmes à notre ancien poste de croisière au large de Toulon, dans le but d'intercepter une flotte de navires de guerre français qui y mouillait. Un dimanche, pendant notre croisière, nous arrivâmes à un endroit où se trouvaient deux petites frégates françaises mouillant sur le rivage ; notre amiral, pensant les prendre ou les détruire, envoya deux bateaux à leur poursuite, le *Culloden* et le *Conqueror*. Ils approchèrent bientôt des deux navires de guerre français ; et à cet endroit, je vis une bataille vive, aussi bien sur mer qu'à terre, car des batteries de canons étaient braquées sur les frégates, et elles tirèrent sur nos bateaux de la manière la plus acharnée, ce qu'ils retournèrent avec autant de fureur, et pendant un long moment, des tirs constants continuèrent à un rythme étonnant. À la fin, une frégate coula ; mais les gens s'échappèrent, bien que sans beaucoup de difficultés ; peu après, quelques personnes abandonnèrent également l'autre frégate, qui n'était qu'une épave. Cependant, nos bateaux ne se risquèrent pas à l'éloigner, ils étaient tant importunés par les batteries, qui les tirèrent sur les deux à l'aller et au retour : on continua à tirer sur leurs mâts de hune, de manière qu'ils furent fort détruits, et l'amiral fut contraint d'envoyer plusieurs barques les remorquer vers la flotte. Ensuite, je partis avec un homme qui avait combattu dans l'un des navires de guerre français pendant la bataille, et il me dit que nos bateaux avaient causé des dégâts considérables ce jour-là sur le rivage et dans les navires de guerre.

Après cela nous partîmes vers Gibraltar, et y arrivâmes vers août 1759. Là, nous ne baissâmes pas nos voiles pendant que la flotte s'approvisionnait en eau et faisait toutes les autres choses nécessaires. Pendant que nous étions dans cette situation, un jour, l'amiral, la plupart des principaux officiers et plusieurs hommes de tous rangs, étant sur la berge, vers sept heures du soir, nous fûmes avertis par les signaux de nos frégates stationnées à cette intention ; et en un instant, un cri collectif avertit que la flotte française était sortie et passait maintenant à travers le canal. L'amiral vint aussitôt à bord avec d'autres officiers ; il est impossible de décrire le bruit, l'empressement et la confusion qui s'ensuivirent à travers toute la flotte, tandis qu'elle enverguait les voiles et filait les câbles ; on abandonna plusieurs hommes et plusieurs chaloupes sur le rivage dans le remue-ménage. Nous avions deux capitaines à bord de notre bateau qui venaient de loin dans l'empressement et laissèrent leurs navires arriver derrière eux. Nous orientâmes les lumières du platbord jusqu'à la tête de mât principale ; et tous nos lieutenants étaient occupés dans la flotte, pour dire aux marins de ne pas attendre leurs capitaines mais de mettre les voiles aux vergues, de glisser leurs câbles et de nous suivre ; dans cette confusion de préparation au combat, nous prîmes le large dans l'obscurité à la poursuite de la flotte française. Là, j'aurais pu m'exclamer avec regret :

Ô Jéhovah ! Ô Père ! Si telle est ta volonté
Que nous périssions, nous t'obéirons,
Mais permets-nous de périr en plein jour[81].

Ils avaient une grande longueur d'avance sur nous si bien que nous ne fûmes pas capables de venir à bout d'eux pendant la nuit ; mais pendant la journée nous vîmes sept voiles de la ligne de combat à quelques milles devant nous. Nous nous mîmes aussitôt à leur poursuite jusqu'à environ quatre heures du matin, lorsque nos navires les ramenèrent ; et, bien que nous eussions environ quinze grands navires, notre distingué amiral les combattit uniquement avec sa propre division qui se composait de sept bateaux ; si bien que nous n'étions que bord à bord. Nous traversâmes toute la flotte ennemie, afin d'atteindre leur commandant, Mons. La Clue[82], qui se trouvait dans l'*Océan*, un bateau de quatre-vingt-quatre canons : alors que nous passions, ils tirèrent tous sur nous ; et à un moment, trois d'entre eux firent feu ensemble, continuant ainsi pendant un certain temps. Nonobstant ceux que notre amiral ne supporterait pas de voir un canon y mettre le feu, à mon grand étonnement ; néanmoins ils nous obligèrent à nous coucher sur le ventre sur le pont jusqu'à ce que nous atteignissions presque l'*Océan* qui se trouvait devant tous les navires ; de là, nous reçûmes les ordres de déverser sur lui l'intégralité des trois gradins d'un seul coup.

La bataille débuta à ce moment-là, avec grande furie des deux côtés : l'*Océan* retourna immédiatement notre coup de feu, et nous continuâmes à combattre l'un contre l'autre durant un certain temps, pendant lequel je fus souvent étourdi par le tonnerre des grands canons dont les contenus effroyables dépêchèrent plusieurs de mes compagnons dans l'abominable éternité. Finalement, la ligne française fut entièrement détruite et nous obtînmes la victoire, qui fut aussitôt proclamée par des hourras et des acclamations bruyantes. Nous prîmes trois prix, *La Modeste,* de soixante-quatre canons, *Le Téméraire* et *Le Centaure,* de soixante-quatorze canons chacun. Le reste des bateaux français prit la fuite avec toutes les voiles qu'ils purent entasser. Notre navire étant bien trop endommagé et plutôt incapable de poursuivre l'ennemi, l'amiral l'abandonna immédiatement et embarqua dans l'unique barque cassée qu'il nous restait à bord du *Newark,* avec lequel, en compagnie d'autres navires, il alla à la poursuite des Français. L'*Océan,* ainsi qu'un autre grand bateau français appelé *Le Redoutable,* essayant de s'échapper, se précipitèrent à terre à Cap Logas, sur la côte portugaise ; l'amiral français ainsi que quelques membres de l'équipage débarquèrent ; mais, trouvant impossible de se débarrasser des navires, nous fîmes feu sur les deux. Vers minuit, je vis l'*Océan* voler en éclats, dans la plus horrible explosion. Je n'avais jamais vu de déflagration aussi atroce. En moins d'une minute, la nuit profonde sembla, pendant un certain temps, être devenue le jour à cause de la flamme, qui fut accompagnée d'un bruit plus fort et plus terrible que la tornade, qui sembla déchirer tout élément autour de nous.

Pendant l'affrontement, je me trouvais sur le pont du milieu, où je me cantonnai en compagnie d'un autre garçon, pour charger de la poudre dans le canon le plus à l'arrière, d'où je fus témoin du destin atroce de plusieurs de mes compagnons qui, en un clin d'œil, furent dépecés, et projetés dans l'éternité. Heureusement, je m'échappai sans heurt, bien que les balles et les éclats volassent près de moi pendant toute la bataille. Vers la dernière partie du combat, mon maître fut blessé et je le vis être transporté en bas chez le chirurgien ; toutefois, malgré ma grande inquiétude pour lui et mon désir de l'aider, je n'osai quitter mon poste. À cet endroit, mon compagnon de guerre (partenaire qui chargeait de poudre le même canon) et moi encourûmes un très grand risque pendant plus d'une demi-heure de mise à feu du bateau. Car, une fois que nous avions sorti les cartouches de leurs boîtes, le bas de la plupart s'avérant abîmé, la poudre se répandit partout sur le pont, près de la boîte d'allumettes: nous eûmes à peine assez d'eau pour au moins en verser par-dessus. Nous fûmes également, du fait de notre tâche, très exposés aux tirs de l'ennemi; puisque nous devions traverser presque toute la longueur du navire pour chercher la poudre. Je m'attendais donc à ce que chaque minute fût ma dernière, surtout lorsque je vis nos hommes tomber en si grand nombre autour de moi; mais, désirant me protéger autant que possible contre les dangers, tout d'abord je crus qu'il serait plus sécurisant de ne pas aller chercher la poudre jusqu'à ce que les Français eussent tiré toute leur bordée; ensuite, alors qu'ils chargeraient je pourrais aller et venir avec ma poudre: mais aussitôt après, je pensai que cette précaution était vaine; et, me consolant avec l'idée qu'un temps m'était alloué pour mourir tout comme pour naître, je me libérai instantanément de toute peur ou pensée concernant la mort et continuai d'accomplir ma tâche avec alacrité, me contentant de l'espoir que, si je survivais à cette bataille, je la raconterais et mentionnerais les dangers auxquels j'aurais échappé aux demoiselles Guerin, et aux autres, à mon retour à Londres.

Notre bateau souffrit beaucoup dans cet affrontement, car, en plus du nombre de nos hommes morts et blessés, il fut presque mis en pièces, et notre gréement fut tant détruit que notre mât d'artimon, notre grand-vergue, etc., étaient suspendus sur le côté du navire, si bien que nous fûmes contraints de faire appel à plusieurs charpentiers, ainsi qu'à d'autres personnes des bateaux de la flotte, pour nous aider à remettre un ordre acceptable ; et néanmoins, un certain temps fut nécessaire avant sa remise en état complète ; après cela, nous laissâmes l'amiral Broderick aux commandes, et, avec les prises, nous prîmes la route d'Angleterre. Pendant la traversée, et aussitôt que mon maître fut à peu près guéri de ses blessures, l'amiral le nomma capitaine du brûlot l'*Etna*, sur ce, lui et moi quittâmes le *Namur* et montâmes à bord de l'*Etna* en pleine mer. J'aimais beaucoup ce petit bateau. Je devins désormais le commis du capitaine, situation qui me rendait très heureux parce que j'étais extrêmement bien traité par tous à bord ; j'eus le loisir de m'améliorer en lecture et en écriture. J'avais appris à écrire un peu bien avant de quitter le *Namur*, comme il y avait une école à bord. Lorsque nous arrivâmes à Spithead, l'*Etna* entra dans le port de Portsmouth pour être remis en état, une fois cela fait, nous retournâmes à Spithead pour rejoindre une grande flotte qui se dirigeait, pensait-on, vers La Havane. Mais vers cette période-là, le roi mourut ; je ne sais pas si c'est cela qui empêcha l'expédition, mais notre navire dut demeurer en stationnement à Cowes, dans l'île de Wight, jusqu'au début de l'année soixante et un. À cet endroit, je passai mon temps très agréablement ; j'allai souvent sur le rivage pour faire le tour de cette île ravissante, et je trouvai les habitants fort aimables.

Pendant que je m'y trouvais, il m'arriva un incident dérisoire, qui me surprit agréablement. Je me trouvai un jour dans un champ appartenant à un homme qui avait un garçon noir d'environ ma taille ; ce garçon qui m'avait observé depuis la maison de son maître fut transporté à la vue de l'un de ses compatriotes, et accourut à ma rencontre en toute hâte. Ne sachant pas ce qu'il faisait, je me dégageai d'abord un peu de son chemin, mais sans résultat : il arriva aussitôt près de moi et me serra dans ses bras comme si j'avais été son frère, bien que nous ne nous fussions jamais rencontrés auparavant. Après avoir bavardé ensemble pendant un temps, il me conduisit chez son maître, où je fus reçu très gentiment. Ce garçon bienveillant et moi fûmes très heureux de nous revoir fréquemment jusqu'au mois de mars 1761, lorsque notre bateau reçut l'ordre de s'armer de nouveau pour une autre expédition. Quand nous fûmes prêts, nous rejoignîmes une très grande flotte à Spithead, commandée par le commandant Keppel. La flotte allait en expédition contre Belle-Île, et se composait d'un grand nombre de navires de transport ainsi que des troupes à bord pour faire une descente sur cette destination. Nous partîmes une fois de plus à la recherche de gloire. Il me tardait de nous voir engagés dans de nouvelles aventures et de voir de nouveaux prodiges.

Tout ce qui n'était pas commun marquait fortement mon esprit, et chaque événement m'apparaissait comme merveilleux. Je considérais toute évasion extraordinaire ou tout signe de délivrance, me concernant ou concernant d'autres, comme arrivé grâce à l'intervention de la Providence. Cela ne faisait pas plus de dix jours que nous étions en mer lorsqu'un tel incident se passa, qui, quel que soit le crédit que le lecteur lui accordera, fit une impression non négligeable à mon esprit.

Nous avions un artilleur à bord qui se nommait John Mondle ; un homme d'une moralité très médiocre. La cabine de cet homme se trouvait entre les ponts, juste au-dessus de l'endroit où je dormais, parallèlement à l'échelle du gaillard d'arrière. Une nuit, le 5 avril, terrifié par un rêve, il se leva dans une si grande frayeur qu'il ne put plus se reposer dans son lit, ni même demeurer dans sa cabine ; il monta sur le pont vers quatre heures du matin, dans un état d'extrême agitation. Il confia aussitôt à ceux qui se trouvaient sur le pont les angoisses de son esprit ainsi que le rêve qui les avait occasionnées ; en outre il affirma avoir vu des choses très horribles et que saint Pierre lui avait conseillé de se repentir, lui disant qu'il ne restait plus beaucoup de temps. Cela, dit-il, l'inquiéta considérablement, aussi était-il déterminé à changer de vie. Les gens se moquent généralement des peurs des autres lorsqu'ils sont eux-mêmes en paix ; et quelques-uns de ses compagnons de bord qui l'entendirent se moquèrent simplement de lui. Cependant, il fit le vœu de ne plus jamais boire de liqueur forte ; et il prit aussitôt une lampe et fit cadeau de sa réserve d'alcool. Après cela, son agitation continuant toujours, il se mit à lire la Bible, espérant y trouver quelque apaisement ; peu après, il se recoucha sur son lit et s'efforça de se calmer pour s'endormir, mais en vain ; l'angoisse de son esprit persistait. À ce moment-là, il était exactement sept heures trente du matin : je me trouvai alors sous le demi-pont au niveau de la grande porte de la cabine ; et tout d'un coup j'entendis les gens crier sur le passavant, d'une manière fort effrayante : « Que le Seigneur ait pitié de nous ! Nous sommes tous perdus ! Que le Seigneur ait pitié de nous ! » En entendant ces hurlements, M. Mondle sortit aussitôt de sa cabine en courant ; et nous fûmes instamment frappés par le *Lynne*, un bateau de quarante canons, commandé par le capitaine Clark, qui faillit nous faire couler. Ce bateau venait juste de virer de bord, et se trouvait dans le sens du vent, mais ne l'avait pas en poupe, sinon nous aurions tous dû périr, puisque le vent était fort. Cependant, avant que M. Mondle n'eût fait quatre pas de la porte de sa cabine, il frappa notre bateau à l'aide de son étrave juste au milieu de son lit et de sa cabine qu'il emporta jusqu'aux panneaux de l'écoutille du gaillard d'arrière, à plus de trois pieds sous l'eau, et en une minute il ne resta plus un seul morceau de bois visible à l'endroit où se trouvait la cabine de M. Mondle ; et il faillit mourir du fait des échardes qui blessèrent son visage. Comme M. Mondle aurait inévitablement péri dans cet accident s'il n'avait pas été prévenu de la manière très extraordinaire que j'ai racontée, je ne pouvais m'empêcher de considérer cela comme une horrible intervention de la Providence pour sa protection. Pendant quelque temps, les deux navires avancèrent bord à bord ; parce que le nôtre était un brûlot, nos grappins s'emparèrent du *Lynne* par tous les moyens, et les vergues ainsi que le gréement s'activèrent à un rythme étonnant. Notre navire était dans un tel état de choc que nous pensâmes tous qu'il allait instantanément couler, et chacun se sauva à toutes jambes, embarquant autant que possible dans le *Lynne* ; mais notre lieutenant étant l'agresseur, il ne quitta jamais le navire. Néanmoins, lorsque nous découvrîmes qu'il ne coula pas aussitôt, le capitaine revint à bord et encouragea nos hommes à y retourner pour essayer de le sauver. Sur ce, beaucoup revinrent, mais quelques-uns ne voulurent pas prendre le risque. Certains bateaux de la flotte, voyant notre situation, envoyèrent immédiatement leurs canots pour nous aider ; mais il nous fallut toute la journée pour sauver notre navire malgré toute leur aide. Et en usant de tous moyens possibles, en particulier en le réparant à l'aide de plusieurs haussières tout en appliquant une grande quantité de suif sous l'eau, l'endroit où il était endommagé, on le maintint en un morceau : mais heureusement que nous ne rencontrâmes pas de grand vent, sinon nous serions partis en morceaux, car notre condition était si inquiétante que des navires nous assistèrent jusqu'à notre arrivée à Belle-Île, notre lieu de destination ; puis nous fîmes prendre tout ce qui se trouvait dans le navire, et il fut correctement réparé. La protection de M. Mondle, que lui-même et moi considérions toujours comme un acte singulier de la Providence, je crois, eut une grande influence dans sa vie et son comportement bien après.

À présent que je parle de ce sujet, je sollicite l'autorisation de raconter un ou deux autres exemples qui augmentèrent grandement ma foi en l'intervention particulière de Dieu, et qui n'auraient pas, autrement, trouvé une place ici, du fait de leur insignifiance. En 1758, pendant quelques jours je fis partie du *Jason*, de cinquante-quatre canons, à Plymouth ; et une nuit, alors que j'étais à bord, une femme avec un enfant au sein tomba du pont supérieur dans la cale, près de la quille. Tout le monde crut que la mère et l'enfant devaient tous les deux être cassés en mille morceaux ; mais, à notre grande surprise, tous deux ne furent pas blessés. Un jour, je tombai moi-même, la tête la première, du pont supérieur de l'*Etna* jusqu'à la partie arrière du mât principal, alors que le lest était sorti ; et tous ceux qui me virent tomber crièrent que j'étais mort : mais je n'eus pas la moindre blessure. Et dans le même navire, un homme tomba de la tête de mât sur le pont sans se blesser. Par ces exemples, et bien d'autres, je crus pouvoir sans détour retrouver la main de Dieu, sans la permission de qui un moineau ne peut tomber. Je commençai à tourner ma peur de l'homme vers lui seul, et chaque jour je faisais appel à son saint nom avec crainte et vénération : et je pense qu'il entendit mes prières et que, gracieusement, il se montra condescendant envers moi pour me répondre selon sa sainte promesse, et implanta les graines de piété en moi, l'une de ses plus petites créatures.

Lorsque notre bateau fut remis en état, et que tout fut prêt pour une attaque sur place, les troupes qui se trouvaient à bord des navires de transport reçurent l'ordre de débarquer; et mon maître, en qualité de second capitaine, prit part au commandement du débarquement. Ceci se produisit le 12 avril. Les Français étaient alignés sur le rivage, et avaient pris toute disposition pour s'opposer au débarquement de nos hommes dont une petite partie seulement était capable de l'effectuer ce jour-là: la plupart d'entre eux, après avoir combattu avec grande bravoure, furent dépecés; et le Général Crawford, ainsi que bien d'autres, furent faits prisonniers. Pendant le combat de cette journée-là, notre lieutenant de vaisseau fut aussi tué.

Le 21 avril, nous renouvelâmes nos efforts pour débarquer nos hommes, tandis que tous les navires de guerre étaient stationnés le long du rivage pour les couvrir, et firent feu sur les batteries françaises et les rambardes dès l'aube jusqu'à environ quatre heures de l'après-midi, quand nos soldats effectuèrent un débarquement sans dommage. Ils attaquèrent aussitôt les Français; et, après une vive confrontation, ils les arrachèrent de leurs batteries. Avant de se retirer, l'ennemi fit exploser plusieurs de ses embarcations, de peur qu'elles ne tombassent entre nos mains. Nos hommes allèrent alors faire le siège de la citadelle, et mon maître reçut l'ordre de superviser le débarquement de tout l'équipement nécessaire pour continuer d'assiéger, travail pour lequel je l'assistai grandement. Alors que je m'y trouvais, je parcourus différentes parties de l'île; un jour en particulier, ma curiosité faillit me coûter la vie. Je désirais tant voir la façon dont on chargeait les mortiers et, pour faire éclater les boulets, et à cette fin, je me rendis dans une batterie anglaise qui ne se trouvait qu'à quelques mètres des murs de la citadelle. Là, en effet, j'eus une occasion de me satisfaire complètement en voyant toute l'opération, et cela non sans un grand risque, à cause des boulets anglais qui éclataient pendant que j'y étais, mais aussi du fait de ceux des Français. L'un des plus gros boulets de ces derniers éclata à neuf ou dix yards de moi : il y avait un seul rocher par là, d'environ la taille d'une butte de tir ; je me réfugiai immédiatement au-dessous à temps pour éviter la violence du boulet. À l'endroit où il éclata, la terre fut déchirée d'une manière que deux ou trois tertres auraient aisément pu s'insérer dans le trou qu'il creusa, éjectant une grande quantité de pierres et de terre à une distance considérable. Trois coups de feu furent également tirés vers moi et un autre garçon qui se trouvait avec moi, l'un d'eux en particulier parut « Voler tel un éclair foudroyant et d'une rage impétueuse[83] », puisque avec le plus horrible, il siffla près de moi, et heurta un rocher à quelque distance, qu'il fit éclater en mille morceaux. Lorsque je vis la situation périlleuse dans laquelle je me trouvais, je tentai de regagner le chemin le plus proche que je pus trouver et par ce moyen je me retrouvai entre les sentinelles anglaises et françaises. Un sergent anglais qui commandait les avant-postes me vit, et, surpris de la manière dont j'y étais arrivé (à la dérobée le long de la berge), me réprimanda très sévèrement pour cela, et retira instantanément la sentinelle de son poste pour qu'il fût placé en prison, pour sa négligence de m'avoir laissé passer les frontières. Pendant que j'étais dans cette situation, j'observai un cheval français à une certaine distance, qui appartenait à des habitants de l'île, et que je crus pouvoir monter à ce moment-là, pour la plus grande expédition d'en redescendre. En conséquence, je pris une corde qui se trouvait près de moi, et j'en fis une sorte de bride, et la passai autour de la tête du cheval, et très calmement, l'animal apprivoisé accepta que je l'attache de la sorte pour le monter. Aussitôt que je fus sur le dos du cheval, je commençai à lui donner des coups de pied et à le frapper, et j'essayai tous moyens pour qu'il allât vite, mais en pure perte : je ne pus le faire abandonner son rythme lent. Alors que j'avançais au pas, toujours à portée des tirs de l'ennemi, je rencontrai un domestique bien en selle sur un cheval anglais. Je m'arrêtai aussitôt ; et criant, je lui dis ce qui m'arrivait, le suppliais de m'aider ; ce qu'il fit effectivement, car ayant un très grand fouet, il se mit à donner des coups de fouet à mon cheval si sévèrement que celui-ci partit avec moi à toute vitesse vers la mer, tandis que j'étais plutôt incapable de le retenir ou le diriger. Ainsi, je galopai jusqu'à ce que j'arrive à un précipice plein d'escarpements. À ce moment-là je n'arrivais pas à arrêter mon cheval ; et mon esprit était rempli d'appréhension quant à mon déplorable destin s'il devait tomber dans le précipice, ce qu'il parut entièrement disposé à faire : aussi pensai-je qu'il valait mieux que je me laisse immédiatement tomber de son dos, ce que je fis à l'instant même avec beaucoup d'adresse, et par chance je m'en sortis sans heurt. Aussitôt que je me retrouvai délivré, je fis mon possible pour retrouver le chemin du navire, déterminé à ne plus jamais être si imprudent de sitôt.

Nous continuâmes d'assiéger la citadelle jusqu'en juin, lorsqu'elle se livra. Pendant le siège, j'ai compté plus de soixante boulets et carcasses dans l'air à la fois. Lorsqu'on prit cet endroit, je fis le tour de la citadelle et des défenses qui la protégeaient, qui furent démolies malgré une roche très résistante. Je trouvai cet endroit surprenant, à la fois pour sa force et ses constructions, même si nos coups de feu et boulets l'avaient dévasté de manière ahurissante, faisant des tas de ruines tout autour.

Après avoir pris cette île, nos navires ainsi que d'autres commandés par le commandant Stanhope du Swiftsure, se dirigèrent vers Basse-Road, où nous bloquâmes une flotte française. Nos navires y accostèrent de juin à février de l'année suivante ; et, à cette époque-là, je vis beaucoup de scènes de guerre, et de nombreux stratagèmes des deux côtés dans le but de détruire la flotte de l'autre. Quelquefois, nous attaquâmes les Français avec quelques navires de la frontière ; à d'autres moments en canots ; et nous fîmes fréquemment des prises. Une ou deux fois, les Français nous attaquèrent en jetant des boulets à l'aide de leurs vaisseaux bombardiers ; un jour, alors qu'un vaisseau français jetait des boulets vers notre navire, il se détacha de sa source, derrière l'île de Ré : la marée étant haute, il entra dans le champ de tir du Nassau ; mais le Nassau ne put apporter un canon pour s'en occuper et, en conséquence, le navire de guerre français s'en tira. Leurs brûlots nous attaquèrent deux fois ; ils les enchaînaient, et les laissaient descendre avec la marée ; mais chaque fois, nous envoyâmes des bateaux avec des grappins, et les remorquâmes sans dommage hors de la flotte.

Nous eûmes plusieurs commandants lorsque nous nous trouvions à cet endroit, les capitaines Stanhope, Dennis, Lord Howe, etc. D'où, avant le début de la guerre d'Espagne, notre navire ainsi que le sloop, le Wasp, furent envoyés à Saint-Sébastien en Espagne, par le commandant Stanhope ; et le commandant Dennis, après cela, envoya notre navire en tant que cartel à Bayonne en France[84], après quoi[85] nous partîmes en février 1762, pour Belle-Île, et nous y restâmes jusqu'à l'été, où nous la quittâmes et retournâmes à Portsmouth.

Après que notre navire eut été de nouveau armé pour reprendre le service, en septembre il partit pour Guernesey, où je fus très heureux de revoir mon ancienne hôtesse, qui était à présent veuve, et mon ancienne et charmante petite compagne, sa fille. Je passai quelque temps à cet endroit dans la joie avec elles, jusqu'en octobre, lorsque nous reçûmes les ordres de radouber à Portsmouth. Nous nous séparâmes avec beaucoup de tendresse ; et je promis de revenir bientôt, pour les revoir, sans savoir ce que le tout-puissant destin m'avait réservé. Notre bateau étant arrivé à Portsmouth, nous entrâmes dans le port, et y demeurâmes jusqu'à la fin de novembre, où nous entendîmes parler de paix ; et, à notre très grande joie, au début de décembre, nous reçûmes les ordres d'aller à Londres avec notre bateau afin de débarquer. Nous reçûmes cette nouvelle avec de bruyants hourras, et toute autre manifestation de joie ; et rien, excepté l'hilarité, n'était visible dans tous les coins du navire. Moi aussi, je pris part à la joie générale à cette occasion. Je ne pensais à ce moment-là à rien d'autre qu'à être affranchi, et à travailler pour moi-même, et par conséquent gagner de l'argent pour me permettre d'acquérir une bonne éducation ; car j'avais toujours eu un grand désir d'au moins apprendre à lire et écrire ; et pendant que je me trouvais à bord du navire, j'avais tenté de m'améliorer dans les deux. Alors que je me trouvais sur l'*Etna* en particulier, le préposé du capitaine m'apprit à écrire, et me donna quelques notions d'arithmétique jusqu'à la règle de trois. Il y avait un certain Daniel Queen, d'environ quarante ans, un homme très instruit, qui mangeait avec moi à bord de ce bateau, et comme moi, il habillait et assistait le capitaine. Heureusement que cet homme s'attacha très vite à moi, et prit grand soin de m'apprendre diverses choses. Il m'apprit à me raser et à coiffer un peu les cheveux, et également à lire la Bible, m'expliquant plusieurs passages que je ne comprenais pas. Je fus merveilleusement surpris de voir les lois et règles de mon propre pays écrites presque de la même manière ici ; ce qui, je crois, eut tendance à imprimer nos us et coutumes plus profondément dans ma mémoire. J'avais l'habitude de lui parler de cette similitude ; et plus d'une fois nous restâmes éveillés la nuit entière ensemble occupés à cet effet. En résumé, il était comme un père pour moi ; et certains m'appelaient même par son nom ; ils me nommèrent également le chrétien noir. En effet, je l'aimais presque avec la même affection qu'un fils. Je me suis refusé maintes choses pour le laisser les avoir ; et lorsque je jouais aux billes ou à tout autre jeu, et que je gagnais quelques sous, ou me fis un peu d'argent, comme cela m'arrivait parfois, pour avoir rasé quelqu'un je lui achetais un peu de sucre ou du tabac, autant que ma réserve d'argent suffisait. Il disait souvent que lui et moi ne devrions jamais nous séparer ; et que, lorsqu'on avait débarqué de notre navire, comme j'étais aussi libre que lui ou que tout autre homme à bord, il m'apprendrait ses affaires grâces auxquelles je pouvais bien gagner ma vie. Cela me donna une nouvelle vivacité et le moral ; et mon cœur brûlait à l'intérieur de moi, tandis que je considérais le temps où j'obtiendrais ma liberté long à arriver. Car, bien que mon maître ne me l'eût pas encore promise, outre les assurances que j'avais reçues comme quoi il n'avait aucun droit de me retenir, il me traitait toujours avec la plus grande amabilité, et plaçait en moi une confiance sans limite ; il faisait même attention à ma moralité ; et n'aurait jamais supporté que je le déçoive ou que je lui mente, aussi me parlait-il toujours des conséquences de tels actes ; et ajoutait que si j'agissais de la sorte, Dieu ne m'aimerait pas ; si bien que, du fait de toute cette affection, jamais je n'avais une fois supposé, dans tous mes rêves de liberté, qu'il songerait à me retenir plus longtemps que je ne le souhaitais.

Dans l'exécution de nos ordres nous allâmes de Portsmouth vers la Tamise, et arrivâmes à Deptford le 10 décembre, où nous larguâmes les amarres juste au moment où l'eau montait. Le navire fut en hauteur pendant près d'une demi-heure, lorsque mon maître donna l'ordre d'armer le chaland et, en un seul instant, sans m'avoir auparavant donné la moindre raison de suspecter ce qui se passait, il m'obligea à monter sur le chaland, disant que j'étais sur le point de le quitter, mais qu'il prendrait soin pour que je ne le fisse pas. Je fus si frappé par cette procédure inattendue que, pendant quelque temps, je ne répondis rien, hormis ma proposition d'aller chercher mes livres et mon coffre de vêtements, mais il jura que je ne devrais pas m'éloigner de sa vue : et que si je le faisais, il m'égorgerait, et au même moment il prit son coutelas. Je commençai, néanmoins, à me ressaisir ; et prenant mon courage à deux mains, je lui dis que j'étais libre, et qu'il ne pouvait pas, légalement, me traiter ainsi. Cependant cela ne fit que l'enrager davantage ; et il continua de jurer, et dit qu'il me ferait bientôt savoir si, à ce moment-là, il ferait ou non un saut du navire au chaland, à la surprise et tristesse de tout le monde à bord. La marée, plutôt malheureusement pour moi, venait tout juste de baisser, si bien que nous tombâmes vite dans la rivière, descendant avec elle, jusqu'à ce que nous arrivassions au niveau d'un navire de guerre en partance pour les Indes-

Occidentales ; car il était résolu à me placer dans le premier vaisseau qu'il pourrait trouver et qui serait prêt à m'accueillir. L'équipage du bateau, qui ramait à contrecœur, se mit plutôt à défaillir à différents moments, et serait descendu à terre, mais il ne le leur permit pas. Quelques-uns d'entre eux s'efforcèrent alors de m'encourager, et me dire qu'il ne pouvait me vendre, et qu'ils se tiendraient à mes côtés, ce qui me redonna un peu de courage ; et je continuai de garder espoir, car, alors qu'ils tiraient derrière eux, il demanda à quelques vaisseaux de m'accueillir, mais ils ne le voulurent pas. Mais, juste alors que nous venions d'arriver un peu en aval de Gravesend, nous arrivâmes le long d'un navire qui passait la prochaine marée en direction des Indes-Occidentales ; son nom était le *Charming Sally* du capitaine James Doran ; mon maître monta à son bord et se mit d'accord avec lui pour moi ; et en peu de temps, on envoya quelqu'un pour me conduire à la cabine. Lorsque j'y arrivai, le capitaine Doran me demanda si je le connaissais ; je répondis non. « Alors, dit-il, tu es à présent mon esclave. » Je lui dis que mon maître ne pouvait me vendre à lui ni à personne d'autre. « Pourquoi, dit-il, ton maître ne t'a-t-il pas acheté ? » J'avouai qu'il l'avait fait. « Mais je l'ai servi, dis-je, pendant plusieurs années, et il a pris tous mes salaires et ma part de prise, car j'avais seulement reçu une pièce de six pence pendant la guerre, outre cela, j'ai été baptisé ; et selon les lois de cette nation aucun homme n'a le droit de me vendre. » Puis j'ajoutai que j'avais entendu un homme de loi ainsi que d'autres personnes à différents moments le dire à mon maître. Tous deux me dirent alors que les gens qui m'avaient dit une telle chose n'étaient pas mes amis ; mais je répliquai que « c'était très étrange que d'autres personnes ne connaissent pas la loi aussi bien qu'eux ».

Sur ce, le capitaine Doran dit que je parlais trop bien l'anglais ; et si je ne me comportais pas bien, et ne restais pas tranquille, il avait une méthode à bord pour me calmer. J'étais trop bien convaincu de son pouvoir sur moi pour douter de ce qu'il disait ; et mes souffrances précédentes dans le bateau négrier se présentant à mon esprit, leur souvenir me fit frissonner. Cependant, avant de me retirer, je leur dis que, comme je ne pouvais pas avoir raison devant les hommes, j'espérais que dans l'autre vie au Paradis je pourrais ; je quittai aussitôt la cabine, rempli de ressentiment et de tristesse. Mon maître prit avec lui la seule veste que je possédais et dit : « Si l'argent de la prise de navires qui te revenait avait été de 10 000 livres, j'en aurais tout le droit, et je l'aurais pris. » J'avais environ neuf guinées, que, pendant ma longue vie de marin, j'avais amassées à force d'économies à partir de gratifications dérisoires et de petites affaires risquées ; et je les cachai à ce moment-là, de peur que mon maître ne me les arrachât également, espérant encore que par quelque moyen que ce soit je m'évaderais en direction du rivage ; en effet certains de mes anciens camarades de bord me dirent de ne pas désespérer, car ils me ramèneraient ; et que, aussitôt qu'ils recevraient leur salaire, ils viendraient immédiatement me trouver à Portsmouth, où le navire se dirigeait : mais hélas ! tous mes espoirs furent déçus, et l'heure de ma délivrance fut encore éloignée. Mon maître, ayant promptement conclu son affaire avec le capitaine, sortit de la cabine, puis lui et ses hommes montèrent dans le canot et prirent le large ; je les suivis d'un regard douloureux aussi longtemps que je pus, et lorsqu'ils furent hors de ma vue, je me jetai sur le pont, le cœur prêt à éclater de chagrin et d'angoisse.

CHAPITRE V

Les réflexions de l'auteur sur sa situation. Est déçu par une promesse de délivrance... Son désespoir de partir vers les Indes-Occidentales. Arrivée à Montserrat, où il est vendu à M. King. Divers exemples intéressants de l'oppression, de la cruauté et de l'extorsion que l'auteur voit infliger aux esclaves dans les Indes-Occidentales pendant sa captivité de l'année 1763 à 1766. Son discours adressé aux planteurs à ce propos.

Ainsi, au moment où je m'attendais à voir la fin de mes corvées, je fus plongé, tel que je le supposais, dans une nouvelle forme d'esclavage — comparé à celle-là, tout mon asservissement jusque-là n'avait été que liberté parfaite — dont les horreurs, toujours présentes à mon esprit, s'y imprimaient à présent avec dix fois plus d'aggravation. Je pleurai très amèrement pendant quelque temps : et je commençais à penser que je devais avoir fait quelque chose pour déplaire au Seigneur, pour qu'il me punît aussi sévèrement. Cela me remplit d'une pensée pénible sur ma conduite passée ; je me souvins que le matin de notre arrivée à Deptford j'avais juré sans réfléchir qu'aussitôt que nous arriverions à Londres, je passerais la journée à me promener au hasard et à mes activités. Ma conscience me tourmentait pour cette expression imprudente : j'avais l'impression que le Seigneur était capable de me décevoir en toutes choses, et considérais aussitôt ma situation présente comme un jugement des Cieux à cause de mon audace d'avoir juré : le cœur contrit, je reconnus donc ma transgression envers Dieu, et vidai ma conscience devant Lui grâce à une repentance sincère, et avec des supplications ferventes, je l'implorai de ne pas m'abandonner dans ma détresse, ni de me rejeter de sa miséricorde pour toujours. En peu de temps, mon affliction, consacrée à sa propre violence, commença à se calmer ; et une fois le premier trouble de mes pensées passé, je réfléchis avec plus de calme sur ma condition actuelle : je considérais que les épreuves et les déceptions sont parfois pour notre bien, et je pensai que Dieu pourrait les avoir permises, dans le but de m'apprendre la sagesse et la résignation ; puisqu'Il m'avait jusque-là couvert des ailes de Sa miséricorde, et par Sa main invisible mais puissante m'avait amené dans une voie que je ne connaissais pas. Ces réflexions me réconfortèrent un peu, et je me levai enfin du pont découragé et le visage rempli de chagrin, cependant mêlé d'un certain espoir vague que le Seigneur apparaîtrait pour me délivrer.

Peu après, comme mon nouveau maître allait sur le rivage, il m'appela à lui et me dit de bien me comporter et de faire le travail du navire tout comme chacun des autres garçons, et pour cela, je devrais bien me porter ; mais je ne lui donnai aucune réponse. On me demanda alors si je savais nager, et je répondis : Non. Cependant, on me demanda d'aller sous le pont, où l'on me surveillait. Le navire traversa la marée suivante avec succès, et arriva bientôt à Mother Bank, à Portsmouth, où il attendit quelques jours certains navires du convoi en partance pour les Indes-Occidentales. Alors que je me trouvais à cet endroit, je tentai, par tous les moyens que je pus tramer, d'obtenir des hommes du navire un canot venant de la côte, comme aucun n'acceptait de s'avancer le long du navire ; et, chaque fois qu'ils utilisaient le leur, ils hissaient aussitôt de nouveau. Un marin à bord me prit une guinée, prétendant me trouver un canot ; il me promit, heure après heure, que celui-ci arriverait dans l'heure. Lorsqu'il regardait par-dessus le pont, je regardais aussi ; j'observais assez longtemps, mais en vain ; je ne pus jamais voir ni le canot ni ma pièce de guinée. Et ce qui s'avéra être pire que tout pour moi, l'homme informait tout le temps, tel que je le découvris après, les seconds capitaines, de mon intention de m'en aller par tout moyen, si cela m'était possible ; mais, comme un coquin, il ne leur dit point qu'il avait reçu une pièce de guinée de moi pour m'aider à m'évader. Cependant, après notre départ, et sa ruse étant connue de tout l'équipage du navire, j'eus une certaine satisfaction à voir tout le monde le détester et le mépriser pour son attitude envers moi. J'espérais encore que mes anciens camarades de bord n'oublieraient pas leur promesse de venir me chercher à Portsmouth : et ce fut le cas, mais pas avant le jour précédant notre départ, quelques-uns d'entre eux vinrent effectivement, et m'envoyèrent quelques oranges ainsi que d'autres témoignages de leur considération. Ils m'envoyèrent également leur parole qu'ils viendraient me voir eux-mêmes le jour suivant ou celui d'après ; et une dame également, qui vivait à Gosport, m'écrivit qu'elle viendrait et m'emmènerait hors du navire en même temps. Cette dame avait une fois été très intime avec mon ancien maître : je vendais et m'occupais habituellement d'une bonne partie de sa marchandise, dans différents navires; en retour, elle me témoignait une grande amitié et disait toujours à mon maître qu'elle m'emmènerait vivre avec elle: mais, malheureusement pour moi, un désaccord survint bientôt entre eux; et elle fut remplacée dans les bonnes grâces de mon maître par une autre dame, qui s'avéra être l'unique maîtresse à bord de l'*Etna*, où elle logeait pour la plupart du temps. Je n'étais pas autant apprécié par cette dame que par la précédente; lorsqu'elle se trouvait à bord, elle avait développé une aversion contre moi à une occasion, et ne manqua pas d'inciter mon maître à me traiter comme elle le faisait[86].

Cependant, le matin suivant, le 30 décembre, le vent frais se dirigeant vers l'est, la frégate *Aeolus*, qui devait escorter le convoi, donna le signal de départ. Tous les navires levèrent alors leur ancre; et, avant qu'aucun de mes amis n'eût l'opportunité de venir me réconforter, dans mon angoisse muette, notre navire s'était mis en route. Que d'émotions tumultueuses agitèrent mon esprit lorsque le convoi alla à la voile, avec moi, prisonnier à bord sans espoir à présent! Mes yeux tournoyants continuèrent de fixer la terre dans un état de désolation indicible; ignorant quoi faire, et désespérant de la manière dont je pouvais m'en sortir. Pendant que mon esprit était dans cette situation, la flotte continua de naviguer et, en une journée, je perdis de vue la terre tant souhaitée. Dans la première expression de mon chagrin, je déplorai mon destin, et souhaitai n'être jamais né. J'étais prêt à maudire la marée qui nous portait, le coup de vent qui déportait ma prison, et même le bateau qui nous conduisait; et je fis appel à la mort pour me soulager des horreurs que je connaissais et redoutais, afin que je fusse à l'endroit

Où les esclaves sont libres, et les hommes n'oppressent plus.
Idiot comme je l'étais, aguerri depuis longtemps à la douleur,
Pour croire, espérer, ou rêver de joie encore.
[...]
À présent traîné une fois de plus au-delà de l'océan Atlantique,
Pour gémir sous la chaîne d'un certain planteur ignoble:
Où mes pauvres compatriotes en esclavage attendent
Le long affranchissement d'un destin insistant:
Dur destin insistant! tandis que, à jamais l'aube de la mort,
Activée par le fouet ils continuent leur sombre chemin;
Et comme leur âme, d'humiliation et d'angoisse souffre,
Salue avec des gémissements malvenus le retour du matin,
Et, grondant chaque heure le rythme lent du soleil,
Continuent leurs dures corvées jusqu'à ce que toute sa race disparaisse.
Aucun œil pour marquer leurs souffrances d'une larme:
Aucun ami pour les réconforter, et aucun espoir pour les encourager:
Puis, comme des faibles brutes impitoyables, réparent
Aux stalles aussi misérables, et à un prix aussi indécent:
Remercient le Ciel qu'une journée de misère fut terminée,
Puis sombrent dans le sommeil, espérant ne plus se réveiller[87].

Cependant, l'agitation de mes sentiments donna naturellement voie à des pensées plus paisibles, et je m'aperçus bientôt que ce que le destin avait décidé, aucun mortel sur terre ne pouvait l'empêcher. Le convoi continua de naviguer sans incident, par un vent agréable et une mer calme, pendant six semaines, jusqu'en février, lorsqu'un matin, l'*Aeolus* heurta un brick, faisant partie du convoi, qui se mit instantanément à couler, sombrant dans les gouffres de l'océan. Le convoi fut aussitôt dans une grande confusion jusqu'à l'apparition du jour ; et on éclaira l'*Aeolus* avec des torches pour empêcher davantage de dégâts. Le 13 février 1763, de la tête de mât, nous discernâmes notre île de destination, Montserrat ; et bientôt j'aperçus ces :

> *Régions de tristesse, ces ombres lugubres, où la paix*
> *Et le repos à peine n'existent. L'espoir n'arrive jamais*
> *Qui touche chacun, mais la torture sans fin*
> *Persiste toujours*[88].

À la vue de cette terre d'esclavage, une nouvelle horreur parcourut tout mon corps, et me glaça jusqu'au cœur. Mon ancien statut d'esclave surgit de nouveau dans mon esprit par un souvenir horrible, et ne démontra rien d'autre que la misère, les coups de fouet et les chaînes ; et, au premier paroxysme de mon chagrin, j'appelai la foudre de Dieu, ainsi que son pouvoir de vengeance pour diriger sur moi le coup fatal de la mort plutôt que de me laisser devenir un esclave, et d'être vendu de maître en maître.

Dans cet état d'esprit, notre navire jeta l'ancre, et peu après déchargea sa cargaison. Je savais à présent ce que travailler dur signifiait ; on me demanda d'aider au déchargement et au chargement du navire. Et, afin de me réconforter dans ma détresse en ce temps-là, deux des marins volèrent tout mon argent, et s'enfuirent du navire. J'étais depuis si longtemps accoutumé au climat européen qu'en premier lieu, je trouvais le soleil torride des Indes-

Occidentales fort insupportable, tandis que d'impétueuses vagues déferlantes envoyaient le navire et les gens fréquemment au-dessus de hautes lignes de flottaison. Quelquefois, elles brisaient nos membres, ou encore donnaient instantanément la mort, et j'étais jour après jour déchiré et tiraillé.

Vers la mi-mai, lorsque le navire fut prêt à partir vers l'Angleterre, croyant sans cesse que les nuages les plus noirs du Destin se rassemblaient autour de ma tête, et m'attendant à ce que leur explosion m'emporte à la mort, le capitaine Doran me fit venir sur le rivage un matin, et le messager me dit que mon sort était alors fixé. D'un pas tremblant et le cœur palpitant, j'arrivai devant le capitaine et trouvai en sa compagnie un certain M. Robert King, quaker, et principal marchand de l'endroit. Le capitaine me dit alors que mon ancien maître m'y avait envoyé pour être vendu ; mais qu'il avait souhaité qu'il me trouvât le meilleur maître qu'il pût, car il lui dit que j'étais un garçon très méritant, ce que le capitaine Doran dit être vrai ; et que s'il devait lui-même rester dans les Indes-Occidentales, il serait heureux de me garder ; mais il ne pouvait se risquer à m'amener à Londres, car il était certain qu'une fois que j'y arriverais, je le quitterais. À ce moment-là, j'éclatai en pleurs, et le suppliai grandement de me ramener en Angleterre avec lui, mais en vain. Il me dit qu'il m'avait trouvé le meilleur maître de toute l'île, avec qui je serais aussi heureux que si j'avais été en Angleterre, et pour cette raison, il le laissa m'obtenir, bien qu'il eût pu me vendre à son propre beau-frère pour beaucoup plus d'argent que ce qu'il obtint de ce monsieur. M. King, mon nouveau maître, répliqua alors qu'il m'avait acheté à cause de mon bon caractère ; et comme il n'avait pas le moindre doute sur mon bon comportement, je devrais très bien m'entendre avec lui. Il me dit également qu'il ne vivait pas dans les Indes-Occidentales, mais à Philadelphie, où il se rendrait bientôt; et, comme je comprenais un peu l'arithmétique, lorsque nous y arriverions, il m'inscrirait à l'école, et me formerait au métier de commis. Cette conversation soulagea un peu mon esprit, et je laissai ces messieurs considérablement plus en paix avec moi-même que lorsque j'étais arrivé vers eux; et je fus fort reconnaissant envers le capitaine Doran, et même envers mon ancien maître, pour le caractère qu'ils m'avaient inculqué; un caractère qui plus tard me servit infiniment. Je remontai à bord et pris congé de tous mes compagnons; et le jour suivant, le navire s'en alla. Lorsque nous levâmes l'ancre, je partis vers la berge et la regardai le cœur rempli de nostalgie et de douleur, je la suivis les yeux remplis de larmes jusqu'à ce qu'elle fût complètement hors de vue. J'étais tant affligé par la douleur que je ne pus lever la tête pendant plusieurs mois; et si mon nouveau maître n'avait pas été gentil avec moi, je crois que je serais finalement mort ainsi. Et, effectivement, je découvris bientôt qu'il méritait réellement le bon caractère dont le capitaine Doran m'avait fait état le concernant; car il était doté du tempérament le plus aimable, et il était très généreux et plein d'humanité. Si l'un de ses esclaves se comportait mal, il ne le fouettait ni ne le maltraitait, mais s'en séparait. De ce fait, ils avaient peur de se rendre désobligeants envers lui; et comme il traitait ses esclaves mieux que tout autre homme sur l'île, ces derniers le servaient mieux et plus fidèlement en retour. À cause de ce traitement aimable, je finis effectivement de m'appliquer à me calmer; et grâce au courage, bien que sans le sou, je décidai de faire face à tout ce que le sort me réserverait. M. King me demanda bientôt ce que j'étais capable de faire; il ajouta qu'il ne songeait pas à me traiter comme un simple esclave.

Je lui dis que je connaissais un peu la vie de marin, et que je savais très bien raser et coiffer les cheveux; que je savais raffiner le vin, chose que j'avais apprise à bord du navire, où je l'avais souvent fait, et que je savais écrire, et que je comprenais passablement l'arithmétique jusqu'à la règle de trois. Il me demanda alors si je savais mesurer; et, comme je répondis que je ne savais pas, il dit que l'un de ses commis devrait m'apprendre à jauger.

M. King négociait toutes sortes de marchandises, et possédait entre un et six commis. Il chargeait plusieurs navires par an; particulièrement à Philadelphie, où il était né, et où il était en contact avec une grande maison marchande. En outre, il possédait plusieurs vaisseaux et des caboteurs de différentes tailles, qui partaient souvent à travers l'île; et d'autres amassaient du rhum, du sucre ainsi que d'autres marchandises. J'appris à très bien tirer et diriger ces canots; et ce travail difficile, qui fut le premier qu'il me confia, fut également mon emploi régulier pendant les saisons du sucre. J'ai ramé en canot, je me suis escrimé sur les rames, d'une à seize heures par jour, tandis que je gagnais quinze pence sterling par jour pour vivre, bien que parfois je n'eusse que dix pence. Cependant, cela représentait considérablement plus que ce que les autres esclaves, qui travaillaient souvent avec moi et qui appartenaient à d'autres hommes de l'île, étaient autorisés à recevoir: ces pauvres âmes n'obtenaient jamais plus de neuf pence par jour, et rarement plus de six pence de leurs maîtres ou propriétaires, bien qu'ils leur rapportassent trois à quatre pisterines[89]: car il est courant dans les Indes-Occidentales que les hommes achètent des esclaves même s'ils ne possèdent pas eux-mêmes des plantations, dans le but de les louer aux planteurs et marchands pour la journée, et ils distribuent à leurs esclaves la rente qu'ils décident, soit tant par tête, à partir du produit de leur travail journalier pour leur subsistance ; cette rente est souvent très insuffisante. Mon maître donnait toujours aux propriétaires d'esclaves deux pièces et demie pour une journée, et ravitaillait lui-même ces pauvres individus en vivres, parce qu'il pensait que leurs propriétaires ne les nourrissaient pas suffisamment compte tenu du travail qu'ils effectuaient. Les esclaves appréciaient beaucoup cela ; et, comme ils savaient mon maître un homme de bon sentiment, ils étaient toujours heureux de travailler pour lui plutôt que pour tout autre monsieur ; quelques-uns d'entre eux, après avoir été payés pour les travaux de ces pauvres gens, ne leur donnaient pas leur rente. Plusieurs fois j'ai même vu ces pauvres malheureux battus pour avoir demandé leur salaire, et souvent sévèrement fouettés par leurs propriétaires s'ils ne leur rapportaient pas leur salaire quotidien ou hebdomadaire bien à temps ; en dépit du fait que les pauvres créatures fussent contraintes de servir le monsieur pour qui ils avaient travaillé, parfois pendant plus d'une demi-journée avant de pouvoir recevoir leur salaire ; et généralement même le dimanche, lorsqu'ils désiraient du temps pour eux-mêmes. En particulier, je connaissais un de mes compatriotes qui, à l'occasion, n'apporta pas tout le salaire quotidien qu'il avait gagné ; et bien qu'il l'apportât le jour même à son maître, il fut pourtant plaqué au sol pour sa prétendue négligence, et était juste sur le point de recevoir cent coups de fouet, si un monsieur n'avait pas supplié d'en ôter cinquante. Ce pauvre homme était très travailleur ; grâce à sa frugalité, il avait épargné tant d'argent en travaillant à bord des bateaux, qu'il avait amené un homme blanc à lui acheter une barque, à l'insu de son maître. Peu après avoir eu cette petite propriété, le gouverneur eut besoin d'une barque pour transporter son sucre dans différentes parties de l'île; et, sachant cette embarcation appartenir à un nègre, il la saisit pour lui-même, et refusa de payer un sou à son propriétaire. Sur ce, l'homme alla trouver son maître pour se plaindre de l'acte du gouverneur; mais la seule satisfaction qu'il reçut fut de se voir maudire sincèrement par son maître, qui lui demanda comment l'un de ses nègres avait osé acheter un canot. Si la ruine justement méritée de la fortune du gouverneur pouvait être un assouvissement pour le pauvre homme qu'il avait ainsi volé, ce dernier eut au moins cette consolation. Extorsion et rapine sont de pauvres pourvoyeuses; et peu de temps après cela, le gouverneur mourut dans la prison de King's Bench[90], dans une pauvreté extrême ainsi qu'on me le dit. La dernière guerre fut en faveur de ce pauvre homme nègre, qui trouva un moyen d'échapper à son maître chrétien: il vint en Angleterre, où je le revis plusieurs fois. Un tel traitement conduit toujours ces pauvres malheureux au désespoir, et ils s'enfuient de chez leurs maîtres au risque de leur vie. À cet endroit, plusieurs d'entre eux, incapables de recevoir leur salaire lorsqu'ils l'ont gagné, et par peur d'être fouettés, comme à l'accoutumée, s'ils retournent à la maison sans salaire, s'enfuient où ils peuvent pour s'abriter, et une récompense est souvent offerte pour qu'on les ramène morts ou vifs. Mon maître s'accordait parfois, dans ces cas, à leurs propriétaires et s'arrangeait lui-même avec eux; et de cette façon, il épargna le fouet à plusieurs d'entre eux.

Une fois, pendant plusieurs jours, on me laissa sortir pour charger un vaisseau, et aucune des parties ne m'autorisa à avoir des vivres; finalement, je parlai de ce traitement à mon maître, et il m'y enleva. Dans plusieurs de ces domaines, dans les différentes îles où l'on m'envoyait souvent pour chercher du rhum ou du sucre, ils ne voulaient en livrer ni à moi ni à aucun autre nègre; mon maître fut donc contraint d'envoyer un homme blanc m'accompagner à ces endroits; et il le payait de six à dix pisterines par jour. Étant de la sorte employé pendant tout le temps que je servis M. King, parcourant les différents domaines de l'île, j'eus toutes les occasions que je pouvais souhaiter pour voir le traitement horrible réservé à ces pauvres hères, traitement qui me réconciliait avec ma situation, et me faisait bénir Dieu pour les mains dans lesquelles j'étais tombé.

J'avais la bonne fortune de satisfaire mon maître dans tous les domaines où il m'employait; et il y avait à peine une partie de son commerce ou de ses affaires privées dans laquelle je ne fus occasionnellement engagé. Je fournissais souvent le travail d'un préposé, recevant et livrant des cargaisons aux navires, gardant les provisions, et livrant les marchandises: outre cela, j'avais l'habitude de raser et habiller mon maître lorsque cela l'arrangeait, et je prenais soin de son cheval; lorsque cela s'avérait nécessaire, ce qui arrivait souvent, je travaillais également à bord de différents bateaux lui appartenant. Par ce moyen, je devins très utile pour mon maître; et je lui fis gagner, tel qu'il le reconnaissait, plus de cent livres par an. Et il n'eut pas de scrupule à dire que je lui rapportais bien plus qu'aucun de ses commis; bien que leur salaire habituel dans les Indes-Occidentales fût de soixante à cent livres au cours d'une année.

J'ai parfois entendu affirmer qu'un nègre ne peut rapporter le premier prix à son maître; mais rien ne peut tant s'éloigner de la vérité. Je suppose que neuf dixièmes des travailleurs des Indes-Occidentales sont des esclaves noirs ; et je sais très bien que les tonneliers parmi eux gagnent deux dollars par jour ; les charpentiers gagnent la même chose et souvent plus ; de même que les maçons, les forgerons, les pêcheurs, etc. Et j'ai connu plusieurs esclaves qui ne rapportaient pas mille livres courant à leurs maîtres. Mais certainement, cette affirmation se réfute d'elle-même ; puisque, si elle s'avérait vraie, pourquoi les planteurs et les marchands paient-ils un tel prix pour les esclaves ? Et, par-dessus tout, pourquoi ceux qui affirment une telle chose s'exclament-ils plus bruyamment contre l'abolition du commerce d'esclaves ? Les hommes sont tant aveuglés, et pour de tels arguments contradictoires, ils sont conduits par des intérêts erronés ! J'admets, en effet, que, parce qu'ils sont à moitié nourris, à moitié vêtus, surchargés de travail et fouettés, les esclaves sont parfois réduits si bas qu'ils sont vidés, comme incapables de travailler, et abandonnés pour périr dans les bois, ou rendre l'âme sur un tas de fumier.

Plusieurs fois, différents messieurs offrirent à mon maître cent guinées pour moi ; mais il leur disait toujours qu'il ne me vendrait pas, à ma grande joie : et je redoublais d'assiduité et de soins de peur de tomber entre les mains de ces hommes qui ne permettaient pas à un esclave de valeur les simples ressources de la vie. Plusieurs d'entre eux trouvaient même mon maître en faute de si bien nourrir ses esclaves comme il le faisait ; même si je restais souvent affamé, et un Anglais pourrait juger ma chère très indifférente ; mais il leur disait qu'il le ferait toujours, parce que en conséquence les esclaves s'occupaient mieux et accomplissaient plus de travail.

Alors que j'étais ainsi employé par mon maître,

je fus souvent témoin d'actes de cruauté de toutes sortes, exercés sur mes malheureux semblables esclaves. J'avais fréquemment à ma charge différentes cargaisons de nouveaux nègres à vendre ; et c'était presque une pratique courante pour nos commis, ainsi que pour d'autres Blancs, de commettre de violentes dépréciations sur la chasteté des femmes esclaves ; et à cela, bien que ne voulant pas, j'étais obligé de me soumettre à chaque fois, étant incapable de les aider. Lorsque nous avons eu certains de ces esclaves à bord des navires de mon maître pour les transporter vers d'autres îles, ou vers l'Amérique, j'ai eu connaissance du fait que nos seconds capitaines commettaient ces actes de la manière la plus honteuse, à la disgrâce, non pas seulement des chrétiens mais des hommes. J'ai même su qu'ils assouvissaient leur passion brutale avec des fillettes de moins de dix ans ; et ces abominations, certains d'entre eux les pratiquaient avec de tels excès scandaleux, que l'un de nos capitaines congédia le second et les autres pour ce chef. Et pourtant, à Montserrat j'ai vu un homme nègre attaché au sol, et blessé de la manière la plus choquante, puis avoir les oreilles coupées morceau par morceau, parce qu'il avait eu des relations avec une femme blanche qui était une simple prostituée : comme si cela ne constituait aucun crime pour les Blancs de voler la vertu d'une innocente fille africaine ; mais ce qu'il y avait de plus abominable pour un homme noir, c'était tout bonnement d'assouvir une passion naturelle, alors que la tentation venait d'une personne d'une couleur différente, bien que la plus abandonnée des femmes de son espèce.

Un certain M. D*** me dit qu'il avait vendu 41 000 nègres, et qu'il amputa une fois la jambe d'un nègre pour s'être enfui. Je lui demandai si cet homme était mort pendant l'opération, et comment lui qui se considérait comme un chrétien pourrait répondre de cet acte horrible devant Dieu ? Et il me dit, répondre de cet acte faisait partie d'un autre monde ; ce qu'il pensa et fit s'avérait être un principe. Je lui dis que la doctrine chrétienne nous enseignait de faire aux autres ce que nous aimerions que les autres nous fissent. Il me dit donc que son procédé eut l'effet désiré ; cela dissuada cet homme ainsi que d'autres de s'évader.

Un autre nègre fut à moitié pendu, ensuite brûlé, pour avoir tenté d'empoisonner un contremaître cruel. Ainsi, à cause des cruautés incessantes les pauvres misérables sont d'abord poussés au désespoir, puis assassinés, parce qu'ils gardent toujours en mémoire beaucoup de choses de la nature humaine au point de souhaiter mettre fin à leur misère, et se venger contre leurs tyrans ! Ces contremaîtres sont effectivement pour la plupart des individus dotés du pire des caractères parmi toutes les catégories d'hommes des Indes-Occidentales. Malheureusement, plusieurs messieurs pleins d'humanité, qui ne vivent pas dans leurs propriétés, sont contraints d'en laisser la gestion entre les mains de ces bouchers humains, qui amputent et mutilent les esclaves d'une manière choquante pour des motifs des plus dérisoires, et somme toute les traitent à tous égards comme des bêtes. Ils n'ont aucun respect pour la situation des femmes enceintes ni la moindre attention à l'habitation des nègres des plantations. Leurs huttes, qui devraient être bien couvertes et l'endroit où ils se reposent un peu sec, sont généralement des cabanes ouvertes, construites dans des endroits humides ; si bien que, lorsque les pauvres créatures rentrent épuisées des corvées de la plantation, elles contractent différents maux, parce qu'elles sont exposées à l'air humide dans cet état inconfortable, tandis qu'elles sont chauffées et leurs pores sont ouverts. Cette négligence rejoint certainement bien d'autres, pour causer la baisse des naissances ainsi que la durée de vie des nègres adultes. Je peux citer plusieurs cas de messieurs qui vivent dans leurs propriétés dans les Indes-Occidentales, et cette scène a plutôt changé ; les nègres sont traités avec clémence et un soin adéquat, ce qui prolonge leur vie, et leurs maîtres en tirent profit. Pour l'honneur de l'humanité, je connaissais plusieurs messieurs qui géraient leurs domaines de cette manière ; pour eux, la bienveillance était leur véritable intérêt. Et, parmi plusieurs personnes que je pourrais citer parmi les gens des îles, j'en connaissais un à Montserrat[91] dont les esclaves avaient remarquablement bonne mine, et il n'avait jamais besoin de renouveler sa quantité de nègres ; et il y a plusieurs autres domaines, spécialement à la Barbade, qui, à partir d'un tel traitement judicieux, ne nécessitent pas de nouveau stock de nègres à aucun moment. J'ai l'honneur de connaître cet individu fort digne et humain, natif de la Barbade, et qui y possède des propriétés[92]. Cet homme a écrit un traité concernant l'usage de ses propres esclaves. Il leur permet deux heures de rafraîchissement à la mi-journée ; et plusieurs autres actes de complaisance et de réconfort, particulièrement dans leur couche ; outre cela, il cultive plus de provisions dans son domaine qu'ils ne peuvent détruire ; si bien que par ces soins, il sauve les vies de ses nègres, les gardent en bonne santé, et aussi heureux que la condition de l'esclavage ne peut admettre. Je pus moi-même, tel qu'il apparaîtra par la suite, gérer un domaine, où, par ces prévenances, les nègres étaient singulièrement pleins d'entrain et bien portants, et effectuaient plus de la moitié de travail que celui qu'ils font habituellement du fait de leur traitement ordinaire. Par nécessité, cependant, d'une telle prévenance et attention envers les pauvres nègres, et autrement opprimés comme ils le sont, il n'est pas étonnant que la baisse devrait nécessiter 20 000 nouveaux nègres annuellement pour remplir les places vacantes des morts.

Même à la Barbade, malgré les exceptions d'humanité dont j'ai fait mention, ainsi que d'autres auxquelles je suis accoutumé, qui font à juste titre citer cette île comme un endroit où les esclaves reçoivent le meilleur traitement, et ont besoin de moins de recrues parmi toutes les îles des Indes-Occidentales, cette île a pourtant besoin de 1 000 nègres chaque année pour maintenir le stock original, qui n'est que de 80 000 personnes. Si bien que la durée totale de la vie d'un esclave peut être estimée à cet endroit à seize ans ! Et pourtant le climat ici est à tous les égards le même que celui d'où ils sont arrachés, sauf qu'il est plus sain. Les colonies anglaises décroissent-elles de cette manière ? Et pourtant quelle différence prodigieuse y a-t-il entre un climat anglais et celui des Indes-Occidentales ?

Pendant que je me trouvais à Montserrat, je fis la connaissance d'un nègre nommé Emanuel Sankey, qui tenta de s'échapper de sa misérable captivité, en se cachant à bord d'un bateau londonien : mais le destin ne favorisa pas le pauvre homme opprimé ; puisqu'il fut découvert quand le bateau mit les voiles, et il fut de nouveau livré à son maître. Ce maître chrétien fixa immédiatement le pauvre malheureux au sol par chaque poignet et chaque cheville, puis prit quelques bâtons de cire à cacheter, et les alluma, les fit glisser tout le long de son dos. Un autre maître qui était réputé pour sa cruauté ; et je crois qu'il ne possédait aucun esclave, mais des membres amputés, et il avait des morceaux vraiment pris de la chair : et après qu'ils eurent été punis de la sorte, il les plaçait habituellement dans une longue boîte en bois ou une caisse qu'il réservait à cet usage, dans laquelle il les enfermait aussi longtemps que cela lui plaisait. Cette boîte était presque de la taille et de la largeur d'un homme ; et les pauvres misérables n'avaient pas de place, une fois enfermés dans la caisse, pour se mouvoir.

C'était chose commune dans plusieurs de ces îles, particulièrement à Saint-Kitt's, de marquer les esclaves des initiales du nom de leur maître et d'accrocher un poids de crochets au gros fer autour de leur cou. En effet, lors des occasions les plus insignifiantes, on les surchargeait de chaînes ; et souvent, des instruments de torture y étaient ajoutés. La muselière de fer, les poucettes, etc., sont si bien connues qu'elles ne nécessitent aucune description, et étaient parfois utilisées pour les plus petites fautes. J'ai vu un nègre battu jusqu'à ce que certains de ses os se cassent, juste pour avoir laissé déborder une casserole. Est-il surprenant qu'une pratique comme celle-ci conduise les pauvres créatures au désespoir, et les pousse à chercher refuge dans la mort loin de ces maux qui rendent leur vie intolérable, tandis que,

> *Tremblant d'horreur, pâles, et des yeux atterrés,*
> *Ils regardent leur sort lamentable, et ne trouvent*
> *Aucun répit*[93] *!*

C'est ce qu'ils font fréquemment. Un nègre à bord d'un vaisseau de mon maître, alors que je m'y trouvais, ayant été mis aux fers pour quelque négligeable écart de conduite et maintenu dans cet état pendant des jours, las de vivre, profita d'une occasion de sauter par-dessus bord et se jeter à la mer ; cependant, on le repêcha avant qu'il se noie. Un autre, dont la vie était également un fardeau à ses yeux, décida de se laisser mourir de faim, et refusait de manger tout aliment : cela lui valut une sévère fustigation, et lui aussi, à la première occasion qui se présenta, se jeta par-dessus bord à Charleston, mais fut sauvé.

De même, on ne montre pas une plus grande considération envers la petite propriété qu'on le fait à l'égard des personnes et de la vie des nègres. J'ai déjà raconté un ou deux exemples d'oppression particulière parmi plusieurs dont j'ai été témoin ; mais celle qui suit est fréquente dans toutes les îles. Les pauvres esclaves de plantation, après avoir travaillé dur pendant toute la journée pour un propriétaire dépourvu de sentiments, qui ne leur donne que peu de nourriture, volent parfois quelques instants du temps du repos ou du rafraîchissement pour rassembler quelques petites quantités d'herbe, en fonction de ce que leur temps permet. Cette herbe, ils la ficellent ordinairement dans un lot ; chaque lot coûte six pence ou la moitié de la valeur d'un lot, ils l'apportent en ville, sur le marché, pour vendre. Rien n'est plus courant que de voir les Blancs, à cette occasion, leur prendre de l'herbe sans en payer le prix ; et pas seulement cela, mais très souvent également, à ma connaissance, nos commis et bien d'autres, en même temps commettent des actes de violence sur de pauvres femmes sans défense, que j'ai vues pleurant en vain, pendant des heures, et n'obtenir ni réparation ni paiement quelconque. Cela ne constitue-t-il pas un péché ordinaire et flagrant, suffisant pour amener sur terre le jugement de Dieu dans les îles ? Il nous dit que l'oppresseur et l'opprimé sont tous deux entre ses mains ; et si ces derniers ne sont pas les pauvres, les cœurs brisés, les aveugles, les captifs, les blessés dont parle notre Sauveur, alors qui sont-ils ? Une fois, l'un de ces malfaiteurs, à Saint-Eustache, vint à bord de notre navire et m'acheta quelques volailles et des cochons ; et un jour entier après son départ avec ces articles, il revint et voulut que je lui rende son argent : je refusai de le lui donner ; et, ne voyant pas mon capitaine à bord, il se mit à me réprimander comme il était de coutume et il jura qu'il briserait même mon coffre pour prendre mon argent. Je m'attendais donc, comme mon capitaine s'était absenté, à ce qu'il tînt sa promesse : il commençait justement à me donner des coups, lorsque par chance un marin anglais, qui se trouvait à bord et dont le cœur n'avait pas été débauché par le climat des Indes-Occidentales, intervint et l'en empêcha. Mais, si ce cruel individu m'avait frappé, je me serais certainement défendu au risque de ma vie ; car, que représente la vie pour un homme ainsi opprimé ? Il s'en alla, cependant jurant et menaçant que lorsqu'il m'attraperait sur le rivage, il me tuerait ; et paierait le prix que je valais plus tard.

L'attention médiocre qu'on prête à la vie d'un nègre dans les Indes-Occidentales est si universellement reconnue, qu'il pourrait sembler impudent de citer l'extrait suivant, si certaines personnes n'avaient pas été assez audacieuses pour affirmer que les nègres sont sur le même pied d'égalité à cet égard que les Européens. Par la loi 329, page 125 de l'Assemblée de Barbade, il est promulgué « Que si un nègre, ou encore un esclave, puni par son maître, ou sous ses ordres, pour s'être enfui, ou pour tout autre crime ou écart de conduite envers ledit maître, il doit malheureusement payer de sa vie ou d'un membre, et personne, quoi qu'il arrive, ne sera passible d'une amende ; mais si quiconque doit par caprice, ou simplement par méchanceté sanguinaire ou doté d'intentions cruelles, tue volontairement un nègre, ou tout autre esclave, dont il est propriétaire, il devra verser quinze livres sterling au trésor public. » Et c'est ainsi dans la plupart, si ce n'est pas dans toutes les îles des Indes-Occidentales. Cette loi parmi toutes les lois des îles, n'est-elle pas celle qui demande vigoureusement réparation ? Et l'assemblée qui lui a donné force de loi ne mérite-t-elle pas la dénomination de sauvages et de brutes plutôt que de chrétiens et d'êtres humains ? Cette loi est à la fois impitoyable, injuste et malavisée ; et pour sa cruauté elle déshonorerait l'assemblée de ceux qui sont appelés des barbares ; et pour son injustice et son insanité choquerait la moralité et le sens commun d'un Samoyède ou d'un Hottentot.

Si choquantes que cette loi et bien d'autres du sanglant code des îles des Indes-Occidentales apparussent au premier abord, son iniquité est aggravée lorsque nous considérons ceux auxquels elle s'applique ! M. James Tobin, un travailleur zélé dans le vignoble de l'esclavage, rappelle le récit d'un planteur français qu'il connaissait, dans l'île de la Martinique, et qui lui montra plusieurs mulâtres travaillant dans les champs comme des bêtes de somme ; et le planteur dit à M. Tobin que ceux-là étaient tous le fruit de ses propres entrailles ! J'ai moi-même connu des cas similaires. Je vous le demande, lecteurs, sont-ils moins des fils et filles du planteur français, parce qu'ils sont des enfants engendrés par des femmes noires ? Et quelle devrait être la vertu de ces législateurs, ainsi que les sentiments de ces pères, qui estiment la vie de leurs fils, si engendrés par eux qu'ils soient, à un prix qui n'excède pas quinze livres ; bien qu'ils dussent être tués, tel que le dit la loi, par caprice et par méchanceté sanguinaire ! Mais le commerce des esclaves n'est-il pas entièrement une guerre menée avec le cœur de l'homme ? Et il est certain que ce qui a commencé en brisant les frontières de la vertu entraîne la continuité de la destruction de chaque principe, et met tous les sentiments en ruine !

J'ai souvent vu des esclaves, particulièrement ceux qui étaient maigres, dans différentes îles, placés sur une balance et pesés ; puis vendus de trois à six ou neuf pence la livre. Mon maître, par contre, dont l'humanité fut choquée par cette manière de faire, vendait les siens à forfait. Et pendant ou après une vente il n'était pas rare de voir des nègres séparés de leurs épouses, des femmes séparées de leurs maris, et des enfants de leurs parents, et envoyés vers d'autres îles, et partout ailleurs où leurs impitoyables maîtres choisissaient ; et probablement ils ne se revoyaient jamais plus durant toute leur vie ! Souvent mon cœur a saigné du fait de ces séparations ; une fois que les amis de ceux qui partent sont passés sur la berge, par des soupirs et des larmes, ils gardent leurs yeux fixés sur le vaisseau, jusqu'à ce qu'ils soient hors de vue.

Un pauvre nègre créole que je connaissais bien fut transporté ainsi d'île en île et demeura finalement à Montserrat. Cet homme me racontait souvent des récits mélancoliques de sa vie. Généralement, après avoir effectué le travail de son maître, il utilisait ses quelques moments de loisir pour aller à la pêche. Lorsqu'il attrapait des poissons, son maître les lui prenait souvent sans le payer ; et à d'autres moments certains autres Blancs agissaient pareillement envers lui. Un jour il me dit, d'une manière très émouvante, « quelquefois quand un Blanc emporter mes poissons je vais voir missié, et il me donner raison ; et quand missié prendre mes poissons de force, quoi moi dois faire ? Je ne peux aller voir personne pour me rendre mon bon droit » ; puis, dit le pauvre homme levant les yeux au ciel, « je dois me tourner vers le bon Dieu tout-puissant dans le ciel pour qu'il me donne raison ». Ce récit sans artifice m'émut beaucoup, et je ne pus m'empêcher de ressentir la juste cause que Moïse eut en dressant son frère contre l'Égyptien. J'exhortai cet homme à continuer de se tourner vers Dieu qui est dans les cieux, car il n'y a aucune réparation ici-bas. Bien qu'à ce moment-là, je fusse loin de penser que je devrais moi-même plus d'une fois faire l'expérience d'une telle exaction, et que j'eusse besoin de la même exhortation dans ma vie future, en effectuant mon propre commerce dans les îles; et que même ce pauvre homme et moi devrions quelque temps après souffrir ensemble de la même manière, comme je le raconterai par la suite.

Et ce genre de traitement n'était pas limité à des endroits ou à des individus particuliers, car dans toutes les différentes îles dans lesquelles j'ai été (et j'en ai visité pas moins de quinze) le traitement des esclaves était quasiment identique; si identique en effet, que l'histoire d'une île ou même d'une plantation, à quelques exceptions près tel que je l'ai mentionné, pourrait servir d'histoire pour l'ensemble. Une telle tendance a conduit le commerce des esclaves à débaucher l'esprit des hommes, et à endurcir chacun de leur sentiment d'humanité! Puisque je ne suggérerai pas que les trafiquants d'esclaves sont nés mauvais par rapport aux autres hommes... Non; c'est la fatalité de cette avarice erronée qui fait corrompre le lait de la tendresse humaine, la transformant en amertume. Et, les desseins de ces hommes eussent-ils été différents, ils auraient pu être aussi généreux que compatissants et justes autant qu'ils sont impitoyables, avides et cruels. Certainement, ce trafic ne peut être bon, alors qu'il se propage comme la peste et corrompt tout ce qu'il touche! Alors qu'il viole le premier droit naturel de l'être humain, l'égalité et l'indépendance, et crée un homme dominateur de ses congénères, ce qui ne pourrait jamais être dans l'intention de Dieu! Car cela élève le propriétaire à une place qui s'éloigne de l'homme autant que cela réduit l'esclave à une place inférieure, et, avec toute la présomption de la fierté humaine, il crée une distinction entre eux, incommensurable dans son étendue et interminable dans sa durée! Cependant, que l'avarice peut être erronée, même de la part des planteurs! Les esclaves sont-ils plus utiles en étant ainsi humiliés telles des bêtes, plutôt que ce qu'ils seraient si on les laissait apprécier les privilèges des hommes? La liberté qui diffuse la santé et la prospérité à travers la Grande-Bretagne vous répond: Non. Lorsque vous faites des individus des esclaves vous les privez de la moitié de leur vertu, selon votre propre conduite, vous dressez devant eux un exemple de fraude, de rapine et de cruauté, et les obligez à vivre avec vous en état de guerre; et cependant vous vous plaignez qu'ils ne sont pas honnêtes et fidèles! Vous les abrutissez par des coups de fouet, et pensez qu'il est nécessaire de les garder dans l'ignorance; et cependant vous affirmez qu'ils sont incapables de s'instruire, que leurs cerveaux sont de tels sols ou landes arides que la culture serait perdue sur eux, et qu'ils viennent d'un climat où la nature, bien que prodigue de ses générosités à un degré inconnu de vous-mêmes, a laissé l'homme, seul, dépouillé et inachevé, et incapable d'apprécier les trésors qu'elle peut déverser pour lui! Allégation à la fois mécréante et absurde. Pourquoi utilisez-vous ces instruments de torture? Sont-ils convenables pour être utilisés par un être rationnel envers un autre? Et n'êtes-vous pas frappés de honte et de mortification, de voir ceux qui participent à votre nature réduits aussi bas? Mais par-dessus tout, n'y a-t-il pas de danger à appliquer ce genre de traitement? N'êtes-vous pas à chaque heure dans la crainte d'une insurrection ? Ou serait-elle surprenante : car lorsque

Aucune paix n'est donnée
À nous esclaves, mais une captivité sévère
Et le fouet et la punition arbitraire
Infligés — Quelle paix pouvons-nous transmettre ?
Mais par notre puissance, par l'hostilité et la haine ;
Répugnance sauvage, et vengeance, bien que doucement.
Toujours complotant sans cesse : comment le plus petit conquérant
Peut-il moissonner sa conquête, et au moins se réjouir
En faisant ce que nous sentons le plus dans la souffrance[94].

Mais en changeant votre comportement et en traitant vos esclaves comme des hommes, tout motif de peur serait banni. Ils seraient fidèles, honnêtes, intelligents et vigoureux ; et la paix, la prospérité et le bonheur vous accompagneraient.

CHAPITRE VI

Un récit sur Brimstone-Hill à Montserrat. Modification favorable de la situation de l'auteur. Il commence son commerce avec trois pence. Ses réussites diverses pendant qu'il fait du commerce dans les différentes îles, et en Amérique, et les exactions qu'il rencontre dans ses transactions avec les Européens. Une curieuse imposition sur la nature humaine. Le danger des vagues dans les Indes-Occidentales. Exemple remarquable du rapt d'un mulâtre libre. L'auteur est presque assassiné par le docteur Perkins à Savannah.

Dans le chapitre précédent j'ai exposé au lecteur quelques-uns de tous les cas d'oppression, d'extorsion et de cruauté dont j'ai été témoin dans les Indes-Occidentales : mais, si je devais tout énumérer, l'inventaire serait ennuyeux et répugnant. Les punitions des esclaves à chaque petite occasion sont si fréquentes, et si bien connues de même que les différents instruments avec lesquels on les torture, que cela n'a plus rien de nouveau pour les exposer ; et elles sont trop choquantes pour donner de la joie soit à l'écrivain soit au lecteur. Dès lors, je ne mentionnerai donc que ce qui m'arriva accidentellement au cours de mes aventures.

Dans les postes variés où mon maître m'employa, j'eus l'occasion de voir plusieurs scènes étranges dans différentes îles ; mais, par-dessus tout, je fus frappé par une curiosité célèbre appelée Brimstone-Hill, haute montagne escarpée à quelques milles de la ville de Plymouth à Montserrat. J'avais souvent entendu parler des merveilles à voir sur cette colline, et j'allai la visiter une fois en compagnie de Blancs et de Noirs. Lorsque nous arrivâmes au sommet, je vis sous plusieurs falaises de grands bûchers de soufre, causés par des torrents de multiples petits étangs, qui étaient alors en train de bouillir naturellement sous la terre. Certains de ces étangs étaient aussi blancs que du lait, d'autres plutôt bleus, et bien d'autres de couleurs différentes. J'avais emporté quelques pommes de terre avec moi, et je les plaçai dans différents étangs, et en quelques minutes elles étaient bien cuites. J'en goûtai certaines, mais elles étaient très sulfureuses ; et le soulier d'argent se déforma, de même tous les autres outils de ce métal que nous avions avec nous devinrent en peu de temps aussi noirs que du plomb.

À un moment de l'année 1763, l'aimable Providence sembla être plutôt clémente envers moi. L'un des navires de mon maître, un sloop des Bermudes d'environ soixante tonnes, commandé par un certain capitaine Thomas Farmer, un Anglais, un homme très vigilant et actif qui fit gagner beaucoup d'argent à mon maître grâce à sa bonne gestion des passagers qu'il transportait d'une île à l'autre ; mais ses marins s'enivraient très souvent et s'enfuyaient du navire, ce qui gênait énormément son activité. Cet homme s'attacha à moi, et pria maintes fois mon maître de me laisser partir en voyage avec lui en qualité de marin ; mais ce dernier lui dit qu'il ne pouvait pas se passer de moi, bien que le navire ne pût partir quelquefois parce qu'il manquait des hommes, puisque les marins étaient généralement très rares dans l'île. Cependant, à la fin, par nécessité ou la force des choses, mon maître en fut persuadé, bien qu'hésitant fortement à me laisser partir avec ce capitaine; mais il lui donna la grande charge de veiller à ce que je ne m'enfuisse pas, car si je le faisais il lui ferait payer le prix que je valais. La situation étant ainsi, le capitaine eut pour quelque temps l'œil sur moi chaque fois que le navire jetait l'ancre; et aussitôt après son retour, on m'envoya de nouveau sur le rivage. Ainsi travaillais-je dur comme si j'avais été condamné à vie, quelquefois à une chose, et quelquefois à une autre: si bien que le capitaine et moi étions presque les hommes les plus indispensables pour le commerce de mon maître. Je devins également si précieux pour le capitaine à bord du bateau que, plus d'une fois, lorsqu'il demanda à ce que je l'accompagne dans certaines îles proches de la nôtre, en dépit du fait que cela ne devait prendre que vingt-quatre heures, mon maître répondait qu'il ne pouvait se passer de moi, ce sur quoi le capitaine jurait et ne voyageait pas et disait à mon maître que pour lui j'étais mieux à bord qu'aucun des trois hommes blancs qu'il avait, car ceux-ci se comportaient toujours mal à bien des égards, en particulier en se soûlant; puis, ils sabotaient fréquemment le bateau pour l'empêcher de rentrer aussitôt qu'il pourrait le faire. Cela, mon maître le savait bien; et finalement, grâce aux supplications constantes du capitaine, après que je fus parti plusieurs fois avec lui, un jour à ma grande joie, il me dit que le capitaine ne le laissait pas de répit et me demanda si je voulais partir à bord comme marin ou rester sur le rivage et m'occuper des provisions, car il ne pouvait plus supporter d'être ennuyé de cette manière. Je fus très heureux de cette proposition, car je pensai aussitôt que je pourrais à un moment saisir quelque opportunité, en étant dans le bateau, pour gagner un peu d'argent ou peut-être m'évader si je devais être mal traité ; je m'attendais également à avoir une meilleure nourriture et à profusion, car j'avais souvent connu la famine, bien que mon maître traitât ses esclaves, comme je l'ai dit, extraordinairement bien. Je lui répondis donc sans hésitation que je partirais et serais marin si cela lui plaisait. En conséquence, on m'ordonna de monter à bord directement. Néanmoins, entre le navire et le rivage, lorsque le bateau était sur le port, j'avais peu, voire aucun, répit comme mon maître souhaitait souvent m'avoir à ses côtés. En fait, c'était un monsieur fort plaisant, et si ce n'était pour mes espérances à bord du bateau je n'aurais pas songé à le quitter. Mais le capitaine m'aimait aussi beaucoup et j'étais véritablement son bras droit. Je faisais tout mon possible pour mériter sa faveur, et en retour je recevais un traitement meilleur de sa part comparé à celui jamais rencontré par quiconque dans ma situation dans les Indes-Occidentales.

Après avoir navigué un certain temps avec ce capitaine, je tentai finalement de saisir ma chance et débuter un commerce. Je n'avais qu'un très petit capital pour commencer ; puisqu'une seule moitié de pièce, équivalant à trois pence en Angleterre, constituait tout mon capital. Toutefois je m'en remis au Seigneur pour qu'il fût avec moi ; et lors de l'un de nos voyages à Saint-Eustache, une île hollandaise, j'achetai un verre avec ma moitié de pièce, et quand j'arrivai à Montserrat je le vendis pour une pièce, soit six pence. Par chance nous fîmes plusieurs voyages successifs à Saint-Eustache (qui était un grand marché pour les Indes-Occidentales à environ vingt lieues de Montserrat) et lors de notre traversée suivante, trouvant mon verre si rentable, avec cette pièce j'achetai deux verres de plus ; et lorsque je rentrai, je les vendis pour deux pièces équivalentes à un shilling[95] sterling. Lorsque nous retournâmes, j'achetai avec ces deux pièces quatre autres verres, que je vendis pour quatre pièces à notre retour à Montserrat : et lors de notre voyage suivant à Saint-Eustache, j'achetai deux verres avec une pièce, et avec les trois autres pièces j'achetai une cruche de gin, d'environ la taille de trois pintes. Lorsque nous arrivâmes à Montserrat, je vendis le gin pour huit pièces, et les verres pour deux pièces, si bien que mon capital valait à présent en tout un dollar, bien géré et accumulé dans l'espace d'un mois ou six semaines, alors je bénis le Seigneur parce que j'étais si riche. Comme nous allions dans différentes îles, je dépensais occasionnellement cet argent pour diverses choses, et il s'avérait habituellement que ce fût pour en tirer parti, tout spécialement quand nous allâmes en Guadeloupe, dans les Grenades, et dans les autres îles françaises. Ainsi parcourus-je les îles pendant plus de quatre ans, faisant toujours du commerce au fil de mes déplacements, pendant lesquels je fis l'expérience de plusieurs cas de mauvais traitements, plusieurs blessures causées aux autres nègres lors de nos transactions avec les Blancs : et lors de nos moments de détente, pendant que nous dansions et nous réjouissions, sans cause, ils nous molestaient et insultaient. En effet je fus plus d'une fois obligé de m'en remettre à Dieu du ciel, tel que j'avais quelque temps auparavant conseillé au pauvre pécheur de le faire. Et cela ne faisait pas longtemps que je faisais du commerce pour moi-même tel que je l'ai raconté plus haut, quand je connus la même épreuve en sa compagnie de la manière suivante : un homme qui était habitué à l'eau fut embarqué en urgence à notre bord, par son maître, pour travailler comme assistant, lors d'un voyage pour Santa Cruz ; et pour le départ il avait apporté tout son petit capital pour un commerce risqué, ce qui consistait en six pièces pouvant acheter des citrons verts et un sac d'oranges ; j'avais aussi toute ma réserve dans deux sacs séparés, qui s'élevaient à environ douze pièces pouvant acheter les mêmes marchandises ; car nous avions entendu dire que ces fruits se vendaient bien dans cette île. Lorsque nous y arrivâmes, à un temps déterminé lui et moi allâmes à terre avec nos fruits pour les vendre ; mais nous avions à peine débarqué lorsque deux hommes blancs vinrent à notre rencontre, qui instantanément prirent nos trois sacs. Nous ne pûmes pas d'abord deviner ce qu'ils avaient l'intention de faire ; et pendant un temps nous crûmes qu'ils étaient en train de plaisanter avec nous ; mais ils nous laissèrent bientôt savoir le contraire ; car ils emportèrent injustement nos biens sur-le-champ vers une maison, près du fort, tandis que nous les suivions, leur priant de nous rendre nos fruits, mais en vain. Ils ne refusèrent pas seulement de les rendre mais nous injurièrent, et menacèrent que si nous ne partions pas immédiatement, ils nous fouetteraient bien. Nous leur dîmes que ces trois sacs étaient tout ce que nous possédions au monde, et que nous les avions apportés avec nous de Montserrat pour les vendre, et nous leur montrâmes le bateau. Mais cela alla plutôt en notre défaveur, puisqu'ils virent à présent que nous étions des étrangers, et davantage, des esclaves. Cependant ils continuèrent de jurer nous demandant de partir, et ils prirent même des bâtons pour nous battre ; lorsque nous vîmes qu'ils pensaient ce qu'ils disaient, nous nous enfuîmes dans la plus grande confusion, désespérés. Ainsi, au moment même de gagner trois fois plus que ce que j'avais jamais auparavant eu de toute ma vie en effectuant un commerce risqué auparavant, on me priva de tout l'argent qui constituait ma fortune. Quel malheur insupportable ! Mais comment nous entraider, nous ne le savions pas. Dans notre consternation, nous allâmes vers l'officier qui commandait le fort, et lui rapportâmes comment nous avions été maltraités par quelques-uns de ses hommes ; mais nous n'obtînmes aucune réparation : il répondit à nos plaintes uniquement par un torrent d'injures, et agrippa aussitôt une cravache, pour nous frapper, si bien que nous fûmes contraints de sortir plus vite que nous n'étions entrés. À présent, dans l'angoisse de la détresse et de l'indignation, je souhaitais que la colère de Dieu dans son éclair en zigzag transperçât ces oppresseurs cruels et les mît à mort. Cependant nous persévérâmes quand même ; nous retournâmes dans la maison, les priâmes et implorâmes, encore et encore, de nous rendre nos fruits, jusqu'à ce qu'enfin d'autres personnes qui se trouvaient dans la maison nous demandassent si nous serions satisfaits s'ils conservaient un sac et nous rendaient les deux autres. Ne voyant aucun remède quoi qu'il en fût, nous consentîmes à cela ; et eux, constatant qu'un sac possédait deux sortes de fruits, ceux qui appartenaient à mon camarade le gardèrent ; et les deux autres, qui m'appartenaient, ils nous les rendirent. Une fois que je les reçus, je courus aussi vite que je pus, et demandai au premier homme noir que je pus rencontrer de me donner un coup de main ; mon camarade, par contre, resta un peu plus longtemps pour plaider sa cause ; il leur dit que le sac qu'ils avaient était le sien et, parallèlement, représentait tout ce qu'il possédait au monde ; mais cela ne servit à rien, et il fut obligé de repartir sans son sac. Le pauvre vieil homme, se tordant les mains de désespoir, pleura amèrement pour sa perte ; et, effectivement, il s'en remit à Dieu du ciel, ce qui me remplit tant de pitié pour lui, que je lui donnai presque un tiers de mes fruits. Nous allâmes donc au marché pour les vendre; et la Providence fut plus favorable pour nous que nous ne l'aurions espéré, car nous vendîmes nos fruits extraordinairement bien; j'obtins pour les miens environ trente-sept pièces. Un stupéfiant retournement de fortune, en un intervalle de temps si court, semblait être un rêve, et s'avéra être un grand encouragement pour moi pour me tourner vers le Seigneur en toutes situations. Plus tard, mon capitaine avait l'habitude de me défendre et me rendre mon bon droit, lorsque j'avais été pillé ou traité abusivement par ces tendres déprédateurs chrétiens; dont l'observation des incessantes horreurs blasphématoires m'a fait frissonner: ces exactions sont projetées de façon injustifiée par des individus de tous les âges et de toutes les conditions, non seulement sans raison, mais encore comme si elles constituaient des satisfactions et du plaisir.

Lors de l'un de nos voyages à Saint-Kitt's, je possédais onze pièces; et mon aimable capitaine m'en prêta cinq de plus, avec lesquelles j'achetai une Bible. Je fus très heureux d'acquérir ce livre, que je ne parvenais à trouver nulle part. Je crois qu'on n'en vendait pas à Montserrat; et, pour mon malheur, ayant été forcé de partir de l'*Etna* comme je l'ai raconté, ma Bible et le *Guide to the Indians*, les deux livres que j'aimais par-dessus tous les autres, restèrent derrière moi.

Alors que je me trouvais à cet endroit, Saint-Kitt's, une très curieuse déprédation sur la nature humaine eut lieu: Un homme blanc voulait se marier à l'église avec une femme noire libre qui possédait de la terre et des esclaves à Montserrat: mais le curé lui dit que la loi de l'endroit interdisait de marier un Blanc et une Noire à l'église. L'homme demanda alors à être marié sous l'eau, ce à quoi le pasteur consentit, et les deux amants allèrent sur une barque, l'ecclésiastique et son assistant sur une autre, et la cérémonie fut célébrée ainsi. Après cela, le couple amoureux vint à bord de notre bateau, et mon capitaine les traita extrêmement bien, et les amena indemnes à Montserrat.

Le lecteur ne peut que juger du caractère contrariant de cette situation pour un esprit comme le mien, étant quotidiennement exposé à de nouvelles épreuves et de nouvelles exactions, après avoir vu beaucoup de jours meilleurs, et avoir été, comme cela avait été le cas, dans une situation de liberté et d'abondance ; ajouté à cela, chaque partie du monde où j'avais été jusque-là semblait être un paradis comparé aux Indes-Occidentales. Mon esprit était donc à chaque heure rempli d'inventions et de pensées d'être affranchi, et, si possible, par un moyen honnête et honorable ; car je me rappelais toujours du vieil adage ; et j'avoue qu'il a toujours été mon principe de règle : « L'honnêteté est la meilleure ligne d'action » ; et pareillement l'autre règle d'or — « Faire à tous les hommes ce que je souhaiterais qu'ils me fassent ». Cependant, comme je croyais dès mon jeune âge à la prédestination, je pensais que quoi que le destin eût déterminé devait toujours se passer ; et par conséquent, si jamais mon sort était d'être affranchi, rien ne pouvait l'empêcher, bien que je ne visse présentement aucun moyen ou espoir d'obtenir ma liberté ; d'autre part si mon destin était de ne pas être libéré, je ne devrais jamais l'être, et toutes mes tentatives dans ce but seraient sans résultat. Plongé dans ces pensées, je m'adressai donc à Dieu avec anxiété par des prières pour ma liberté ; et en même temps j'usai de tout moyen honnête et fis tout mon possible pour l'obtenir.

Avec le temps, j'eus en ma possession quelques livres sterling, et en bonne voie d'en gagner davantage, ce que mon aimable capitaine savait très bien ; cela lui occasionna parfois de prendre des libertés avec moi ; mais chaque fois qu'il me traitait avec hargne je lui disais sans détour ce que je pensais, notamment que je mourrais avant d'être dupé comme l'étaient les autres nègres, et que la vie avait perdu tout son goût pour moi lorsqu'il n'y avait plus de liberté. Je disais cela même en présageant que mon bien-être d'alors ou mes espérances futures de liberté (humainement parlant) dépendaient de cet homme. Cependant, comme il ne pouvait supporter l'idée de ne plus naviguer avec moi, il devenait toujours tendre devant mes menaces. Je continuai donc avec lui, portant une grande attention à ses commandements et à ses affaires ; je lui fis gagner du crédit, et grâce à sa gentillesse envers moi j'obtins enfin ma liberté. Alors que je continuais ainsi, rempli de pensées de liberté, et résistant à l'oppression autant que j'en fus capable, ma vie était chaque jour suspendue à un fil, en particulier à cause des vagues déferlantes que j'ai mentionnées précédemment, car je ne savais pas nager. Ces dernières sont extrêmement violentes partout dans les Indes-Occidentales, et j'étais toujours exposé à leur rage violente et à leur furie dévorante dans toutes les îles. Je les ai vues frapper et faire tanguer un bateau à l'extrême et estropier plusieurs marins à bord. Une fois dans les îles Grenades, lorsque moi-même et environ huit autres personnes tirions un grand canot à l'aide de deux tonneaux d'eau, une vague nous frappa, et mena le bateau ainsi que tout ce qu'il contenait presque au niveau de la moitié d'un jet de pierre, parmi quelques arbres, et au-dessus de la grande laisse de haute mer. Nous fûmes contraints de chercher toute l'aide que nous pûmes dans la propriété la plus proche pour réparer le canot, puis nous le mîmes de nouveau dans l'eau. Une nuit, à Montserrat, ayant beaucoup de mal à quitter le rivage à bord du bateau, nous surchargeâmes le bachot quatre fois ; la première fois je fus près de me noyer ; cependant le gilet que je portais me garda à la surface de l'eau pendant un petit intervalle de temps, tandis que j'appelais un homme qui se trouvait près de moi et qui était un bon nageur, et lui dis que je ne savais pas nager ; il s'empressa donc vers moi, et, juste au moment où je sombrais, il m'agrippa et m'amena sur le rivage, puis s'en alla et ramena aussi le bachot. Aussitôt que nous eûmes vidé l'eau du bachot, par crainte d'être brutalisés pour s'être absentés, nous tentâmes encore trois fois, et comme toujours les horribles vagues nous servirent comme précédemment, mais finalement, la cinquième fois que nous essayâmes, nous eûmes gain de cause, au risque imminent de nos vies. Un autre jour, à Old Road à Montserrat, notre capitaine ainsi que trois hommes derrière moi allions dans un grand canoë à la recherche du rhum et du sucre, lorsqu'une seule grande vague projeta le canoë à une hauteur d'eau étonnante, et certains d'entre nous se retrouvèrent à environ un jet de pierre les uns des autres : plusieurs parmi nous furent très contusionnés, si bien que moi et plusieurs autres disions toujours, et nous le pensions vraiment, qu'il n'y avait pas un autre endroit sous les cieux comme celui-là. Par conséquent, il me tardait beaucoup de le quitter, et je souhaitais chaque jour voir la promesse de mon maître se réaliser en allant à Philadelphie.

Alors que nous accostions à cet endroit, une chose très cruelle se produisit à bord de notre sloop, qui me remplit d'horreur ; bien que je découvrisse après que de telles pratiques étaient fréquentes. Il y avait un jeune mulâtre libre, très intelligent et brave qui naviguait depuis longtemps avec nous : son épouse était une femme libre, qui lui donna un enfant ; elle vivait en ce temps-là à terre, et était très heureuse. Notre capitaine, le second capitaine, et d'autres personnes à bord, et plusieurs autres ailleurs, y compris les natifs des Bermudes, savaient tous que ce jeune homme, depuis son enfance, avait toujours été libre, et que jamais personne n'avait clamé qu'il fût sa propriété : cependant, comme cela pouvait trop souvent arriver dans ces îles justement, il s'avéra qu'un capitaine des Bermudes, dont le navire, en transit, mouillait là depuis plusieurs jours, vint à notre bord, et voyant le mulâtre nommé Joseph Clipson, il lui dit qu'il n'était pas libre, et qu'il avait reçu des ordres de son maître pour le ramener aux Bermudes. Le pauvre homme ne crut pas que le capitaine fût sérieux ; mais il fut très bientôt détrompé lorsque ses hommes le molestèrent ; et bien qu'il présentât un certificat de sa naissance, libre, à Saint-Kitt's, et bien que la plupart des gens à bord sussent qu'il avait passé son temps à travailler dans la construction de bateaux, où il passait toujours pour un homme libre, il fut pourtant emmené de force de notre navire. Il demanda alors à être amené à terre devant le secrétariat ou les magistrats, et ces intolérables usurpateurs des droits de l'homme lui promirent qu'il le serait ; mais, au lieu de cela, ils le transportèrent à bord de l'autre navire ; et le jour suivant, sans permettre au pauvre homme de faire entendre sa défense à terre, ni même de voir sa femme ou son enfant, il fut emmené au loin, et probablement destiné à ne plus jamais les revoir dans ce monde. Et ce n'était pas seulement ce genre de barbarie dont je fus témoin. J'en ai souvent vu autant en Jamaïque et dans d'autres îles des hommes libres, que j'ai connus en

Amérique, ainsi trépanés de manière ignoble et retenus en esclavage. J'ai entendu parler de deux pratiques similaires à Philadelphie aussi : eu égard à la question de la bienveillance des quakers dans cette ville, plusieurs personnes de la race noire, qui à présent respirent l'air de la liberté, seraient effectivement, je crois, en train de gémir sous les chaînes d'un quelconque planteur. Ces choses m'ouvrirent l'esprit à une autre scène d'horreur à laquelle j'avais, jusque-là, été étranger. Jusqu'alors, j'avais pensé que seul l'esclavage était horrible ; mais la situation d'un nègre libre m'apparaissait à présent au moins tout aussi similaire, et à certains égards même pire, car ils vivaient constamment dans la peur de perdre leur liberté, qui n'est que nominale, puisqu'on les insulte et qu'on les pille sans qu'ils puissent être dédommagés ; car telle est l'équité des lois des Indes-Occidentales, que la preuve d'aucun nègre libre ne sera admise devant leurs cours de justice. Dans ce cas, est-il surprenant que les esclaves, lorsqu'ils sont traités avec douceur, préfèrent même la misère de l'esclavage à une telle simulation de la liberté ? Désormais les Indes-Occidentales m'écœuraient complètement, et je pensais que je ne serais jamais totalement libre jusqu'à ce que je les eusse quittées.

Sans de telles pensées mon esprit intuitif
Se souvint des scènes plaisantes restées derrière moi ;
Scènes où la liberté méritée par un étalage brillant
Éclaircit l'obscurité, voire illumine le jour ;
Où ni la couleur de peau, ni la richesse ni la condition ne peuvent
Protéger le pauvre hère que constitue l'esclave[96].

Je décidai de tout essayer pour obtenir ma liberté, et retourner dans la Vieille Angleterre. À cette fin, je pensai que connaître la navigation pourrait m'être utile; car, bien que je n'eusse pas l'intention de m'enfuir à moins de subir un mauvais traitement, pourtant, dans une telle situation, si je savais naviguer, je pourrais tenter de m'évader avec notre sloop, qui était l'un de nos plus rapides vaisseaux de navigation dans les Indes-Occidentales, et il ne manquait pas de bras pour me rejoindre: et, si je devais faire cette tentative, j'avais à dessein d'aller en Angleterre, mais cela, comme je l'ai dit, était seulement dans le cas où je rencontrerais tout mauvais traitement. Par conséquent, j'eus recours au second de notre navire pour m'apprendre à naviguer, ce pour quoi je consentis à lui donner vingt-quatre dollars, et lui versai en acompte une partie de l'argent; toutefois, lorsque le capitaine, quelque temps après, vint à savoir que le second recevait une telle somme pour m'apprendre, il le blâma, et dit que c'était honteux de sa part de me prendre de l'argent. Cependant, mes progrès dans cet art utile furent grandement retardés à cause de la constance de notre travail. Si j'avais voulu m'enfuir, je ne manquais pas d'occasions, qui se présentaient fréquemment d'elles-mêmes; et en particulier un certain temps après cela. Lorsque nous étions dans l'île de la Guadeloupe, une grande flotte de marchands à destination de la Vieille France s'y trouvait; cependant, les marins étant très rares, ils offraient quinze à vingt livres par homme pour la traversée. Notre second capitaine, ainsi que tous les marins blancs quittèrent notre vaisseau à cette fin, et partirent à bord des bateaux français. Ils auraient voulu m'emmener avec eux, puisqu'ils me tenaient en grande estime; et ils jurèrent de me protéger, si je partais: et, comme le navire devait partir le jour suivant, je crus réellement que j'aurais pu me rendre sain et sauf en Europe à ce moment-là. Cependant, comme mon maître était gentil, je ne voulais pas essayer de le quitter; me rappelant encore la vieille maxime qui dit que «l'honnêteté est le meilleur des principes», je les laissai partir sans moi. Cette fois-là, mon capitaine eut effectivement très peur que je ne quitte lui et le navire, comme j'avais une si bonne occasion: mais, Dieu merci, ma fidélité tourna grandement à mon avantage plus tard, alors que j'y pensais le moins; et elle me valut tant la faveur du capitaine, que lui-même m'apprenait dorénavant quelques aspects de la navigation: mais certains de nos passagers, ainsi que d'autres, voyant cela, le trouvèrent très en faute pour cela, prétendant qu'il était très dangereux de permettre à un nègre de connaître la navigation; ainsi, je fus de nouveau empêché de continuer mes recherches. Vers la fin de l'année 1764, mon maître acheta un plus grand sloop, nommé la *Prudence*, d'environ soixante-dix ou quatre-vingts tonnes, dont mon capitaine devint le commandant. Je partis avec lui dans ce navire, et nous prîmes un chargement de nouveaux esclaves pour la Géorgie et Charles Town. Mon maître m'abandonna entièrement au capitaine, bien qu'il souhaitât toujours me voir rester avec lui; mais, souhaitant tant perdre de vue les Indes-Occidentales, je ne fus pas peu heureux à la pensée de voir tout autre pays. Donc, comptant sur la bonté de mon capitaine, j'apprêtai toutes les petites réserves que je pus; et, lorsque le navire fut prêt, nous prîmes le large, à ma grande joie. Lorsque nous arrivâmes à nos lieux de destination, en Géorgie et à Charles Town, j'espérais avoir une occasion de vendre ma petite propriété à un bon prix: mais là, en particulier à Charles Town, je rencontrai des acheteurs, blancs, qui me trompèrent comme dans les autres endroits. Néanmoins, j'étais résolu à avoir du courage; pensant qu'aucun coup du sort ni aucune épreuve n'était trop difficile quand le Ciel bienveillant est celui qui récompense.

Nous chargeâmes de nouveau, et retournâmes à Montserrat ; et là, dans les autres îles, je vendis bien mes marchandises ; et de cette manière, je continuai mon commerce pendant l'année 1764, rencontrant des cas variés d'exactions, comme toujours. À la suite de quoi, mon maître arma son navire pour Philadelphie, en 1765 ; et pendant le temps qu'on le chargeait et préparait pour le voyage, je travaillais avec un empressement redoublé, dans l'espoir de gagner assez d'argent grâce à ces voyages pour acheter ma liberté à temps, s'il plaisait à Dieu ; et également pour voir la ville de Philadelphie, dont j'avais beaucoup entendu parler quelques années auparavant ; outre cela, j'avais toujours désiré mettre à l'épreuve la promesse faite par mon maître le jour de mon arrivée chez lui. Plongé dans ces grandes idées, tandis que je m'apprêtais à préparer ma petite marchandise, un dimanche, mon maître me fit appeler dans sa résidence. Lorsque j'arrivai là-bas, je le trouvai en compagnie du capitaine ; et, en entrant, je fus frappé d'étonnement de l'entendre me dire qu'il avait entendu que je pensais m'enfuir quand j'arriverais à Philadelphie : « Et par conséquent, dit-il, je dois te répéter ceci : tu m'as coûté beaucoup d'argent, pas moins de quarante livres sterling ; et il ne convient pas de perdre autant. Tu es une personne de valeur, continua-t-il ; et je peux à tout moment obtenir cent guinées pour toi, de la part de plusieurs personnes dans cette île. » Puis il me parla du beau-frère du capitaine Doran, un maître sévère, qui voulait toujours m'acheter pour faire de moi son contremaître. Mon capitaine dit aussi qu'il pouvait obtenir bien plus que cent guinées en me vendant en Caroline. Cela, je le savais, car le monsieur qui voulait m'acheter était plusieurs fois venu à notre bord, et me proposa de vivre avec lui, prétendant qu'il me traiterait bien. Lorsque je m'enquis de savoir à quel travail il me placerait, il dit, comme j'étais marin, il ferait de moi un capitaine de l'un de ses navires transportant le riz. Mais je refusai : et craignant à la fois, qu'à cause d'un soudain changement d'humeur du capitaine, il se pût qu'il songeât à me vendre, je dis à cet homme que je ne vivrais pas avec lui sous aucun prétexte, et que certainement je m'enfuirais de son vaisseau : mais il dit que ce n'était pas ce qu'il craignait, puisqu'il me rattraperait ; puis il me raconta de quelle manière cruelle il me traiterait si je devais le faire. Cependant, mon capitaine lui laissa entendre que je connaissais un peu la navigation ; aussi revint-il sur sa décision ; et, à ma grande joie, il s'en alla. Je dis alors à mon maître que je n'avais pas dit que je m'enfuirais à Philadelphie, ni que je n'y songeais pas, comme il ne me maltraitait pas, ni même le capitaine : car s'ils le faisaient, j'aurais certainement fait plusieurs tentatives avant cet instant ; mais comme je pensais que, si telle était la volonté de Dieu, je serais un jour affranchi et ce serait ainsi, et, dans le cas contraire, si ce n'était pas sa volonté, cela n'arriverait pas ; aussi espérais-je que si jamais j'étais affranchi, alors que j'étais bien traité, ce serait par un moyen honnête ; mais comme je ne pouvais rien par moi-même, il devait faire comme il lui plaisait ; je ne pouvais qu'espérer et me fier à Dieu du ciel : et à cet instant précis des inventions et des schémas d'évasion déferlèrent dans mon esprit. Je fis donc appel au capitaine pour dire s'il m'avait jamais vu effectuer le moindre signe d'une tentative de fuite ; et je lui demandai si je ne revenais pas toujours au bateau en fonction du temps libre qu'il m'avait accordé ;

et, plus particulièrement, lorsque tous nos hommes nous abandonnèrent en Guadeloupe et embarquèrent sur la flotte française, en me conseillant de les suivre. Si je l'avais fait, il n'aurait plus pu m'avoir : non pas à ma moindre surprise et très grande joie, le capitaine confirma toute syllabe que j'avais prononcée ; et même plus : car il dit qu'il avait essayé à différents moments de voir si je ferais une tentative de ce type, à Saint-Eustache et en Amérique, et il ne trouva pas que j'en fis la moindre : mais au contraire, je revenais toujours à bord selon ses ordres ; et il croyait vraiment que, si j'avais jamais songé à m'enfuir, cela, comme je ne pouvais plus jamais avoir une meilleure occasion, je l'aurais fait la nuit où le second et tous les autres quittèrent notre bateau en Guadeloupe. Le capitaine informa alors mon maître, qui avait ainsi été dupé par notre second (bien que je ne susse pas qui était mon ennemi), de la raison qui poussait le second à lui mentir ; c'était, parce que j'avais mis le capitaine au courant des provisions que le second avait distribuées ou sorties du navire. Le discours du capitaine me sembla être une résurrection, et mon âme glorifia instantanément Dieu ; et mieux encore, lorsque j'entendis mon maître dire aussitôt que j'étais une personne raisonnable, et que, jamais, il n'avait vraiment pensé à me traiter comme un simple esclave ; et cela uniquement grâce aux supplications du capitaine, et à sa détermination vis-à-vis de moi, il ne m'aurait pas laissé aller çà et là loin des entrepôts comme je l'avais fait : cela également, ce faisant, il songea qu'en transportant un petit objet ou autre chose à différents endroits pour les vendre je pourrais gagner de l'argent. Il voulait m'encourager à cela aussi, en me créditant de la moitié d'un fût de rhum et de la moitié d'une barrique de sucre à un moment donné ; si bien qu'en prêtant attention, je pourrais avoir suffisamment d'argent, en peu de temps, pour acheter ma liberté ; et, lorsque cela serait le cas, je pourrais être certain qu'il me laisserait l'obtenir pour la somme de quarante livres sterling, ce qui correspondait juste à ce qu'il avait dépensé pour moi. Cette parole égaya mon pauvre cœur au-delà de la mesure, bien qu'en fait il ne s'agît de rien de plus que de l'idée même que j'avais développée dans mon esprit concernant mon maître bien avant, et je lui répliquai immédiatement ainsi : « Monsieur, j'ai toujours eu cette pensée vous concernant, je l'avais en effet, et cela me rendait aussi assidu en vous servant. » Il me donna donc une grande pièce d'argent, que je n'avais jamais vue ou eue en ma possession auparavant, puis me dit de m'apprêter pour le voyage, et qu'il me créditerait d'une tierce de sucre, et d'une autre de rhum ; il dit également qu'il avait deux aimables sœurs à Philadelphie, qui pourraient me fournir quelques effets nécessaires. Sur ce, mon noble capitaine désira que je remonte à bord ; et, connaissant le caractère de plomb des Africains, il me confia de ne rien dire de cette affaire à qui que ce fût ; et il promit que le second capitaine menteur ne devrait plus partir avec lui. Il y avait en effet du changement : dans la même heure, ressentir la douleur la plus aiguë, et d'un instant à l'autre connaître la joie la plus totale. Cela me fit de telles sensations que je ne pus exprimer qu'à travers mon regard ; mon esprit était tant subjugué par cette gratitude que j'aurais pu embrasser leurs deux pieds. Lorsque je quittai la pièce, j'allai immédiatement, ou plutôt courus, vers le navire, qui une fois chargé, mon maître, suivant sa promesse, me confia une tierce de rhum, et une autre de sucre, puis nous partîmes et arrivâmes sans encombre dans l'élégante ville de Philadelphie. Là, je vendis vite mes marchandises très bien ; et à cet endroit charmant, je trouvai tout en abondance et à bon prix.

Alors que je m'y trouvais, un événement extraordinaire m'arriva. On me parla un soir d'une femme sage, une certaine Mme Davis, qui révélait des secrets, prédisait les événements, etc. J'avais d'abord porté peu de crédibilité à cette histoire, comme je ne pouvais pas concevoir qu'un simple mortel pût prédire des dispositions futures de la Providence, ni croire non plus à toute autre révélation que celle de la Sainte Bible ; cependant, je fus fort étonné de voir cette femme dans un rêve cette nuit-là, bien que ce fût une personne que je n'avais jamais vue de toute ma vie ; cela me procura une impression telle que je ne pus chasser cette pensée de mon esprit le jour suivant, et je devins alors aussi anxieux de la rencontrer que j'avais d'abord été indifférent ; par conséquent, dans la soirée, après l'arrêt du travail, je m'enquis de savoir l'endroit où elle vivait, et ayant été dirigé chez elle, à ma surprise inexprimable, je vis la même femme vêtue de la même manière qu'elle m'était apparue dans la vision. Elle me dit aussitôt que j'avais rêvé d'elle la nuit précédente ; elle me raconta plusieurs choses qui étaient arrivées avec une exactitude qui m'étonna ; et elle me prédit finalement que je ne serais plus esclave pour longtemps : cela fut la nouvelle la plus agréable, puisque je la crus plus volontiers après qu'elle m'eut si fidèlement raconté des incidents passés dans mon existence. Elle dit que je devrais deux fois être en grand danger dans l'intervalle de dix-huit mois et, si je m'en sortais, je devrais bien continuer ma vie ; ainsi, me donnant sa bénédiction, nous nous séparâmes. Après être resté à cet endroit un certain temps jusqu'à ce que notre navire fût chargé, et après que j'eus approvisionné mon petit commerce, nous partîmes de cet agréable endroit pour Montserrat, une fois de plus pour rencontrer des vagues enragées.

Nous arrivâmes indemnes à Montserrat, où nous déchargeâmes notre cargaison ; et peu après cela nous embarquâmes des esclaves en destination de Saint-Eustache, et de là nous allâmes en Géorgie. Je m'étais souvent donné du mal et effectuais du travail double, afin d'écourter nos voyages autant que possible ; et parce que je me surchargeais ainsi de travail, pendant que j'étais en Géorgie, j'attrapai une forte fièvre. Je fus très malade pendant onze jours et faillis mourir ; l'éternité était à présent imprimée dans mon esprit, et j'eus très peur de cet horrible événement. Je priai donc le Seigneur de m'épargner ; et je fis intérieurement une promesse à Dieu, que je serais bon si jamais je devais me rétablir. Finalement, ayant un éminent docteur pour m'assister, je recouvrai à nouveau la santé ; et peu après nous fîmes charger le navire, et prîmes le large pour Montserrat. Pendant la traversée, comme j'étais parfaitement rétabli, et j'avais plusieurs tâches du vaisseau en tête, toutes mes tentatives de maintenir mon intégrité, et de réaliser ma promesse à Dieu, commencèrent à échouer ; et, en dépit de tout ce que je pus faire, comme nous nous rapprochions des îles, mes résolutions déclinaient de plus en plus, comme si l'air même de ce pays ou son climat paraissaient fatals à la piété. Lorsque nous arrivâmes sans heurts à Montserrat, et que je mis les pieds à terre, j'oubliai mes résolutions précédentes. Hélas ! que le cœur peut être prédisposé à abandonner ce Dieu qu'il désire aimer ! et que les choses de ce monde attirent-elles intensément les sens et captivent l'âme ! Après que notre bateau eut été déchargé, nous l'apprêtâmes aussitôt, et embarquâmes, comme toujours, certains des pauvres opprimés originaires d'Afrique, ainsi que d'autres nègres ; nous prîmes alors le large pour la Géorgie et Charleston. Nous arrivâmes en Géorgie, et, ayant débarqué une partie de notre cargaison, nous continuâmes vers Charleston avec le reste. Lorsque nous y étions, je vis la ville illuminée ; les canons furent tirés, des feux et d'autres manifestations de joie exhibés, à l'occasion de l'annulation du *Stamp Act*[97]. Là, j'écoulai certaines marchandises à mon propre compte ; les hommes blancs les achetaient avec des promesses mielleuses et de belles phrases, en ne m'offrant par contre qu'un paiement très insignifiant. Il y avait un homme en particulier qui m'acheta un fût de rhum, ce qui me causa un grand nombre de difficultés ; et, en dépit de ma mise en avant de l'intérêt de mon aimable capitaine, je ne pus rien en obtenir, car, étant noir, je ne pouvais l'obliger à me payer. Cela me fâcha énormément, ne sachant pas comment réagir ; et je perdis un certain temps à rechercher ce chrétien ; et malgré l'arrivée du sabbat (que les nègres considéraient habituellement comme leur jour de congé), je fus très enclin à me rendre à l'office public, je fus contraint de louer quelques hommes noirs pour m'aider à démarrer un canot dans l'eau pour aller à la recherche de ce monsieur. Lorsque je le retrouvai, après maintes supplications, de moi-même et de mon digne capitaine, il finit par me payer en dollars ; certaines pièces, par contre, étaient de la petite monnaie, et par conséquent n'avaient aucune valeur ; mais il profita du fait que j'étais noir, et me força à me contenter de cela sinon rien, malgré mon objection. Immédiatement après, alors que j'essayais de les vendre sur le marché, parmi d'autres hommes blancs, on m'insulta pour avoir offert de vendre de mauvaises pièces ; et, bien que je leur montre l'homme qui me les avait remises, en l'espace d'une minute on m'attacha et on me fouetta sans juge ni jury ; cependant, je m'enfuis à toutes jambes, et ainsi échappai à la bastonnade que j'aurais dû recevoir. Je montai à bord aussi vite que je pus, mais je continuai d'avoir peur d'eux jusqu'à notre départ qui ne tarda pas par la suite et pour lequel je remerciai Dieu ; et je ne me suis jamais plus retrouvé parmi eux depuis.

Nous arrivâmes bientôt en Géorgie, où nous devions compléter notre cargaison ; et là, le pire des sorts m'attendait : car une nuit de dimanche, alors que je me trouvais avec quelques nègres dans la cour de leur maître dans la ville de Savannah, il s'avéra que leur maître, un certain docteur Perkins, qui était un homme très sévère et cruel, rentra saoul ; et n'aimant pas voir de nègres étrangers dans sa cour, lui et une espèce d'homme blanc brute qu'il avait à son service me cernèrent en un instant, et tous deux me frappèrent avec les premiers instruments qu'ils purent attraper. Je criai aussi longtemps que je pus pour de l'aide et de l'indulgence ; mais, bien que je fisse un bon récit de moi, et qu'il connût mon capitaine, qui logea juste près de lui, ce fut sans résultat. Ils me frappèrent et me mutilèrent d'une manière honteuse, me laissant pour mort. Je perdis tant de sang du fait des blessures que je reçus, et je restai allongé presque immobile, et j'étais tellement engourdi que je ne pus rien ressentir pendant plusieurs heures. Tôt le matin on m'emmena en prison. Comme je n'étais pas retourné au bateau de toute la nuit, mon capitaine, ne sachant pas où je me trouvais, et s'inquiétant parce que je n'avais toujours pas donné signe de vie, fit une enquête pour me rechercher ; et ayant découvert l'endroit où j'étais, il vint immédiatement à moi. Aussitôt que le monsieur me vit si blessé et mutilé, il ne put s'abstenir de pleurer ; il me fit bientôt sortir de prison et m'emmena dans ses appartements, et envoya immédiatement chercher les meilleurs docteurs de l'endroit, qui déclarèrent d'abord qu'ils pensaient que je ne pourrais pas guérir. Sur ce, mon capitaine alla voir tous les avocats de la ville pour leur demander conseil, mais ils lui répondirent qu'ils ne pouvaient rien faire pour moi, comme j'étais un nègre. Il se rendit donc chez le Docteur Perkins, le héros qui m'avait vaincu, et le menaça, jurant qu'il se vengerait, et le défia de se battre. Mais la lâcheté est à jamais l'ami de la cruauté — et le docteur refusa. Cependant, grâce à la compétence d'un certain Docteur Brady de cet endroit, je commençai enfin à me remettre ; mais, bien que je fusse si endolori et souffrant des blessures que j'avais partout sur le corps, si bien qu'aucune position ne me soulageait, j'étais pourtant bien plus en peine à cause de l'inquiétude du capitaine à mon égard plus que je ne l'aurais été autrement. Cet homme digne me soigna et veilla sur moi à toute heure de la nuit, et je fus, grâce à son attention et celle du docteur, capable de sortir du lit après environ seize ou dix-huit jours. Pendant tout ce temps-là, ma présence était très demandée à bord, comme je montais et descendais souvent la rivière à la recherche de radeaux, ainsi que d'autres parties de notre cargaison, que j'arrimais, lorsque le second capitaine était malade ou absent. Après quatre semaines environ, je fus capable de reprendre le travail, et une quinzaine de jours après, ayant fait embarquer tout notre chargement, notre navire mit les voiles pour Montserrat ; et en moins de trois semaines nous y arrivâmes indemnes vers la fin de l'année. Ceci mit fin à mes aventures de l'année 1764 ; car je ne quittai pas Montserrat jusqu'au début de l'année suivante.

CHAPITRE VII

L'auteur éprouve de la répulsion envers les Indes-Occidentales. Il construit des projets pour obtenir sa liberté. Déception absurde que son capitaine et lui connaissent en Géorgie. Finalement, grâce à plusieurs voyages réussis, il acquiert une somme d'argent suffisante pour acheter sa liberté. S'adresse à son maître, qui l'accepte, et lui accorde son affranchissement, à sa grande joie. Puis, il monte en tant qu'homme libre sur l'un des bateaux de M. King, et fait route vers la Géorgie. Exactions sur des nègres libres, comme d'habitude. Son commerce de dindes. Fait route vers Montserrat, et pendant sa traversée son ami, le capitaine, tombe malade et meurt.

Chaque jour me rapprochait désormais de ma liberté, et il me tardait de reprendre la mer afin de pouvoir trouver une occasion d'obtenir une somme suffisamment grande pour l'acheter. Je ne fus pas longtemps insatisfait ; car, au début de l'année 1766, mon maître acheta un autre sloop, appelé le *Nancy*, le plus grand que je n'eusse jamais vu. Il était partiellement chargé, et poursuivait sa route vers Philadelphie ; notre capitaine avait à choisir parmi trois, et je fus très heureux qu'il choisît celui-là, qui était le plus grand ; étant donné que, parce qu'il avait un grand navire, j'avais plus de place, et je pouvais emporter une plus grande quantité de marchandises avec moi. Par conséquent, après avoir remis en état notre ancien bateau, le *Prudence*, et achevé le chargement du *Nancy*, et ayant gagné environ trois cents pour cent, grâce à quatre barils de porcs que je rapportai de Charlestown, j'embarquai tout ce qui me fut possible de charger, faisant confiance à la Providence de Dieu pour que fructifiât mon entreprise. Avec ces intentions je partis pour Philadelphie. Pendant notre traversée, lorsque nous approchions de la terre, je fus pour la première fois surpris à la vue de quelques baleines, n'ayant jamais vu de tels monstres marins auparavant ; et alors que nous longions la côte, un matin j'aperçus une jeune baleine près du navire ; elle était presque de la taille d'un bachot, et elle nous suivit pendant toute la journée jusqu'à notre arrivée dans les Caps.

Nous arrivâmes à Philadelphie sans heurts et sans retard, et là je vendis mes marchandises principalement aux quakers. Ils s'avérèrent souvent être une catégorie de gens très honnêtes et discrets, et ne tentèrent jamais de me tromper ; par conséquent je les aimais bien, et par la suite je choisis de toujours traiter avec eux plutôt qu'avec d'autres.

Un dimanche matin alors que je m'y trouvais, comme j'allais à l'église, je passai par hasard devant un temple. Les portes étant ouvertes, et la salle pleine de monde, cela excita ma curiosité à y entrer. Lorsque j'entrai dans le temple, à ma grande surprise, je vis une très grande dame debout au milieu d'eux, énonçant d'une voix distincte quelque chose que je ne fus pas en mesure de comprendre. N'ayant jamais vu une chose pareille auparavant, je restai là et fixai tout autour de moi pendant quelque temps, étonné par ce spectacle curieux. Une fois qu'il se termina, je profitai d'une occasion pour me renseigner sur l'endroit et les gens, lorsqu'on m'informa qu'on les appelait les quakers[98]. Je demandai en particulier ce que cette femme que je vis au milieu d'eux avait dit, mais aucun d'entre eux ne voulut me donner satisfaction; aussi les quittai-je, et peu après, alors que je rentrais, j'arrivai près d'une église remplie de gens. Le cimetière était également rempli, et une multitude de personnes étaient même montées sur des échelles, regardant l'intérieur à travers la fenêtre. Je trouvai ce spectacle étrange, comme je n'avais jamais vu d'église, ni en Angleterre, ni dans les Indes-Occidentales, remplies d'une telle foule. Je me permis donc de demander à quelques personnes la signification de tout cela, et elles me dirent que le Rév. George Whitefield[99] était en train de prêcher. J'avais toujours entendu parler de cet homme, et j'avais souhaité le voir et l'entendre; mais je n'en avais jamais eu l'occasion. À présent, je décidai donc de me jouir de ce spectacle, et m'enfonçai dans la foule. Lorsque je pénétrai dans l'église, je vis cet homme pieux exhorter les gens avec la plus grande ferveur et la plus grande ardeur, et transpirant comme il ne m'était jamais arrivé pendant que j'étais esclave sur la plage de Montserrat. Cela me frappa et fit sur moi une grande impression; je trouvai étrange de n'avoir jamais vu d'ecclésiastiques faire de tels efforts, et je n'étais désormais plus incapable d'expliquer les maigres assemblées pour qui ceux-ci prêchaient.

Quand nous eûmes déchargé notre cargaison ici et que nous eûmes embarqué de nouvelles marchandises, nous quittâmes encore cette terre féconde, et mîmes les voiles pour Montserrat. Mon commerce m'avait jusque-là réussi, si bien que je pensai qu'en vendant mes marchandises en arrivant à Montserrat, j'aurais suffisamment d'argent pour acheter ma liberté. Mais aussitôt que notre bateau arriva là-bas, mon maître vint à bord, et nous ordonna de partir pour Saint-Eustache, et y décharger notre chargement, et de là continuer en direction de la Géorgie. Cela me causa une forte déception, mais pensant, comme à l'accoutumée, qu'il n'était pas nécessaire d'affronter les décrets du destin, je me soumis sans en éprouver le moindre chagrin, et nous partîmes pour Saint-Eustache. Après avoir déchargé notre cargaison là-bas, nous embarquâmes une cargaison d'âmes humaines (c'est ainsi que nous appelions une cargaison d'esclaves). À cet endroit, je vendis mes biens plutôt convenablement ; mais n'ayant pas la possibilité de dépenser tout mon argent dans cette petite île avec autant de bénéfice que dans plusieurs autres endroits, je n'en investis qu'une partie, et le reste, je l'emportai dans son intégralité. De là, nous naviguâmes en destination de la Géorgie, et je fus heureux lorsque nous y arrivâmes, bien que je n'eusse pas de véritable raison d'aimer cet endroit au vu de ma précédente aventure à Savannah ; mais il me tardait de retourner à Montserrat et d'obtenir ma liberté, que j'espérais pouvoir acheter à mon retour. Aussitôt que nous y arrivâmes, j'assistai mon attentionné docteur, M. Brady, à qui je témoignai les plus grands remerciements que je pus pour sa gentillesse et ses soins d'autrefois lorsque j'étais malade.

Alors que nous nous trouvions là, un événement curieux arriva au capitaine et moi, qui nous déçut énormément tous les deux. Un orfèvre, que nous avions amené à cet endroit lors d'un précédent voyage, se mit d'accord avec le capitaine pour rentrer dans les Indes-Occidentales avec nous, et promit également de donner beaucoup d'argent au capitaine, dont il prétendait s'être entiché, et cet homme étant très riche à notre avis. Mais tandis que nous restâmes pour charger le navire, cet homme tomba malade dans une maison où il travaillait, et en une semaine son état empira. Plus il allait mal, plus il parlait de donner au capitaine ce qu'il lui avait promis, si bien que le capitaine escomptait quelque chose d'important de la mort de cet homme, qui n'avait ni femme ni enfant, et il le veillait jour et nuit. J'avais également l'habitude d'aller avec le capitaine, à sa propre demande, pour l'assister ; en particulier lorsque nous nous apercevions qu'il ne semblait pas guérir : et, afin de me récompenser pour mon déplacement, le capitaine me promit dix livres quand il aurait reçu les biens de ce monsieur.

Je pensais que cet argent me servirait grandement, bien que j'en eusse presque assez pour acheter ma liberté, si jamais, après ce voyage, j'arrivais sain et sauf à Montserrat. Dans cette attente, j'investis plus de huit livres de mon argent dans une tenue raffinée pour commémorer ma liberté, que je croyais alors être à portée de la main. Nous continuions toujours de veiller sur cet homme, et nous nous trouvions avec lui au dernier jour de sa vie, jusque très tard dans la nuit, lorsque nous rentrâmes à bord. Après être allés au lit, vers une ou deux heures du matin, on envoya chercher le capitaine qui fut informé que l'homme était mort. Sur ce, il vint jusqu'à mon lit, me réveilla, et m'informa de la nouvelle, puis me demanda de me lever, de prendre une lampe, et de l'accompagner aussitôt. Je lui dis que j'avais très sommeil, et que je préférais qu'il voulût bien emmener quelqu'un d'autre avec lui ; ou encore, comme le monsieur était décédé, et ne pouvait plus avoir besoin d'assistance, de laisser les choses en l'état jusqu'au lendemain matin. « Non, non, dit-il, nous aurons l'argent ce soir, je ne peux attendre jusqu'à demain; alors, allons-y.» Je me levai donc et fis la lumière, et nous partîmes tous les deux et nous vîmes que l'homme était aussi mort que nous espérions qu'il le fût. Le capitaine dit qu'il lui ferait un enterrement magnifique, en reconnaissance du trésor promis; et il demanda que tous les biens appartenant au défunt fussent produits. Mais aussi, il y avait un enchevêtrement de malles dont il avait conservé les clés pendant que l'homme était malade, et lorsqu'on les apporta, nous les ouvrîmes avec beaucoup d'impatience et d'espoir; et comme un grand nombre s'emboîtaient les unes dans les autres, avec grand empressement nous les sortîmes pour les séparer. Finalement, lorsque nous arrivâmes à la plus petite, et que nous l'eûmes ouverte, nous vîmes qu'elle était pleine de papiers, que nous supposâmes être des billets d'argent; et en les voyant nos cœurs sautèrent de joie; et à cet instant-là, le capitaine, applaudit et cria: «Dieu merci, le voici.» Mais lorsque nous soulevâmes la malle, et commençâmes à fouiller le supposé trésor et le don tant espéré (hélas! hélas! que toutes les entreprises humaines peuvent être incertaines et mensongères!), qu'avions-nous trouvé? Alors que nous pensions saisir une fortune, nous empoignions un grand vide. La totalité de la somme qui se trouvait dans l'enchevêtrement de malles était seulement un dollar et demi; et tout ce que possédait cet homme ne suffirait pas à payer son cercueil. Notre joie soudaine et vive fut maintenant remplacée par une douleur aussi soudaine et vive; mon capitaine et moi donnâmes à voir, pendant quelques instants, les expressions les plus ridicules — les images du chagrin et de la déception! Nous repartîmes fort mortifiés, et laissâmes le défunt s'occuper de lui-même de son mieux, comme nous avions si bien pris soin de lui de son vivant pour rien. Nous mîmes une fois de plus les voiles pour Montserrat, et y arrivâmes sans heurt ; mais remplis de ressentiment envers notre ami l'orfèvre. Une fois que nous eûmes déchargé le navire, et que j'eus vendu mes produits, me retrouvant maître d'environ quarante-sept livres, je consultai mon véritable ami, le capitaine, au sujet de la manière dont il me faudrait procéder pour présenter l'argent à mon maître pour ma liberté. Il me dit de venir un certain matin, quand lui et mon maître prendraient leur petit déjeuner ensemble. Je me présentai donc ce matin-là, et y rencontrai le capitaine, tel qu'il l'avait fixé. Lorsque j'entrai, je fis ma révérence à mon maître ; avec mon argent dans la main et le cœur rempli de bien des frayeurs, je le priai de respecter la promesse qu'il m'avait faite lorsqu'il s'était plu à me promettre ma liberté aussitôt que je pourrais l'acheter. Ce discours sembla le confondre ; il se mit à se rétracter ; et à cet instant-là mon cœur se serra à l'intérieur de moi.

« Quoi, dit-il, te donner ta liberté ? Pourquoi, où as-tu pris l'argent ? As-tu quarante livres sterling ? — Oui, Monsieur, répondis-je. — Comment les as-tu obtenues ? » répliqua-t-il. Je le lui dis très honnêtement. Le capitaine dit alors qu'il savait que j'avais eu cet argent très honnêtement et à force de labeur, et que j'étais particulièrement prudent. Sur ce, mon maître répondit que je gagnais de l'argent bien plus vite que lui ; et ajouta qu'il ne m'aurait pas fait la promesse qu'il m'avait faite s'il avait songé que j'aurais trouvé l'argent aussi vite. « Voyons, voyons, dit mon digne capitaine, donnant à mon maître une tape dans le dos. Allez, Robert (c'était son prénom), je crois que tu dois lui rendre sa liberté ; tu as très bien placé ton argent ; tu en as reçu de bons intérêts pendant tout ce temps, et pour finir voici à présent le principal. Je sais que Gustavus t'a fait gagner plus de cent livres par an, et il te fera encore économiser de l'argent puisqu'il ne te quittera pas. Voyons, Robert, prends l'argent.» Mon maître dit alors qu'il ne tiendrait pas sa promesse; et, prenant l'argent, il me dit de me rendre au secrétariat du Bureau de l'État civil, pour faire rédiger mon affranchissement. Ces mots de mon maître furent comme une voix céleste pour moi: en un instant toute mon appréhension se transforma en un indicible bonheur absolu; et je m'inclinai de la manière la plus révérencielle en reconnaissance, incapable d'exprimer mes sentiments excepté par mes yeux inondés de larmes, et le cœur rempli de remerciements envers Dieu; tandis que mon véritable et digne ami, le capitaine, nous félicitait tous les deux avec un degré particulier de joie sincère. Aussitôt que mes premiers transports de joie s'évanouirent, et que j'eus exprimé mes remerciements à mes dignes amis de la meilleure façon que je pus, je me levai le cœur rempli d'émotion et de respect, et quittai la pièce, afin de me soumettre à la joyeuse autorisation de mon maître d'aller au Bureau de l'État civil. Lorsque je quittai la maison, je me remémorai les mots du Psalmiste, dans le Psaume 126, et comme lui, «je glorifiai Dieu dans mon cœur, en qui j'avais confiance». Ces mots avaient été gravés dans mon esprit à partir du jour même où l'on m'emmena de force de Deptford jusqu'à l'heure présente, et maintenant je les voyais, comme je le pensais, s'accomplir et se confirmer. Mon imagination fut totalement extasiée tandis que j'allais à toute allure vers le Bureau de l'État civil; et, à cet égard, comme l'apôtre Pierre (celui qui fut libéré de prison d'une manière si soudaine et extraordinaire, qu'il crut être dans une vision), j'eus du mal à croire que j'étais éveillé. Ciel! qui pouvait rendre justice à mes sentiments à ce moment-là! Non pas les héros victorieux en personne, au milieu d'un triomphe. Ni la mère tendre qui vient tout juste de retrouver son bébé perdu depuis longtemps, et le serre contre son cœur. Ni le marin affamé et épuisé qui aperçoit le port amical tant désiré. Ni l'amant, lorsqu'une fois de plus il embrasse sa maîtresse chérie, après qu'on la lui eut arrachée des bras ! Tout à l'intérieur de ma poitrine était en émoi, ferveur et frénésie ! Mes pieds touchaient à peine le sol, car la joie leur donnait des ailes, et comme Élie, lorsqu'il monta au Ciel, ils « avaient la vitesse de l'éclair alors que j'avançais ». Je parlais de mon bonheur à tous ceux que je rencontrai, et criais sur tous les toits la vertu de mon aimable maître et de mon capitaine.

Quand j'arrivai au bureau et informai l'officier d'État civil de ma commission, il me félicita à cette occasion, et me dit qu'il rédigerait mon affranchissement à moitié prix, ce qui représentait une guinée. Je le remerciai pour sa gentillesse ; et l'ayant reçu et payé, je m'empressai de rentrer chez mon maître pour la lui donner à signer, afin d'être entièrement libéré.

Aussi signa-t-il l'affranchissement ce jour-là ; si bien qu'avant la nuit, moi qui avais été esclave dans la matinée, frémissant à la volonté d'un autre, j'étais devenu mon propre maître, et complètement libre. Pour moi, cette journée fut la plus heureuse que j'eusse jamais connue ; et ma joie fut davantage intensifiée par les bénédictions et les prières de plusieurs personnes de race noire, particulièrement les personnes âgées, envers qui mon cœur avait toujours été attaché et respectueux.

Comme le formulaire de mon affranchissement comporte quelque chose de spécial, et exprime le pouvoir absolu et la domination qu'un individu revendique sur son pareil, je demanderai la permission de le présenter à mes lecteurs dans son intégralité.

Montserrat. — À tous les hommes qui prendront connaissance de ces documents : Moi, Robert King, de la paroisse de Saint-Anthony, domicilié dans ladite île, marchand, vous salue : Sachez que, moi, le susmentionné Robert King, pour et en considération de la somme de soixante-dix livres, monnaie courante de ladite île, qui me furent payées en main propre, et dans l'intention qu'un nègre esclave mâle, appelé Gustavus Vassa, devienne désormais libre, je l'ai affranchi, et libéré, et par ces documents en effet j'affranchis, et libère, ledit nègre esclave mâle du nom de Gustavus Vassa, pour toujours ; par la présente je donne, accorde, et cède audit Gustavus Vassa, tout droit, tout titre, toute dépendance, toute souveraineté, et toute propriété, que, en tant que seigneur et maître du susdit Gustavus Vassa, j'avais, ou j'ai aujourd'hui ; ou que par tout moyen que ce soit que je puisse ci-après, dans la mesure du possible avoir sur lui, le susmentionné nègre, pour toujours. En témoin que moi, le susdit Robert King, j'ai écrit et apposé mon sceau sur ces documents ce dixième jour de juillet, de l'année de notre Seigneur, mille sept cent soixante-six.

ROBERT KING

Signé, scellé, et livré en présence de Terry Legay [*sic*], à Montserrat.
L'affranchissement ci-inclus est enregistré dans son intégralité, ce onzième jour de juillet, 1766, in liber D[100].

TERRY DEGAY [*sic*],
Officier de l'État civil.

En résumé, les Blancs tout comme les Noirs me donnèrent aussitôt une nouvelle appellation, à mon avis la plus souhaitable au monde, qui était homme libre, et lors des danses que je donnai, mon costume bleu distingué de Géorgie ne passa pas inaperçu comme je l'avais pensé. Certaines femmes noires, qui se tenaient auparavant à distance, se mirent à présent à se détendre et à apparaître moins timides; mais mon cœur était toujours fixé sur Londres, où j'espérais être sous peu. Si bien que mon fidèle capitaine et son propriétaire, mon ancien maître, découvrant mon esprit tourné vers Londres, me dirent: «Nous espérons que tu ne nous quitteras pas, et que tu continueras avec les navires.» À ce moment-là, la gratitude me fit plier; et seul un esprit généreux peut estimer mes sentiments, tandis que je luttais entre inclination et devoir. Cependant, malgré mon souhait d'être à Londres, je répondis d'une manière soumise à mes bienfaiteurs que j'irais dans le bateau, et que je ne les abandonnerais pas; et le jour même je montai à bord en tant que matelot de deuxième classe, pour trente-six shillings par mois, en plus des gratifications que je pouvais gagner. Mon intention était d'effectuer un ou deux voyages, uniquement pour faire plaisir à mes patrons honorés; mais je décidai que l'année suivante, si cela plaisait à Dieu, je reverrais la vieille Angleterre une fois de plus, et surprendrais mon ancien maître, le capitaine Pascal, qui était constamment dans mon esprit; car je l'aimais toujours, malgré son traitement envers moi, et je me plaisais à la pensée de ce qu'il dirait lorsqu'il verrait ce que le Seigneur avait fait pour moi en si peu de temps, au lieu d'être, comme il pourrait peut-être le supposer, sous le joug cruel d'un certain planteur. Souvent, je me distrayais et raccourcissais le temps de mon retour avec ce genre de rêveries; et à présent, étant comme à mon état initial d'homme libre en Afrique, j'embarquai à bord du *Nancy*, après avoir apprêté tout le nécessaire pour notre voyage. Dans cet état de sérénité, nous partîmes pour Saint-Eustache ; la mer étant calme et le temps clément, nous y arrivâmes bientôt : après avoir embarqué notre chargement, nous continuâmes vers Savannah en Géorgie, en août 1766. Alors que nous y étions, comme à l'accoutumée, je montais souvent les rivières en barque pour chercher la cargaison ; et dans cette tâche des alligators nous attaquaient souvent ; ils étaient en très grand nombre sur cette côte ; et nous tirâmes sur plusieurs lorsqu'ils furent sur le point de monter dans nos barques, chose que nous avons parfois eu beaucoup de mal à éviter, et ils nous ont énormément effrayés. J'ai vu vendre un jeune alligator vivant en Géorgie pour six pence.

Pendant notre séjour à cet endroit, un soir, un esclave appartenant à M. Read, un marchand de Savannah, approcha de notre bateau, et se mit à me traiter d'une manière fort déplaisante. Je l'implorai, avec toute la patience dont j'étais maître, de cesser, car je savais qu'il n'y avait pour ainsi dire aucune loi pour un nègre libre là ; mais l'individu, au lieu d'écouter mon conseil, persévéra dans ses insultes, et me frappa même. Là je perdis tout contrôle, et me jetai sur lui et le frappai avec brutalité. Le matin suivant son maître vint à notre bord comme nous accostions le quai, et souhaita que je me rendisse sur la berge pour qu'il me fît fouetter partout dans la ville, pour avoir battu son esclave nègre. Je lui dis que celui-ci m'avait insulté, et m'avait provoqué en me frappant le premier. J'avais également raconté au capitaine toute l'histoire ce matin-là, et je lui avais demandé de m'accompagner chez M. Read, afin d'éviter des conséquences fâcheuses ; mais il dit que cela n'avait pas d'importance, et que si M. Read disait quoi que ce fût, il arrangerait les choses et il me demanda d'aller au travail, ce que je fis donc. Le capitaine, qui était à bord lorsque

M. Read arriva et s'adressa à lui pour que je lui fusse remis, dit qu'il ne savait rien de l'affaire et que j'étais un homme libre. Cela m'étonna et m'effraya, et je pensai que je ferais mieux de rester où j'étais plutôt que d'aller sur la côte et me faire fouetter partout dans la ville, sans jugement ni procès. Je refusai donc de bouger ; et M. Read s'en alla, jurant qu'il amènerait tous les policiers de la ville, car il me forcerait à descendre du bateau. Une fois qu'il fut parti, je pensai que pour mon malheur sa menace pourrait s'avérer réelle ; et cette pensée me fut confirmée, aussi bien par les divers exemples de traitements réservés aux nègres libres que j'avais vus, que par un événement qui était arrivé ici à mon propre ami peu de temps auparavant.

Un homme noir libre, charpentier, que je connaissais, et qui, pour avoir demandé à un monsieur pour lequel il travaillait, l'argent qu'il avait gagné, avait été mis en prison ; et par la suite cet homme opprimé fut renvoyé de Géorgie, avec l'accusation fausse d'avoir eu l'intention de mettre le feu à la demeure du monsieur, et de fuir avec ses esclaves. J'étais donc fort embarrassé, et j'appréhendais beaucoup d'être pour le moins fouetté. Je redoutais, de toutes choses, l'idée d'être marqué de coups de fouet, comme je n'avais jamais, de toute mon existence, eu les marques d'une quelconque violence de ce type. À ce moment-là une rage saisit mon âme, et pour peu je décidai de résister au premier homme qui se permettrait de me brutaliser ou qui me traiterait lâchement sans procès ; car je préférais plutôt mourir en homme libre qu'accepter d'être fouetté par les mains de brutes, et de me faire saigner tel un esclave. Le capitaine et les autres, plus prudents, me conseillèrent de me dépêcher de me cacher ; car ledit M. Read était un homme fort rancunier, et il reviendrait bientôt sur le bateau avec des policiers pour me prendre. Je rejetai d'abord ce conseil, étant déterminé à rester sur ma position ; mais finalement, à cause des vives instances du capitaine et de M. Dixon, avec qui celui-ci logeait, je me rendis au domicile de M. Dixon, qui se trouvait à quelque distance de la ville, à un endroit appelé *Yea-ma-chra*[101]. Je venais tout juste de partir lorsque M. Read, accompagné des policiers, vint me chercher et fouilla le bateau ; mais, comme il ne m'y trouva pas, il jura qu'il m'aurait mort ou vif. On me cacha pendant environ cinq jours ; cependant, le bon tempérament que mon capitaine m'avait toujours attribué, de même que quelques autres messieurs qui me connaissaient également, me fit avoir quelques amis. Finalement, certains d'entre eux dirent à mon capitaine qu'il n'avait pas bien agi envers moi, me laissant être de la sorte outragé, et dirent qu'ils voulaient me voir obtenir réparation et m'amener à bord d'un autre bateau. Ce sur quoi mon capitaine se rendit aussitôt chez M. Read, et lui dit que, depuis que je m'étais enfui de son bateau, son travail était laissé à l'abandon, et il ne pouvait pas continuer son chargement, lui-même et le second ne se sentant pas bien ; de plus, comme j'avais dirigé les choses à bord pour eux, mon absence allait retarder son voyage, et par conséquent causer du tort au propriétaire ; il le pria donc de me pardonner, comme, dit-il, il n'avait jamais auparavant eu de plainte me concernant, pendant toutes les années que j'avais été avec lui. Après des supplications répétées, M. Read dit que je pouvais aller au diable, et qu'il ne me toucherait pas ; sur ce mon capitaine vint immédiatement me trouver dans son logement, pour me raconter la manière agréable par laquelle les choses avaient été réglées, et il me demanda de monter à bord.

Certains de mes autres amis lui demandèrent alors

s'il leur avait repris le mandat d'arrêt de la police ; le capitaine répondit que non. Alors ils me demandèrent de rester à la maison ; et ils dirent qu'ils me feraient embarquer dans un autre bateau avant la soirée. Quand le capitaine l'entendit, il devint presque affolé. Il alla aussitôt chercher le mandat d'arrêt, et, après avoir usé de tous les moyens en son pouvoir, il finit par l'obtenir de mes poursuivants ; mais je devais payer tous les frais.

Après avoir remercié tous mes amis pour leur gentillesse, je retournai à bord à mon travail qui était toujours à foison. Nous nous empressâmes de terminer notre chargement et nous devions transporter vingt têtes de bétail avec nous vers les Indes-Occidentales, où elles constituent un produit fort rentable. Pour m'encourager au travail, et me faire rattraper le temps que j'avais perdu, mon capitaine me promit d'avoir le privilège d'emporter deux de mes propres bœufs avec moi ; et cela me fit redoubler d'ardeur au travail. Aussitôt que j'eus chargé le bateau, pour ce faire, je fus contraint d'effectuer la tâche du second de même que mon propre travail, et lorsqu'on s'apprêta à apporter les bœufs à bord, je demandai au capitaine la permission d'apporter mes deux bœufs, selon sa promesse ; mais à ma grande surprise, il me dit qu'il n'y avait pas de place pour eux. Je lui demandai donc de me permettre de n'en embarquer qu'une, mais il dit qu'il ne pouvait pas. Je fus grandement choqué par cette attitude, et lui dis que je n'avais pas songé qu'il avait l'intention de me duper de la sorte ; et que je ne pouvais penser du bien d'un homme qui ne tenait pas sa parole. À ce propos, nous fûmes en désaccord, et je lui fis comprendre que j'avais l'intention de quitter le navire. Ce sur quoi il parut être énormément abattu ; et notre second qui avait été très malade, et dont la tâche m'incombait depuis longtemps, lui conseilla de me convaincre de rester : par conséquent, il me parla très affablement, me faisant diverses promesses honnêtes, me disant que, comme le second était si malade, il ne pouvait pas se passer de moi ; et que, comme la sécurité du bateau et de la cargaison dépendait en grande partie de moi, il espérait donc que je ne me formaliserais pas de ce qui s'était passé entre nous, et jura de tout arranger une fois qu'on arriverait dans les Indes-Occidentales ; ainsi consentis-je à continuer de travailler dur comme auparavant. Peu après cela, alors que les bœufs montaient à bord, l'un d'eux se précipita vers le capitaine et lui donna furieusement un coup de tête dans la poitrine, dont il ne se remit jamais. Pour me dédommager d'une certaine manière pour son attitude concernant les bœufs, à présent le capitaine me pressait grandement d'emporter quelques dindes, ainsi que d'autres volailles, et me donna la liberté de prendre la quantité que je pouvais emmagasiner : mais je lui dis qu'il savait bien que je n'avais jamais transporté de dindes auparavant ; car j'avais toujours pensé qu'il s'agissait d'oiseaux si tendres qu'ils n'étaient pas adaptés pour traverser les mers. Cependant, il continua d'insister pour que je les achète pour une fois ; ce qui me parut très surprenant était que plus je m'y opposais, plus il insistait pour que je les prenne, tant qu'il me garantissait de toutes pertes qu'elles pourraient causer, et on me persuada de les prendre ; mais je trouvai cela fort étrange, car il n'avait jamais auparavant agi de la sorte avec moi. Cela, et l'incapacité de dépenser mon billet d'argent d'une autre manière m'amenèrent finalement à en prendre quatre douzaines. Les dindes, cependant, j'en fus si mécontent que je décidai de ne plus faire de traversées à cet endroit, ni avec ce capitaine, et j'appréhendais tant que mon voyage en homme libre fût le pire que je n'avais jamais effectué.

Nous mîmes les voiles pour Montserrat. Le capitaine et le second se plaignaient tous deux d'être malades alors que nous naviguions, et tandis que nous continuions notre traversée, leur état empira. C'était presque le mois de novembre, et cela ne faisait pas longtemps que nous étions en mer lorsque nous commençâmes à faire face à de grands vents de nord et à une mer agitée ; et dans l'intervalle de sept à huit jours tous les bœufs furent sur le point de se noyer, et quatre ou cinq moururent. Notre bateau, qui n'avait pas été très chargé au départ, l'était bien moins à présent : et, bien que nous ne fussions que neuf en tout, y compris cinq marins et moi-même, nous fûmes obligés cependant de participer au pompage toutes les demi-heures ou trois quarts d'heure. Le capitaine et le second vinrent sur le pont autant qu'il leur fut possible, ce qui arrivait désormais très rarement ; car leur état déclinait si vite, qu'ils ne furent pas suffisamment en état de faire des observations plus de quatre ou cinq fois durant toute la traversée. Tout le soin du bateau reposait donc sur moi, et je fus contraint de le diriger à force de bon sens, n'étant pas capable de tirer des bordées[102]. Le capitaine était à présent fort désolé de ne m'avoir pas appris la navigation, et protesta que si jamais il recouvrait la santé, il ne manquerait pas de le faire ; mais au bout d'environ dix-sept jours sa maladie avait tant empiré qu'il fut obligé de rester au lit, sans perdre conscience, cependant, jusqu'à son dernier souffle, et se préoccupant constamment de l'intérêt du propriétaire, car cet homme juste et bienveillant se montrait toujours très concerné du bon état de ce qu'on lui avait confié. Lorsque ce cher ami sentit les symptômes de la mort approcher, il m'appela par mon nom ;

et, quand j'arrivai près de lui, il me demanda (avec presque tout son dernier souffle) s'il m'avait jamais fait du mal. « À Dieu ne plaise que je ne pense une telle chose, répondis-je, je devrais alors être le plus ingrat des misérables pour le meilleur des bienfaiteurs. » Tandis que j'étais ainsi en train d'exprimer mon affection et ma peine près de son chevet, il rendit l'âme sans dire un mot de plus ; et le jour suivant nous confiâmes son corps aux grandes profondeurs. Chaque homme l'aimait, et pleura sa mort ; mais j'en fus extrêmement affecté, et je découvris que je ne connaissais pas, jusqu'à son départ, l'ampleur de ma considération pour lui. En effet, j'avais toutes les raisons au monde de lui être attaché ; car, outre cela, il était généralement doux, affable, généreux, fidèle, bienveillant, et juste, il était pour moi un ami et un père ; et s'il avait plu à la Providence, qu'il fût mort environ cinq mois plus tôt, je pense réellement que je n'aurais pas eu ma liberté au moment où je l'obtins ; et il n'est pas invraisemblable que plus tard je n'eusse pu l'obtenir de toute façon.

Le capitaine étant mort, le second venait sur le pont pour faire autant d'observations qu'il pouvait, mais en pure perte. En un peu plus de quelques jours, on retrouva morts les quelques boeufs restants ; mais les dindes que j'avais, bien qu'exposées sur le pont par un temps si humide et mauvais, s'en sortirent bien, et je gagnai environ trois cents pour cent plus tard en les vendant ; si bien qu'en réalité ce fut une circonstance heureuse pour moi de n'avoir pas acheté les bœufs que je voulais, car ils auraient certainement péri avec les autres ; et je ne pus m'empêcher de considérer cela, sinon une circonstance dérisoire, telle une grâce spéciale de Dieu, et par conséquent j'étais reconnaissant. Le soin du bateau prenait tout mon temps, et engageait toute mon attention. Comme nous étions à présent hors des vents variables, je crus que je ne devrais pas être trop perplexe de tomber sur les îles. J'étais convaincu de faire route tout droit vers Antigua, que j'espérais atteindre puisque c'était la plus proche de nous ; et en neuf ou dix jours nous atteignîmes cette île, à notre grande joie ; et le jour suivant nous arrivâmes sains et saufs à Montserrat.

Beaucoup furent abasourdis lorsqu'ils entendirent que j'avais dirigé le sloop jusqu'au port, et je reçus à présent un nouveau nom, on m'appelait capitaine. Cela m'enthousiasma beaucoup, et c'était plutôt flatteur pour ma vanité : être ainsi nommé par un titre aussi haut qu'aucun homme libre de cet endroit ne possédait. Lorsque la mort du capitaine fut connue, tous ceux qui le connaissaient le regrettèrent beaucoup ; car c'était un homme universellement respecté. En même temps, le capitaine noir ne perdit pas sa réputation, car le succès que j'avais connu augmenta l'affection de mes amis dans une mesure non négligeable.

CHAPITRE VIII

L'auteur, pour complaire à M. King, embarque une fois de plus dans l'un de ses vaisseaux en direction de la Géorgie. Un nouveau capitaine est nommé. Ils naviguent, et prennent une nouvelle route. Trois rêves remarquables. Le vaisseau fait naufrage sur la Berge de Bahama, mais l'équipage est protégé, principalement grâce à l'entremise de l'auteur. Il part de l'île avec le capitaine, dans un petit canot, à la recherche d'un bateau. Leur détresse. Rencontre d'un bateau sauveteur. Navigation vers Providence. Une tempête terrible les rattrape, et tous deux manquent de périr. Ils arrivent à Nouvelle Providence. L'auteur, après quelque temps, part de là pour la Géorgie. Il rencontre une autre tempête, et se voit obligé de rentrer au port pour remettre le bateau en état. Il arrive en Géorgie. Rencontre de nouvelles exactions. Deux hommes blancs tentent de le kidnapper. Il exerce les fonctions de pasteur lors d'une cérémonie funéraire. Il dit adieu à la Géorgie, et fait route vers la Martinique.

Comme j'avais à présent, du fait du décès de mon capitaine, perdu mon grand bienfaiteur et ami, j'avais peu de raisons de rester plus longtemps dans les Indes-Occidentales, excepté par gratitude envers M. King, gratitude que je pensais avoir assez bien remplie en ramenant son navire en bon état, et en livrant sa cargaison à sa satisfaction. Je me mis à songer quitter cette partie du monde, dont j'étais las depuis longtemps, pour retourner en Angleterre, où mon cœur avait toujours été; mais M. King insista encore énormément pour que je demeure avec son navire; et il avait tant fait pour moi que je me trouvais dans l'incapacité de repousser ses requêtes, et consentis d'effectuer une autre traversée vers la Géorgie, comme le second, par son mauvais état de santé, était plutôt inutile dans le navire. Par conséquent, un nouveau capitaine avait été nommé qui se nommait William Phillips, l'une de mes vieilles connaissances; et, notre bateau ayant été réparé, après avoir pris plusieurs esclaves à bord, nous mîmes les voiles pour Saint-Eustache, où nous ne restâmes que quelques jours: et le 30 janvier 1767, nous nous dirigeâmes vers la Géorgie. Notre nouveau capitaine vantait curieusement ses compétences en matière de navigation et de la direction d'un navire; et en conséquence de cela, il prit une nouvelle route, éloignée de plusieurs points de plus vers l'ouest que nous ne l'avions jamais fait auparavant; cela me parut fort extraordinaire.

Le 4 février, ce qui correspondait à peu de temps après que nous avions entamé notre nouvelle route, je rêvai que le bateau avait fait naufrage au milieu de vagues déferlantes et d'écueils, et que j'étais le seul à pouvoir sauver tout le monde à bord; et la nuit suivante, je fis exactement le même rêve. Ces rêves, par contre, n'eurent aucun effet dans mon esprit; et le soir du lendemain étant mon tour de quart en bas, j'étais en train de pomper le navire peu après huit heures, juste avant de quitter le pont, comme il est de coutume; et étant épuisé à cause du travail de la journée, et las de pomper (car nous faisions beaucoup d'eau), je me mis à exprimer mon impatience, et poussai un juron, « au diable la carène du navire ». Mais ma conscience me tourmenta instantanément pour cette expression. Quand je quittai le pont, j'allai au lit, et je m'étais à peine endormi que je fis à nouveau le même rêve à propos du bateau, tel que j'avais rêvé les deux nuits précédentes. À minuit, on changea de quart ; et, comme je me chargeais toujours du quart du capitaine, je me rendis alors sur le pont. À une heure et demie du matin le timonier aperçut quelque chose sous le vent de travers que la mer baignait, et il fit aussitôt appel à moi, disant qu'il y avait une orque, et voulut que je la visse. Par conséquent, je me levai et l'observai pendant quelque temps ; mais, lorsque je vis la mer se jeter contre elle sans cesse, je dis qu'il ne s'agissait pas d'un poisson mais d'un rocher. Étant à présent certain de cela, je descendis voir le capitaine, et, quelque peu confus, je lui parlai du danger que nous courions, et lui demandai de venir sur le pont immédiatement. Il dit que cela allait très bien, et je remontai. Aussitôt que j'arrivai sur le pont, le vent, qui avait été très fort, étant un peu tombé, le vaisseau se mit à s'orienter obliquement vers le rocher, transporté par le courant. Aussi allai-je de nouveau le trouver, et je lui dis que le navire était alors près d'un grand rocher, et je le priai de monter à toute vitesse. Il dit qu'il le ferait, et je retournai sur le pont. Lorsque je fus de nouveau sur le pont, je vis que nous n'étions pas à plus d'un tir de pistolet du rocher, et j'entendis le bruit des brisants tout autour de nous. Cela m'alarma extrêmement ; et le capitaine n'étant toujours pas venu sur le pont, je perdis toute patience ; et, devenant plutôt enragé, je redescendis le voir en courant, et lui demandai pourquoi il ne montait pas, et ce qu'il pouvait bien penser en agissant ainsi ?

« Les écueils, dis-je, nous entourent, et le navire

est presque sur le rocher. » Sur ce, il vint sur le pont avec moi, et nous essayâmes de virer de bord, et de le sortir du courant, mais tout cela en pure perte, le vent étant très faible. Aussitôt, nous fîmes alors appel à tous les bras ; et après peu de temps, nous soulevâmes un bout d'un câble et l'attachâmes à l'ancre. Entre-temps, la vague déferlante écumait autour de nous, et produisait un bruit horrible sur les brisants, et juste au moment où nous jetâmes l'ancre, le bateau heurta les rochers. Une houle revenait continûment, une vague en appelait une autre ; les mugissements des flots s'accrurent, et, avec un seul soulèvement de la houle, le sloop fut transpercé et immobilisé parmi les rochers ! En un instant une scène d'horreur se présenta à mon esprit, telle que je n'en avais jamais conçu ou connu auparavant. Tous mes péchés me sautèrent aux yeux ; et surtout, je crus que Dieu avait déchaîné sa terrible vengeance sur ma tête coupable d'avoir maudit le vaisseau dont dépendait ma vie. Ce sur quoi, mes pensées m'abandonnèrent, et je m'attendais à couler à chaque instant : je résolus que, si je devais encore être sauvé, je ne jurerais plus jamais. Et au milieu de ma détresse, tandis que les horribles vagues déferlantes se brisaient avec une violence constante sur les rochers, je me souvins du Seigneur, bien qu'apeuré de ne pas mériter de pardon, et je pensai que, comme il avait toujours délivré, il pourrait encore délivrer ; et, me rappelant toutes les grâces qu'il m'avait montrées dans le passé, elles me donnèrent quelque espoir qu'il pourrait encore m'aider. Je me mis alors à songer à la manière dont nous pourrions être sauvés ; et je crois qu'aucun esprit n'était comme le mien aussi rempli d'inventions et confus de plans, même si je ne savais pas comment échapper à la mort. Le capitaine donna aussitôt l'ordre de clouer les écoutilles sur les esclaves de la cale, où il y en avait environ vingt, qui seraient inévitablement tous morts si on lui avait obéi. Lorsqu'il demanda à quelqu'un de clouer les écoutilles, je pensai que mon péché en était la cause, et que Dieu m'accuserait pour le sang de ces individus. Cette pensée jaillit dans mon esprit à cet instant-là avec une telle violence, qu'elle me domina même, et je perdis connaissance. Je retrouvai mes esprits juste au moment où ils étaient sur le point de clouer les écoutilles; voyant cela, je leur demandai d'arrêter. Le capitaine dit alors que cela devait être fait: je lui demandai pourquoi. Il répondit que chacun tenterait de monter dans le canot, qui était cependant petit, et par conséquent, nous nous noierions; car il n'aurait pas pu transporter plus de dix personnes au maximum. Je ne pus plus longtemps retenir mon émotion et lui dis qu'il méritait de se noyer pour n'avoir pas su faire naviguer le navire; et je crois que les hommes l'auraient jeté par-dessus bord si je ne le leur avais pas interdit. Cependant les écoutilles ne furent pas clouées, et, comme aucun d'entre nous ne pouvait alors quitter le navire à cause de l'obscurité, et comme nous ne savions pas où nous rendre, convaincus par-dessus tout que le canot ne pourrait pas surmonter les vagues déferlantes, nous dîmes tous que nous resterions sur la partie sèche du navire, et nous nous confiâmes à Dieu jusqu'à l'apparition de la lumière du jour, lorsque nous sûmes mieux quoi faire.

Je conseillai donc de préparer le canot pour le matin, et certains d'entre nous s'y mirent; mais d'autres abandonnèrent tout soin du navire et d'eux-mêmes, et tombèrent dans la boisson. Une partie de notre canot dépassait sa carène sur une longueur d'environ deux pieds, et nous n'avions pas d'outils pour la réparer; cependant, la nécessité étant la mère de l'invention, je pris du cuir de pompe et le clouai sur la partie cassée, puis je le plâtrai au-dessus à l'aide de la graisse de suif. Ensuite, ainsi préparé, avec la plus grande anxiété d'esprit nous guettâmes la lumière du jour, considérant chaque minute comme une heure jusqu'à ce qu'elle apparût. Finalement, elle salua nos yeux remplis de regrets, et la bonne Providence l'accompagnait avec ce qui ne fit que notre grand réconfort; car les terribles houles se mirent à se calmer; et ce que nous découvrîmes ensuite, au point de soulever nos esprits abattus, fut une petite clé ou une île déserte, à environ cinq ou six milles; mais une barrière se présenta bientôt; puisqu'il n'y avait pas suffisamment d'eau pour que notre canot passât sur les récifs, et cela nous plongea à nouveau dans une triste consternation; mais il n'y avait aucune alternative, nous fûmes donc contraints de ne mettre que quelques personnes à la fois dans le bateau; et, le pire était que nous devions tous fréquemment sortir pour le tirer et le soulever sur les récifs. Cela nous causa beaucoup de travail et de fatigue; et, ce qui était cependant plus affligeant, c'était que nous ne pouvions éviter de trop nous blesser et d'écorcher nos pieds sur les rochers. Seules quatre personnes travaillaient avec moi à la rame; et il s'agissait de trois hommes noirs et un marin créole hollandais; et, bien que nous fissions cinq traversées avec le canot ce jour-là, nous ne reçûmes pas l'aide d'autres personnes. Mais, si nous n'avions pas travaillé de la sorte, je crois vraiment que les hommes n'auraient pas pu être sauvés; puisque aucun des hommes blancs ne fit quoi que ce fût pour préserver leurs vies; en effet, ils devinrent vite si soûls qu'ils ne furent pas habiles, au contraire ils étaient étendus sur le pont tels des porcs, si bien que nous fûmes finalement obligés de les porter pour les embarquer, et nous les transportâmes de force sur la côte. Ce besoin d'assistance rendit notre travail sauvagement difficile ; tant que, en allant sur la côte à maintes reprises ce jour-là, la peau de mes mains s'arrachait presque.

Cependant, nous continuâmes à travailler dur et à fournir de gros efforts pendant toute la journée, jusqu'à ce que nous eussions transporté tout le monde à bord sur la côte sain et sauf, si bien que nous ne perdîmes personne sur les trente-deux que nous étions.

Mon rêve resurgit à présent dans mon esprit avec toute sa force ; il s'était de toute part réalisé ; puisqu'il s'agissait du même danger que celui dont j'avais rêvé ; et je ne pouvais m'empêcher de me considérer comme l'instrument principal qui effectua notre sauvetage ; car, à cause de certains de nos hommes qui s'étaient enivrés, le reste d'entre nous fût contraint de redoubler d'efforts ; et ce fut par chance que nous le fîmes, puisqu'en très peu de temps en plus, la pièce de cuir du canot se serait déchirée, et il n'aurait plus été convenable de l'utiliser. Dans la situation où nous étions, qui pourrait penser que des hommes fussent si insouciants du danger dans lequel ils étaient ? puisque, si le vent n'avait que soulevé la houle comme cela avait été le cas lorsque le navire heurta les rochers, nous aurions certainement dit un dernier au revoir à tous les espoirs de délivrance et bien que j'avertisse les hommes qui s'enivraient, et les suppliai de profiter du temps de délivrance, cependant ils persistèrent, comme s'ils n'avaient pas la moindre lueur de raison. Je ne pouvais m'empêcher de penser que, si l'un de ces individus avait été tué, Dieu m'aurait rendu responsable de leur mort, ce qui, peut-être, était l'une des causes de mon si dur labeur pour les protéger et, en effet, chacun d'entre eux par la suite sembla si conscient du service que je lui avais rendu, que, alors que nous étions sur cette petite île, j'étais une sorte de chef parmi eux. J'apportai sur la côte quelques limes, des oranges, et du citron; et, trouvant la terre où nous nous trouvions bonne, j'en plantai plusieurs comme une marque pour quiconque pourrait être naufragé plus tard. Cette petite île, ainsi que nous le découvrîmes par la suite, faisait partie des îles Bahamas, qui sont composées d'un groupe de grandes îles constituées d'une multitude de petites. Sa circonférence faisait environ un mille, avec une plage au sable blanc étendue de manière régulière tout au long. Sur cette partie de l'île où nous tentâmes d'abord de toucher terre, il y avait quelques très grands oiseaux appelés des flamants: ces derniers, au reflet du soleil, nous semblaient à une petite distance aussi grands que des hommes; et, lorsqu'ils reculaient et avançaient, nous ne pouvions pas comprendre ce qu'ils étaient: notre capitaine jura qu'il s'agissait de cannibales. Cela produisit une grande panique parmi nous; et nous nous consultâmes sur la manière d'agir. Le capitaine voulut se rendre dans une petite île qu'on apercevait, mais à une distance considérable; mais je m'y opposai, car en agissant ainsi nous n'aurions pas pu sauver tout le monde; «alors, dis-je, rejoignons le rivage ici, et peut-être que ces cannibales vont s'enfuir vers la mer». Par conséquent nous nous dirigeâmes vers eux; et lorsque nous les approchâmes, à notre très grande joie et non pas au moindre émerveillement, ils s'éloignèrent l'un après l'autre d'une manière très posée; et finalement ils s'envolèrent, nous soulageant entièrement de notre peur. Près de la petite île, il y avait des tortues et plusieurs variétés de poissons dans une telle abondance que nous en attrapâmes sans appâts, ce qui fut un grand soulagement pour nous après les provisions salées du bateau[103]. Il y avait aussi un gros rocher sur la plage, haut de dix pieds environ, dont le pic avait la forme d'un bol à punch ; pour cela nous ne pûmes nous empêcher de penser que la Providence avait décidé de nous fournir en eau de pluie ; et ce qui était singulier était que, si nous ne prenions pas l'eau pendant qu'il pleuvait, en peu de temps, elle devenait aussi salée que l'eau de mer.

Notre premier soin, après nous être rafraîchis, fut de nous faire des tentes pour y loger, ce que nous fîmes du mieux que nous pûmes avec des voiles que nous avions rapportées du bateau. Nous commençâmes alors à penser à la manière dont nous pourrions partir de cet endroit, qui était tout à fait inhabité ; et nous décidâmes de réparer notre canot, qui était fort détruit, et de reprendre la mer à la recherche d'un navire ou d'une quelconque île habitée. Cela nous prit cependant onze jours avant de pouvoir apprêter le canot pour reprendre la mer de la manière que nous le désirions, avec une voile et tout le nécessaire. Lorsque nous eûmes tout apprêté, le capitaine me demanda de rester sur la côte tandis qu'il irait en mer en quête d'un vaisseau pour embarquer tous les hommes de la petite île ; mais je refusai ; et le capitaine et moi-même, ainsi que cinq autres, partîmes en canot en direction de Nouvelle Providence[104]. Nous n'avions pas plus de deux mousquets chargés de poudre à canon, au cas où il se passerait quelque chose ; et notre réserve de vivres consistait en trois gallons de rhum, quatre d'eau, un peu de bœuf salé et quelques biscuits ; et c'est ainsi que nous continuâmes en mer.

Le deuxième jour de notre voyage, nous arrivâmes à une île appelée Abbico[105], la plus grande des îles Bahamas. Nous avions grand besoin d'eau ; car, à ce moment-là nous avions épuisé notre réserve, et nous étions extrêmement fatigués pour avoir ramé pendant deux jours sous la chaleur du soleil ; et comme il était tard dans la soirée, nous tirâmes le canot au rivage pour essayer de trouver de l'eau et y passer la nuit : lorsque nous arrivâmes sur la côte, nous cherchâmes l'eau mais n'en trouvâmes point. Quand l'obscurité tomba, nous fîmes un feu autour de nous par peur d'animaux sauvages, comme l'endroit était entièrement recouvert de bois épais, puis nous fîmes des tours de garde. Dans cette situation, nous ne trouvâmes que très peu de repos, et attendîmes la matinée avec impatience. Aussitôt que l'aube apparut, nous nous mîmes de nouveau en route avec notre canot, dans l'espoir de trouver de l'aide pendant la journée. Nous étions à présent très découragés et affaiblis en tirant le canot ; car notre voile n'était pas utile, et nous mourions presque de faim par manque d'eau fraîche à boire. Il ne nous restait rien à manger excepté du bœuf salé, et nous ne pouvions en consommer sans eau. Dans cette situation nous besognâmes toute la journée, entrevoyant l'île qui était très longue ; le soir, ne voyant aucune amélioration, nous retournâmes sur la côte, et attachâmes notre canot. Nous partîmes donc à la recherche d'eau fraîche, étant assez affaiblis d'en manquer ; nous creusâmes et en cherchâmes partout pendant tout le reste de la soirée, mais nous ne pûmes en trouver même une goutte, si bien que notre abattement à ce moment-là devint excessif, et notre terreur si grande, que nous n'espérions rien d'autre que la mort, pour nous délivrer. Nous ne pouvions pas toucher à notre bœuf, qui était aussi salé que de la saumure, sans eau fraîche ; et nous fûmes dans la plus grande terreur, appréhendant les animaux sauvages. Lorsque la nuit malvenue arriva, nous fîmes comme la nuit précédente ; et le lendemain matin nous repartîmes de l'île dans l'espoir de voir quelque navire. De cette manière nous nous donnâmes du mal autant que nous en fûmes capables jusqu'à quatre heures, où nous dépassâmes plusieurs petites îles, mais nous ne rencontrâmes aucun bateau ; et, mourant toujours de soif, nous retournâmes sur le rivage de l'une de ces petites îles dans l'espoir de trouver de l'eau. Là, nous trouvâmes quelques feuilles portant quelques gouttes d'eau, que nous lapâmes avec grand empressement ; nous creusâmes ensuite plusieurs endroits, mais sans succès. Alors que nous creusions des trous à la recherche d'eau, il en sortit une matière très épaisse et noire ; mais personne ne la toucha, excepté le pauvre créole hollandais[106] qui en but plus d'un quart aussi avidement que si cela avait été du vin. Nous essayâmes d'attraper des poissons, mais n'y parvînmes pas : et nous commençâmes à présent à nous plaindre de notre sort, et nous nous abandonnâmes au désespoir ; lorsque, au milieu de nos murmures, le capitaine s'écria tout d'un coup : « Une voile ! une voile ! une voile ! » Ce son réjouissant fut comme un sursis accordé à un accusé, et tous, nous nous retournâmes instantanément pour la voir ; mais en peu de temps, certains d'entre nous se mirent à redouter que ce ne fût pas une voile. Cependant, au hasard, nous embarquâmes et fîmes route vers elle ; et, en une demi-heure, à notre joie inexprimable, nous vîmes bien qu'il s'agissait d'un navire, ce qui raviva nos esprits abattus, et nous avançâmes vers lui à une vitesse acceptable. Lorsque nous l'accostâmes, nous découvrîmes qu'il s'agissait d'un petit sloop d'environ la taille d'une barge de Gravesend[107], et qu'il était assez rempli de gens, une circonstance que nous ne pouvions pas comprendre. Notre capitaine, qui se trouvait être un Écossais, jura que c'était des pirates, et qu'ils nous tueraient. Je dis que, quoi qu'il en fût, nous devions le prendre à l'abordage même si nous devions y trouver la mort; et s'ils ne devaient pas nous recevoir gentiment, nous devions nous opposer à eux du mieux que nous pourrions; car il n'y avait aucune alternative entre leur mort et la nôtre. Ce conseil fut immédiatement adopté, et je crois vraiment que le capitaine, moi-même, et le Hollandais aurions alors affronté vingt hommes. Nous avions deux coutelas et un mousquet, que j'avais apportés sur le bateau; et dans cette situation, nous ramâmes bord à bord, et nous montâmes aussitôt à l'abordage. Je crois qu'il y avait environ quarante bras à son bord; mais que notre surprise fut grande, aussitôt que nous montâmes à bord, de découvrir que la plupart d'entre eux étaient dans la même situation difficile que nous.

Ils appartenaient à un schooner baleinier qui avait fait naufrage deux jours avant notre arrivée à environ neuf milles au nord de notre navire. Une fois qu'il avait fait naufrage, quelques-uns d'entre eux avaient pris leurs canots et avaient abandonné certains de leurs hommes ainsi que leurs biens sur une petite île, de la même manière que nous l'avions fait; et ils se dirigeaient comme nous vers Nouvelle Providence à la recherche d'un bateau, lorsqu'ils rencontrèrent ce petit sloop, appelé canot de sauvetage; ils étaient utilisés dans ces mers pour rechercher des navires naufragés[108]. Ils allaient donc prendre le reste des hommes du schooner pour lequel le canot sauveteur devait prendre tout ce qui appartenait au navire, et de même, avec l'assistance de leurs hommes, ils devaient récupérer tout ce qu'ils pourraient, pour ensuite transporter l'équipage vers Nouvelle Providence.

Nous parlâmes aux gens du canot de sauvetage de la condition de notre vaisseau, et nous nous entendîmes avec eux comme l'avaient fait les gens du schooner; et, accédant à notre demande, nous les priâmes d'aller directement vers notre petite île, car nos gens avaient besoin d'eau. Toutefois, ils acceptèrent d'abord de nous accompagner; et en deux jours nous arrivâmes sur la petite île, à la joie inexprimable des gens que nous avions laissés derrière nous, car ils avaient été réduits aux pires extrémités par manque d'eau pendant notre absence. Par chance pour nous, le canot de sauvetage avait à présent à son bord plus de gens qu'il ne pouvait transporter et de la nourriture pour un temps plutôt modéré; ils engagèrent donc les gens du schooner pour travailler sur le navire naufragé, et nous leur abandonnâmes notre canot, et embarquâmes pour Nouvelle Providence.

Rien n'aurait pu être plus propice que notre rencontre avec ce bateau sauveteur, car Nouvelle Providence était à une telle distance que nous n'aurions jamais pu l'atteindre dans notre canot. L'île d'Abbico était bien plus longue que nous ne l'escomptions; et ce ne fut qu'après trois ou quatre jours de navigation que nous arrivâmes sans heurt à son extrémité la plus lointaine, du côté de Nouvelle Providence. Quand nous arrivâmes là-bas, nous nous approvisionnâmes en eau, et prîmes un bon nombre de homards ainsi que d'autres crustacés; ce qui nous soulagea grandement, car nos provisions et notre eau étaient presque épuisées. Nous continuâmes ensuite notre voyage; mais un jour après que nous eûmes quitté l'île, tard dans la soirée, et pendant que nous étions encore dans les petites îles des Bahamas, un violent coup de vent nous surprit, si bien que nous fûmes contraints de dégager le mât. Le navire était juste sur le point de chavirer; car il se sépara de ses ancres et heurta plusieurs fois des écueils. Là, à chaque minute nous attendions qu'il se brisât en morceaux, et que chaque instant fût notre dernier; à tel point que mon vieux capitaine ainsi que l'inutile et maladif second, et plusieurs autres, furent pris d'un malaise; et la mort nous guettait de tous côtés. Tous ceux qui juraient à bord commencèrent à présent à invoquer le Dieu du Ciel pour les assister: et, effectivement, au-delà de notre compréhension il nous assista et nous délivra d'une manière miraculeuse! Dans le plus haut degré de notre détresse le vent se calma pendant quelques minutes; et, bien que les houles dépassassent toute expression, deux hommes, qui étaient des nageurs expérimentés, tentèrent d'aller jusqu'à la bouée de l'ancre, que nous voyions encore sur l'eau, à une certaine distance, dans un petit bachot appartenant au canot de sauvetage, qui n'était pas suffisamment grand pour transporter plus de deux personnes. Il se remplit à différents moments dans leurs tentatives de monter à son bord, parallèlement à notre navire; et ils ne virent rien devant eux excepté la mort, tout comme nous; mais ils dirent qu'ils pourraient aussi bien trouver la mort de cette manière comme de toute autre. Un rouleau d'un très petit cordage, une bouée fut lancée, à côté d'eux; et, finalement, par grande chance, ils dégagèrent le bachot du navire; et, ces deux intrépides héros de mer s'éloignèrent en pagayant avec acharnement vers la bouée de l'ancre. Nos yeux étaient fixés sur eux tout le temps, attendant que chaque minute fût leur dernière: et les prières de tous ceux qui avaient gardé leur raison furent offertes à Dieu, pour leur compte, pour une délivrance rapide, et pour la nôtre, qui dépendait d'eux; et il nous entendit et nous exauça! Ces deux hommes arrivèrent finalement jusqu'à la bouée; et, ayant attaché le bachot à celle-ci, ils fixèrent un bout de leur cordage à la petite bouée qu'ils avaient dans le bachot, et l'envoyèrent à la dérive vers le navire. À bord, observant cela, nous jetâmes des gaffes et des plombs attachés aux cordes, dans le but d'attraper la bouée: finalement nous l'attrapâmes, et attachâmes une haussière à l'extrémité du petit cordage; nous leur fîmes ensuite le signe de tirer, et ils tirèrent la haussière vers eux, et l'attachèrent à la bouée, ce que, une fois fait, nous tirâmes avec acharnement; et, grâce à la bonté de Dieu, nous quittâmes de nouveau les écueils pour l'eau profonde, et le bachot arriva sans encombre vers le navire. Il est impossible à quiconque de comprendre notre joie sincère lors de cette seconde délivrance de la ruine, excepté ceux qui ont souffert des mêmes difficultés. Ceux dont la force et la raison avaient disparu revinrent à eux, et étaient à présent aussi transportés de joie qu'ils avaient précédemment été accablés. Deux jours après cela, le vent cessa et la mer devint calme. Le bachot se rendit donc sur la côte, et nous coupâmes quelques arbres; et ayant retrouvé et réparé notre mât, nous le rapportâmes à bord, et le fixâmes. Aussitôt que nous eûmes accompli cela, nous levâmes l'ancre, et partîmes une fois de plus pour Nouvelle Providence, que nous atteignîmes sans heurt au bout de trois jours, après avoir passé plus de trois semaines dans une situation de laquelle nous n'espérions pas sortir vivants. Là, les habitants furent fort aimables avec nous; et, quand ils apprirent notre situation, ils nous témoignèrent une grande hospitalité et une grande amitié. Peu après cela, tous ceux de mes anciens compagnons de souffrance qui étaient libres se séparèrent de nous, et continuèrent leur chemin où leur inclination les menait. Un marchand, qui possédait un grand sloop, voyant notre condition, et sachant que nous voulions aller en Géorgie, dit à quatre d'entre nous que son bateau s'y rendait; et, si nous travaillions à bord et le chargions, il nous offrirait gratuitement notre traversée. Comme nous ne pouvions de toutes les manières pas avoir de salaires, et trouvions qu'il était très difficile de partir de cet endroit, nous dûmes accepter sa proposition, et allâmes à bord et aidâmes à charger le sloop, bien que nous ne fussions autorisés à n'emporter que notre nourriture. Lorsqu'il fut entièrement chargé, il nous dit qu'ils allaient d'abord en Jamaïque, où nous devions nous rendre si nous venions dans son bateau. Je me refusai à cela cependant ; mais mes compagnons de souffrance, n'ayant pas d'argent pour s'en sortir, furent contraints d'accepter l'offre par nécessité, et de mettre la voile vers cette route, bien qu'ils n'aimassent pas cela.

Nous restâmes à Nouvelle Providence environ dix-sept ou dix-huit jours, pendant lesquels je rencontrai plusieurs amis, qui m'encouragèrent à demeurer là-bas avec eux, mais je le déclinai ; bien que, si mon cœur n'avait pas été fixé sur l'Angleterre, je fusse resté, car j'aimais beaucoup cet endroit, et certains individus noirs libres y étaient très heureux, et nous passâmes agréablement notre temps ensemble, avec le son mélodieux des violons, sous les limiers et les citronniers. Finalement, le capitaine Phillips loua un sloop pour le transporter ainsi que certains des esclaves qu'il ne pouvait pas vendre en Géorgie ; et j'acceptai de partir avec lui dans ce bateau, ce qui signifiait à présent dire adieu à cet endroit. Lorsque le navire fut prêt, nous embarquâmes tous, et je quittai Nouvelle Providence, non sans regret. Nous partîmes pour la Géorgie vers quatre heures du matin par un bon vent ; et vers onze heures de la même matinée, un vent soudain et court se leva brusquement et souffla au loin la plupart de nos voiles ; et comme nous étions encore au milieu des petites îles, en très peu de minutes il jeta le sloop contre les écueils. Heureusement pour nous, l'eau était profonde ; et la mer n'était pas tant agitée, mais cela, après avoir travaillé dur pendant quelque temps, et étant en grand nombre, nous fûmes sauvés, grâce à la bonté de Dieu ; et, usant de nos plus grands efforts, nous renflouâmes le navire. Le jour suivant nous retournâmes à Providence, où nous le fîmes aussitôt remettre en état. D'aucuns jurèrent que quelqu'un à Montserrat nous avait jeté des sorts, et d'autres que des sorcières et des sorciers se trouvaient parmi les pauvres esclaves sans recours ; et que nous n'arriverions jamais sains et saufs en Géorgie. Mais ces choses ne me découragèrent pas ; je dis, « affrontons encore les vents et la mer, et ne blasphémons pas, mais confions-nous à Dieu, et Il nous délivrera ». Nous mîmes donc les voiles une fois de plus ; et en peinant pendant sept jours, nous arrivâmes sans encombre en Géorgie.

Après notre arrivée, nous montâmes vers la ville de Savannah ; et, le même soir je me rendis au domicile d'un ami pour y loger, son nom était Mosa, c'était un homme noir. Nous fûmes très heureux de notre rencontre ; et après le dîner nous eûmes de la lumière jusqu'à ce qu'il fût neuf ou dix heures du soir. Vers cette heure-là la garde ou patrouille arriva ; et, voyant une lumière dans la maison, ils frappèrent à la porte : nous l'ouvrîmes ; et ils entrèrent, s'assirent et burent du punch avec nous ; ils me demandèrent également quelques limes, comme ils comprirent que j'en avais, ce que je leur donnai volontiers. Peu après cela, ils me dirent que je devais les accompagner au poste de surveillance : cela me surprit grandement, après notre amabilité à leur égard ; et je leur demandai : Pourquoi donc ? Ils dirent que tous les nègres qui avaient de la lumière dans leurs demeures après neuf heures devaient être mis en prison, et soit payer quelques dollars, soit être fouettés. Certains de ces hommes savaient que j'étais un homme libre; mais, l'homme de la maison n'étant pas libre et ayant son maître pour le protéger, ils ne prirent pas la même liberté avec lui qu'ils le firent avec moi. Je leur dis que j'étais un homme libre, et que j'arrivais juste de Providence; que nous ne faisions aucun bruit, et que je n'étais pas un étranger en cet endroit, mais que j'y étais très bien connu. «De plus, dis-je, que ferez-vous de moi?» «Cela, tu le verras bien, répondirent-ils, mais tu dois nous accompagner au poste de garde.» Qu'ils eussent à l'idée de me soutirer de l'argent ou non, je ne le savais absolument pas; mais je pensai aussitôt aux oranges et limes de Santa Cruz: et voyant que rien ne les calmerait, j'allai avec eux au poste de garde, où je passai la nuit. Tôt le lendemain matin ces brutes imposantes fouettèrent un nègre et une femme qui se trouvaient au poste de garde, puis ils me dirent que je devais également être fouetté. Je demandai pourquoi. Et s'il n'existait pas de loi pour les hommes libres. Et je leur dis que s'il en existait je la ferais appliquer contre eux. Mais cela ne fit que les exaspérer davantage, et aussitôt ils jurèrent qu'ils s'occuperaient de moi comme le Docteur Perkins l'avait fait; et ils étaient sur le point de me brutaliser lorsque l'un d'entre eux, plus humain que les autres, dit que comme j'étais un homme libre ils ne pourraient pas, par la loi, justifier de m'avoir fouetté. Aussitôt, j'envoyai donc appeler le Docteur Brady, qui était connu pour être un homme honnête et digne; et parce qu'il vint m'assister, ils me laissèrent partir.

Ceci ne fut pas le seul incident désagréable que je rencontrai alors que j'étais à cet endroit; car un jour, tandis que je me trouvais un peu en dehors de la ville de Savannah, deux hommes blancs m'assaillirent, qui entendaient jouer de leurs ruses habituelles avec moi dans le but de m'enlever. Aussitôt que ces hommes m'accostèrent, l'un dit à l'autre: «C'est exactement le type que tu as perdu et que nous cherchons»; et l'autre jura aussitôt que j'étais la personne en question. Sur ce, ils avancèrent avec agressivité vers moi, et étaient juste sur le point de m'attraper; mais je leur dis de se calmer et de ne pas m'approcher; car j'avais vu ce genre de ruses employées sur d'autres Noirs libres, et qu'ils ne devraient pas songer à me traiter de la sorte. Aussi firent-ils une petite pause, et l'un dit à l'autre: cela ne marchera pas; et l'autre répondit que je parlais trop bien l'anglais. Je répliquai que je croyais que c'était le cas; j'avais également un bâton de vengeance à la hauteur de la circonstance; et mon idée fut autrement bonne. Heureusement cependant, il ne fut pas utilisé; et, après que nous avions discuté un peu de cette manière, les rogues me laissèrent.

Je restai à Savannah quelque temps, essayant anxieusement de me rendre à Montserrat une fois de plus pour voir M. King, mon ancien maître, et ensuite dire un dernier au revoir à cette partie américaine du globe. Finalement je trouvai un sloop appelé le *Speedwell*, du capitaine John Bunton, qui était attaché à la Grenade, et qui se dirigeait vers la Martinique, une île française, avec un chargement de riz, et j'embarquai à son bord.

Avant mon départ de la Géorgie, une femme noire dont un enfant était mort, se montrant très tenace quant au service funèbre de l'église et, ne parvenant pas à trouver un Blanc pour le célébrer, fit appel à moi à ce propos. Je lui dis que je n'étais pas pasteur et que la célébration des morts n'affectait pas l'âme. Cependant, cela ne lui suffit pas; elle continua d'insister: je me soumis donc à ses vives supplications, et finalement consentis à jouer l'ecclésiastique pour la première fois de ma vie.

Comme elle était très respectée, un grand rassemblement de Blancs et de Noirs s'amassa au tombeau. Par conséquent, j'assumai donc ma nouvelle vocation, et célébrai la cérémonie funéraire à la satisfaction de tous ceux qui étaient présents ; ce après quoi je fis mes adieux à la Géorgie, et partis pour la Martinique.

CHAPITRE IX

L'auteur arrive en Martinique. Rencontre de nouvelles difficultés. Se rend à Montserrat, où il prend congé de son ancien maître, et fait route vers l'Angleterre. Rencontre le capitaine Pascal. Apprend le cor d'harmonie. S'engage avec le docteur Irving, où il apprend à épurer l'eau de mer. Quitte le docteur, et part en voyage en Turquie et au Portugal; et puis il effectue un voyage vers la Grenade, et ensuite vers la Jamaïque. Retourne chez le docteur, et ils s'embarquent ensemble dans un voyage vers le pôle Nord, avec le capitaine Phipps. Récit de ce voyage, et les dangers que l'auteur encourt. Il retourne en Angleterre.

Je quittai ainsi une dernière fois la Géorgie, car le traitement que j'y avais reçu m'avait beaucoup écœuré par cet endroit; quand je partis de Géorgie et naviguai vers la Martinique, je résolus de ne plus jamais y retourner. Mon nouveau capitaine conduisit plus prudemment son navire que le précédent; et, après une traversée agréable, nous arrivâmes sains et saufs à notre port de destination. Pendant que j'étais sur cette île je me promenai beaucoup çà et là, et la trouvai fort plaisante: en particulier j'admirais la ville de Saint-Pierre, qui est la principale ville de l'île, construite plus comme une ville européenne qu'aucune de celles que j'avais vues dans les Indes-Occidentales. De même, les esclaves y étaient généralement mieux traités, avaient plus de congés, et avaient meilleure allure que ceux des îles anglaises[109]. Après y avoir effectué notre négoce, je voulus être congédié, ce qui était nécessaire ; car nous étions alors au mois de mai, et je souhaitais tant être à Montserrat à temps pour dire au revoir à M. King, ainsi qu'à tous mes autres amis là-bas, et partir pour la vieille Angleterre par la flotte de juillet. Mais, hélas ! J'avais placé une grande pierre d'achoppement sur mon propre chemin, qui faillit me faire manquer ma traversée vers l'Angleterre cette saison-là. J'avais prêté à mon capitaine un peu d'argent, dont j'avais à présent besoin pour me permettre de poursuivre mes intentions. Je le lui dis ; mais au moment où je le lui réclamai, malgré mon insistance sur l'urgence de mon cas, je rencontrai une telle dérobade de sa part, que je commençai finalement à avoir peur de perdre mon argent, comme je ne pouvais pas le récupérer par la loi : comme je l'ai déjà dit, à travers toutes les Indes-Occidentales le témoignage d'un homme noir n'est pas admis, quelle que soit la situation, contre une personne blanche quelle qu'elle fût, et par conséquent mon propre serment n'aurait été d'aucune utilité. J'étais donc obligé de rester avec lui jusqu'à ce qu'il fût disposé à me le restituer. Ainsi nous partîmes de la Martinique pour la Grenade. J'insistais souvent auprès du capitaine pour mon argent, sans résultat ; et, pour empirer ma situation, lorsque nous arrivâmes là-bas, le capitaine et ses propriétaires se brouillèrent, si bien que ma situation devint chaque jour plus contrariante : car, outre cela, à bord on nous autorisait à n'avoir que peu, voire aucune nourriture, et je ne pus récupérer ni mon argent ni mes salaires, comme j'aurais alors pu avoir une traversée gratuite vers Montserrat si j'avais été capable de l'accepter. Le pire de tout fut que nous approchions de la fin juillet, et les navires des îles devaient partir vers le 26 de ce mois-là. À la fin, cependant, grâce à bon nombre de supplications, le capitaine me remit mon argent, et je pris le premier vaisseau que je pus trouver en direction de Saint-Eustache. De là, je montai à bord d'un autre en partance pour Basse-Terre à Saint-Kitts, où j'arrivai le 19 juillet. Le 22, ayant trouvé un bateau en direction de Montserrat, je voulus y embarquer ; mais le capitaine et d'autres personnes ne voulurent pas me prendre à bord tant que je n'aurais pas fait publier et donner acte de mon départ de l'île. Je leur dis mon empressement d'être à Montserrat, et que le temps ne permettrait donc pas que je fisse la publication, la soirée étant avancée et le navire sur le point de partir ; mais il insista que cela était nécessaire, et que sinon il ne me prendrait pas. Cela me réduisit à une grande perplexité ; parce que, si j'étais obligé de me soumettre à cette nécessité dégradante, que chaque homme noir libre subit, de se signaler tel un esclave, lorsqu'il quitte une île et que je trouvai être une exaction choquante sur tout homme libre, j'eus peur de manquer cette occasion de me rendre à Montserrat, et par conséquent de ne pas aller en Angleterre cette année-là. Le navire était juste sur le départ, et il ne fallait pas perdre de temps ; j'entrepris donc aussitôt, le cœur lourd, d'essayer de trouver quiconque je pourrais pour me venir en aide en se conformant aux exigences du capitaine. Par chance, en quelques minutes, je trouvai certains messieurs de Montserrat que je connaissais ; et leur ayant parlé de ma situation, je leur demandai leur aide amicale en m'aidant à quitter l'île. Certains d'entre eux, sur ce, m'accompagnèrent chez le capitaine, et le rassurèrent de mon état de liberté ; et, à ma très grande joie, il voulut que j'embarque. Nous mîmes donc les voiles, et le jour suivant, le 23, j'arrivai à l'endroit tant désiré, après une absence de six mois, où j'avais plus d'une fois fait l'expérience de la main délivrante de la Providence, quand tous les moyens humains pour échapper à la destruction semblaient désespérés. Je revis mes amis avec une joie dans le cœur qui fut amplifiée par mon absence et les dangers auxquels j'avais échappé, et ils me reçurent tous avec grande amitié, en particulier M. King, à qui je racontai le destin de son sloop, le *Nancy*, et les causes de son naufrage. J'appris bientôt avec une tristesse extrême que sa maison avait été détruite pendant mon absence, par l'explosion d'un étang au sommet d'une montagne qui était opposée à la ville de Plymouth. Celle-ci balaya une bonne partie de la ville, et M. King perdit une grande partie de sa propriété dans l'inondation, et faillit perdre la vie. Lorsque je lui dis que j'avais l'intention d'aller à Londres cette année-là, et que j'étais venu le voir avant mon départ, l'honnête homme exprima beaucoup d'affection envers moi, et fut triste que je le quitte, et me conseilla chaleureusement d'y rester, d'une manière insistante, comme j'étais fort respecté par tous les hommes de l'endroit, que je m'en sortirai très bien, et qu'en peu de temps je pourrai avoir ma propre terre et mes propres esclaves. Je le remerciai pour ce témoignage de son amitié ; mais, comme je désirais tant être à Londres, je refusai de rester à cet endroit plus longtemps, et le priai de m'en excuser. Je lui demandai donc de bien vouloir me donner un certificat de mon comportement pendant que j'étais à son service, ce à quoi il se soumit très volontiers, et me donna ce qui suit :

Montserrat, le 26 janvier 1767.

Le porteur de ceci, Gustavus Vassa, fut mon esclave pendant trois années, pendant lesquelles il s'est toujours bien comporté, et a rempli son devoir avec honnêteté et assiduité.

ROBERT KING
À qui de droit.

Ayant obtenu cela, je me séparai de mon gentil maître, après maintes déclarations de gratitude et de considération, et je préparai mon départ pour Londres. J'acceptai aussitôt de partir avec un certain Capitaine John Hamer, pour sept guinées (la traversée pour Londres) à bord d'un bateau appelé l'*Andromache* ; et les 24 et 25, je célébrai l'événement par des danses libres telles qu'on les appelait, avec quelques-uns de mes compatriotes avant mon départ, après quoi je pris congé de tous mes amis, et le 26 j'embarquai pour Londres, extrêmement heureux de me voir une fois de plus à bord d'un navire ; et davantage, en prenant la route que j'avais si longtemps souhaitée. Le cœur léger, je dis au revoir à Montserrat, et n'y remis plus jamais les pieds depuis ; et je dis également adieu au son cruel du fouet, et à tous les autres horribles instruments de torture ; adieu à la vue offensante de la chasteté violée des femmes noires dont j'ai trop souvent été témoin ; adieu à l'oppression (bien qu'elle fût moins sévère pour moi que pour la plupart de mes compatriotes) ; adieu aux hurlements furieux, aux vagues déferlantes. Je souhaitais avoir un cœur rempli de reconnaissance et de félicité pour louer le Seigneur Dieu du Ciel pour toutes ses grâces ! au milieu de cette extase je dirigeai le navire pendant toute la nuit.

Nous fîmes un voyage des plus favorables, et, au bout de sept semaines, nous arrivâmes à Cherry-

Garden Stairs[110]. Ainsi, mes yeux pleins de désir furent une fois de plus gratifiés par la vue de Londres, dont j'avais été absent pendant plus de quatre ans. Je reçus aussitôt mon salaire, et auparavant je n'avais jamais gagné sept guinées aussi vite de toute ma vie, j'avais en tout trente-sept guinées, lorsque je quittai le bateau. J'entrai maintenant dans une partie, plutôt nouvelle pour moi, mais pleine d'espoir. Dans cette situation mes premières pensées furent de rechercher certains de mes anciens amis, et parmi lesquels les demoiselles Guerin furent les premières. Cependant, sitôt que je me fus régalé, je me mis en quête de ces aimables dames, que j'étais très impatient de revoir ; avec quelques difficultés et de la persévérance, je les trouvai à May's Hill Greenwich. Elles furent fort agréablement surprises de me voir, et moi très heureux de les retrouver. Je leur racontai mon histoire, pour laquelle elles exprimèrent un grand étonnement, et reconnurent franchement que cela n'honorait guère leur cousin, le capitaine Pascal. En ce temps-là, il leur rendait fréquemment visite ; et je le rencontrai quatre ou cinq jours après au parc de Greenwich. Lorsqu'il me vit, il sembla fort surpris, et me demanda comment j'étais revenu. Je répondis : « En bateau. » Ce à quoi il répliqua sèchement : « Je suppose bien que tu n'as pas marché sur l'eau pour rentrer à Londres. » Tel que je m'aperçus, par son attitude, il ne semblait pas être confus de son comportement envers moi, et je n'avais pas beaucoup de raisons d'espérer une faveur de sa part, je lui dis qu'il m'avait très mal traité, après que j'avais été un tel fidèle serviteur pour lui pendant tant d'années ; ce sur quoi, sans rien dire de plus, il se retourna et s'en alla. Quelques jours après cela, je revis le Capitaine Pascal au domicile de Mademoiselle Guerin, et lui demandai ma part de l'argent des prises. Il dit que rien ne m'était dû ; puisque, si mon argent des prises s'était élevé à dix mille livres, il en avait entièrement droit. Je lui dis qu'on m'avait dit autre chose : sur ce, il m'invita à la défiance ; et, d'un ton plaisantin, il me demanda d'entamer une poursuite judiciaire contre lui à ce sujet : « Il y a suffisamment d'avocats, dit-il, qui prendront l'affaire en main, et tu ferais mieux d'essayer. » Je lui dis donc que j'essaierais, ce qui l'enragea extrêmement ; cependant, par respect pour les dames, je restai tranquille, et ne fis plus jamais aucune exigence sur mon droit. Peu après, ces aimables dames me demandèrent ce que j'entendais faire, et comment elles pouvaient m'aider. Je les remerciai, et dis que, si elles le souhaitaient, je serais leur serviteur ; sinon, je possédais trente-sept guinées qui pouvaient m'aider quelque temps, et je leur serais fort obligé de me recommander à une personne qui m'apprendrait un métier par lequel je pourrais gagner ma vie. Elles me répondirent très poliment, qu'elles étaient navrées qu'il ne leur convînt pas de me prendre comme leur serviteur, et me demandèrent quel métier j'aimerais bien apprendre. Je dis, la coiffure. Elles promirent alors de m'aider à cela ; et peu après elles me recommandèrent à un monsieur que je connaissais jadis, un certain Capitaine O'Hara, qui me traita avec beaucoup de gentillesse, et me trouva un patron, un coiffeur, à Haymarket à Coventry Court, chez qui celui-ci me plaça. Je fus avec cet homme de septembre à février de l'année suivante. En ce temps-là, nous avions un voisin dans la même cour qui m'apprenait le cor d'harmonie. Il le jouait souvent si bien que j'en fus charmé, et je me mis d'accord avec lui pour qu'il m'apprît à en jouer. En conséquence, il me prit en main, et commença à m'instruire, et j'appris bientôt toutes les trois parties. J'eus grand plaisir à souffler dans cet instrument, car les soirées étaient longues; outre le fait que j'aimais beaucoup cet instrument, je n'aimais pas rester inoccupé, et cela remplissait innocemment mes heures creuses. À ce moment-là aussi je m'accordai avec Monsieur le révérend Gregory[111], qui vivait dans la même cour, où il tenait une école privée et donnait des cours du soir, pour que je m'améliore en arithmétique. Il alla jusqu'à m'apprendre la règle de trois et l'algèbre; si bien que tout le temps que je m'y trouvai, je fus constamment occupé. En février 1768 je m'engageai auprès du Dr Charles Irving, à Pall Mall; il était fort réputé pour ses expériences réussies dans la purification de l'eau de mer; et en cet endroit j'eus beaucoup de têtes à coiffer de manière à m'améliorer. Cet homme fut un patron excellent; il était extrêmement gentil et avait bon caractère; il me permettait d'assister à mes cours le soir, ce que j'estimai être une grande bénédiction; aussi remerciai-je Dieu et lui-même pour cela, et j'usai de toute mon assiduité pour augmenter cette chance. Ce zèle et cette attention me valurent l'intérêt et le soin de mes trois précepteurs, qui, pour leur part, consacrèrent bon nombre d'efforts à mon instruction, et en plus furent tous très aimables avec moi. Mon salaire, toutefois, était de deux tiers de moins que ce que j'avais jamais reçu de toute ma vie (car je n'avais que douze livres *per annum*), et je trouvai bientôt qu'il ne serait pas suffisant pour couvrir les dépenses extraordinaires de mes patrons ainsi que mes propres dépenses courantes; mes anciennes trente-sept guinées s'étaient en ce temps-là épuisées jusqu'à se réduire à une.

Je crus bon, par contre, de reprendre la mer à la recherche de plus d'argent, conformément à mon éducation, et parce que jusqu'ici, à mon avis, la possession d'argent m'avait toujours réussi. J'avais également un très grand désir de visiter la Turquie, et je décidai à présent de le satisfaire. Par conséquent, en mai 1768, je parlai au docteur de mon souhait de reprendre la mer, ce à quoi il ne s'opposa pas; et nous nous séparâmes sur des termes amicaux. Le même jour je me rendis en ville en quête d'un maître[112]. Je fus très chanceux dans ma recherche; car j'entendis aussitôt parler d'un homme qui possédait un navire allant vers l'Italie et la Turquie, et il cherchait un homme qui savait bien coiffer les cheveux. Je fus extrêmement joyeux de l'entendre, et ainsi qu'on me l'avait indiqué, j'allai immédiatement à bord de son bateau, que je trouvai arrangé avec bon goût, et je pressentais déjà le grand plaisir de naviguer à son bord. Ne trouvant pas l'homme à bord, on me dirigea vers ses appartements, où je le rencontrai le jour suivant, et lui montrai un exemple de ma façon de coiffer. Il l'apprécia tant qu'il m'engagea aussitôt, si bien que je fus complètement heureux; puisque le bateau, le patron et le voyage correspondaient entièrement à ma pensée. Le navire s'appelait le *Delawar*, et le nom de mon maître était John Jolly, un homme soigné, élégant et jovial, exactement comme une personne que je souhaitais servir. Nous partîmes d'Angleterre au mois de juillet suivant, et notre traversée fut extrêmement plaisante. Nous allâmes à Villa Franca, à Nice, et à Leghorn; et à tous ces endroits, je fus séduit par la richesse et la beauté des contrées, et frappé par les immeubles élégants dont ils abondaient. En ces endroits nous eûmes souvent beaucoup de bons vins extraordinaires et des fruits riches, que j'aimais beaucoup; et j'eus fréquemment des occasions de satisfaire à la fois mon goût et ma curiosité; car mon capitaine séjournait toujours sur la côte à ces endroits; ce qui me donnait l'occasion de faire le tour du pays. Le second m'apprit aussi la navigation, que j'aimais beaucoup. Lorsque nous quittâmes l'Italie, nous fîmes une traversée agréable dans l'archipel des îles grecques, et de là vers Smyrne en Turquie. C'est une cité très ancienne ; les maisons sont construites en pierre, et la plupart d'entre elles touchent des tombes ; si bien qu'elles ont parfois l'apparence de cimetières. Les provisions sont très abondantes dans cette ville, et l'on trouve du bon vin pour moins d'un penny la pinte. Les raisins, les grenades, et bien d'autres fruits étaient également les plus riches et les plus grands que je n'avais jamais goûtés.

Les indigènes sont bien-portants et bien bâtis, et me traitèrent toujours avec grande civilité. En général, je crois qu'ils aiment bien les Noirs[113] ; et plusieurs d'entre eux me firent de pressantes invitations de rester parmi eux, bien qu'ils maintinssent les Francs[114] ou chrétiens séparés, et n'acceptent pas qu'ils demeurent très proches d'eux. Je fus surpris de ne pas voir de femmes dans aucune de leurs échoppes, et très rarement dans les rues ; et chaque fois que j'en vis, elles étaient couvertes d'un voile de la tête aux pieds, si bien que je ne voyais pas leur visage, excepté lorsque l'une d'entre elles par curiosité les découvrait pour qu'elles me regardent, ce qu'elles faisaient parfois. Je fus étonné de voir comment les Grecs sont, dans une certaine mesure, dominés par les Turcs, comme les nègres le sont dans les Indes-Occidentales par les hommes blancs. Les Grecs les moins raffinés, comme je l'ai déjà mentionné, dansent à cet endroit de la même manière que nous le faisons dans notre pays.

En gros, pendant notre séjour, qui fut d'environ cinq mois, j'appréciai beaucoup l'endroit et les Turcs. Je ne pus m'empêcher d'observer un événement fort remarquable là-bas : les queues de mouton sont plates, et si larges, que j'ai même vu la queue d'un agneau peser entre onze et treize livres. Leur graisse est très blanche et riche, et s'avère être excellente dans les entremets[115] pour lesquels elle est très utilisée. Notre bateau étant enfin richement chargé de soie, ainsi que d'autres objets, nous partîmes pour l'Angleterre.

En mai 1769, peu après notre retour de Turquie, notre navire fit une traversée agréable vers Oporto au Portugal, où nous arrivâmes au moment du carnaval. À notre arrivée, on nous envoya trente-six articles pour observation, avec de lourdes amendes au cas où nous en casserions l'un d'entre eux ; et aucun d'entre nous n'osa même aller à bord d'un autre navire ou sur la côte jusqu'à ce que l'Inquisition eût été envoyée à bord et eût recherché toute chose illégale, spécialement les Bibles. Celles qui furent trouvées, ainsi que d'autres choses, furent expédiées sur la côte jusqu'à ce que les bateaux ne prissent le large ; et toute personne sur qui une Bible était retrouvée dissimulée devait être emprisonnée et fouettée, puis mise en esclavage pendant dix ans. Là, je vis plusieurs sites magnifiques, en particulier le jardin d'Éden, où plusieurs curés et des laïcs marchaient en procession au cours de leurs multiples ordres avec l'hostie et chantaient le *Te Deum*. J'étais fort curieux à l'idée de me rendre dans certaines de leurs églises, mais je ne pouvais y être admis sans nécessairement m'asperger de l'eau bénite à mon entrée. Par curiosité, et par le désir d'être sanctifié, je me soumis donc à cette cérémonie, mais ses vertus furent perdues sur moi, puisque pour ma part je n'y trouvai rien de meilleur. Cet endroit abonde de plusieurs sortes de provisions. La ville est bien bâtie et jolie, et dispose de bonnes perspectives. Notre navire ayant été chargé de vins ainsi que d'autres biens, nous partîmes pour Londres, et y arrivâmes au mois de juillet suivant.

Notre voyage suivant fut vers la Méditerranée. Le navire fut de nouveau apprêté, et en septembre nous partîmes pour Gênes. C'est l'une des plus belles villes que j'aie jamais vues ; certains édifices étaient d'un joli marbre qui donnait un aspect des plus nobles ; et plusieurs avaient de très étranges fontaines devant. Les églises étaient riches et magnifiques, et curieusement décorées à la fois à l'intérieur et à l'extérieur. Mais toute cette grandeur était à mes yeux déshonorée par les esclaves galériens[116] dont la condition à cet endroit et dans d'autres parties de l'Italie est vraiment pitoyable et misérable. Après y avoir passé quelques semaines, pendant lesquelles nous achetâmes plusieurs choses différentes que nous désirions, et nous les eûmes à un très bon prix, nous mîmes les voiles pour Naples, une ville charmante et remarquablement propre. La baie est la plus belle que j'eusse jamais vue ; les môles d'embarquement sont excellents. Je trouvai extraordinaire de voir de grands opéras joués là les dimanches soir, et même que leurs Souverains[117] y assistaient. Moi aussi, comme ces éminences, je me rendais à ces spectacles, et je servais Dieu en vain dans la journée tandis qu'effectivement je servais ainsi Mammon dans la nuit. Pendant que nous y étions, il y eut une éruption du Mont Vésuve, dont j'eus une vue parfaite. C'était extrêmement horrible ; et nous étions, si près que les cendres de l'éruption étaient épaisses sur notre pont. Après avoir conclu notre affaire à Naples, nous naviguâmes par un bon vent une fois de plus vers Smyrne, où nous arrivâmes en décembre. Un *seraskier* ou officier se prit d'affection pour moi là-bas, et désira que je reste, aussi m'offrit-il deux épouses. Bien que tenté, je refusai : je pensais qu'il était déjà bien difficile d'en maîtriser une seule. Les marchands à cet endroit voyagent en caravanes ou en grandes compagnies.

J'ai vu plusieurs caravanes des Indes, avec quelques centaines de chameaux, chargés de différentes marchandises. Les gens de ces caravanes sont assez bruns. Parmi d'autres articles, ils amenèrent avec eux une grande quantité de caroubes, qui sont une sorte de légume sec, sucré et agréable au palais, et leur forme ressemble à celle du haricot vert, mais elle est plus longue. Toutes sortes de produits se vendent séparés du reste dans la rue, et j'ai toujours trouvé les Turcs très honnêtes dans leurs transactions. Ils ne permettent pas aux chrétiens d'entrer dans leurs mosquées ou leurs églises, ce qui me désola grandement ; puisque j'aimais toujours aller observer les différentes sortes de culte des peuples des endroits où je me rendais. La peste éclata alors que nous nous trouvions à Smyrne, et nous arrêtâmes de transporter les marchandises dans le bateau jusqu'à ce qu'elle fût terminée. Il était alors grandement chargé, et nous mîmes les voiles pour l'Angleterre vers mars 1770. Un jour, pendant notre traversée, nous eûmes un accident qui faillit brûler le navire. Un cuisinier noir, en faisant fondre de la graisse, renversa la casserole dans le feu sous le pont, qui se mit aussitôt à flamber, et la flamme s'éleva très haut jusqu'à la plage avant. Apeuré, le pauvre cuisinier devint presque blanc, et à la fois muet. Heureusement cependant nous éteignîmes le feu sans causer trop de dégâts. Après maints arrêts lors de cette traversée qui fut assommante, nous arrivâmes à la crique de Standgate[118] en juillet ; et, à la fin de l'année un nouvel événement se passa, si bien que mon noble capitaine, le navire, et moi nous séparâmes.

En avril 1771, je m'embarquai comme commis avec le capitaine W[illia]m Robertson du navire le *Grenada Planter*, une fois de plus pour tenter ma chance dans les Indes-Occidentales ; et nous partîmes de Londres pour Madère, la Barbade et les Grenades. Lorsque nous étions en ce dernier endroit, ayant quelques marchandises à vendre, je rencontrai une fois de plus le même genre de clients que j'avais eus dans les Indes-Occidentales.

Un homme blanc des îles m'acheta quelques marchandises pour quelques livres, et me fit plusieurs belles promesses comme d'habitude, mais sans aucune intention de me payer. Il avait également acheté des marchandises à plusieurs de nos gens, qu'il entendait traiter de la même manière ; mais il continuait de nous divertir avec des promesses. Cependant, lorsque notre bateau fut chargé, et sur le point de partir, l'honnête acquéreur ne démontra ni l'intention ni aucun signe de nous payer pour ce qu'il nous avait acheté ; mais au contraire, lorsque je lui demandai mon argent, il nous menaça, moi et un autre Noir qui lui avait vendu des marchandises, si bien que nous pensâmes que nous allions recevoir plus de coups que d'argent. Sur ce, nous allâmes nous plaindre auprès d'un certain M. M'Intosh, un juge de paix ; nous racontâmes à Monsieur le Juge les vilains tours de cet homme, et le priâmes de bien vouloir veiller à ce que nous obtînmes réparation : mais étant des nègres, bien que libres, nous ne pouvions obtenir aucun dédommagement ; et notre navire étant alors juste sur le point de partir, nous ne savions pas comment nous en sortir, bien que trouvant pénible de perdre nos marchandises de cette manière. Heureusement pour nous cependant, cet homme devait également de l'argent à trois marins blancs qui ne purent obtenir un sou de lui ; aussi nous rejoignirent-ils volontiers, et tous nous allâmes à sa recherche. Lorsque nous trouvâmes l'endroit où il se trouvait, je le fis sortir d'une maison et le menaçai de me venger ; à cela, trouvant qu'il pouvait être malmené, le coquin offrit à chacun de nous une petite somme, mais bien éloignée de nos exigences. Cela nous exaspéra bien plus ; et certains étaient d'accord pour qu'on coupât ses oreilles ; mais il demanda grâce avec ardeur, ce qui lui fut finalement accordé, après que nous l'eûmes parfaitement fouetté. Nous le laissâmes donc partir, ce pour quoi il nous remercia, content de s'en sortir si bien, et il s'enfuit dans les taillis, après nous avoir souhaité un bon voyage. Nous fîmes alors des réparations à bord, et peu après nous mîmes les voiles vers l'Angleterre. Je ne peux m'empêcher de noter ici que nous manquâmes de très peu d'exploser, à cause de ma négligence. Juste alors que le navire venait de se mettre à la voile, je descendis dans la cabine faire quelque chose, et j'avais une bougie allumée à la main, que, dans mon empressement, sans réfléchir, je posai sur un baril de poudre à canon. Elle demeura sur la poudre jusqu'à ce que celle-ci fût prête à s'enflammer, lorsque par chance je le vis et d'un geste vif la saisis à temps, heureusement il ne se passa rien de mal ; mais je fus tant saisi par la peur que je m'évanouis aussitôt à cette délivrance.

En vingt-huit jours, nous arrivâmes en Angleterre, et je quittai ce bateau. Mais, étant toujours disposé à partir au hasard, et désireux de voir autant de parties différentes du monde que je pouvais, je m'embarquai bientôt, la même année, comme commis à bord d'un beau et grand navire appelé le *Jamaica* du capitaine David Watt ; et nous quittâmes l'Angleterre en décembre 1771, pour Nevis et la Jamaïque. Pour moi, la Jamaïque était une très belle et grande île, fort peuplée, et l'île la plus grande des Indes-Occidentales. Il y avait un grand nombre de nègres[119] que je trouvai comme d'habitude extrêmement soumis aux Blancs, et les esclaves étaient punis comme dans les autres îles. Certains nègres sont chargés de fouetter les esclaves ; ils se rendent chez différents patrons à la recherche du travail, et le salaire habituel est de un à quatre réaux. Je vis plusieurs châtiments cruels infligés aux esclaves pendant le court temps que j'y séjournai. En particulier j'étais présent lorsqu'on attacha un pauvre individu immobilisé par les poignets à une certaine distance du sol, et qu'on fixa des poids de la moitié de cent livres à ses chevilles, posture dans laquelle il fut fouetté de la manière la plus impitoyable. Il y avait également, tel que je l'entendis, deux différents maîtres réputés dans l'île pour leur cruauté, qui avaient empalé deux nègres nus, et en deux heures les insectes les avaient tués. J'entendis un monsieur, que je connaissais bien, dire à mon capitaine qu'il avait condamné un nègre à être brûlé vif pour avoir tenté d'empoisonner un contremaître. Je passe sur beaucoup d'autres cas, dans le but de dissiper le lecteur par une scène malhonnête plus douce. Avant que je n'eusse été longtemps sur l'île, un certain M. Smith à Port Morant m'acheta des marchandises pour le prix de vingt-cinq livres sterling ; mais lorsque je lui exigeai le paiement, il fut chaque fois sur le point de me frapper, et me menaça de me mettre en prison. Une fois, il affirmait que j'allais mettre sa maison en feu ; une autre fois, il jurait que j'allais m'enfuir avec ses esclaves. Je fus abasourdi par ce comportement d'une personne qui se trouvait être un gentilhomme, mais je n'avais pas le choix ; et je fus donc contraint d'abandonner. Lorsque j'arrivai à Kingston, je fus surpris de voir le nombre d'Africains qui s'assemblait les dimanches ; en particulier sur une grande place commode, appelée Spring Path. Là, tous les différents peuples d'Afrique se rencontrent et dansent comme dans leur pays d'origine. Ils conservent encore la plupart de leurs coutumes d'origine : ils enterrent leurs morts, et placent des victuailles, des pipes et du tabac, ainsi que d'autres choses, dans la tombe avec le cadavre, de la même manière qu'en Afrique. Notre bateau ayant reçu son chargement nous prîmes le large en direction de Londres, où nous arrivâmes au mois d'août suivant. À mon retour à Londres, je me mis au service de mon bon vieux maître, le Dr Irving, qui me fit l'offre de me reprendre à son service. Parce que j'étais à présent las de la mer, je l'acceptai avec joie. Je fus très heureux de vivre avec ce gentilhomme une fois de plus ; pendant cette période nous fûmes quotidiennement occupés à réduire les eaux du vieux Neptune en purifiant l'eau salée qu'on rendait fraîche. Ainsi continuai-je jusqu'en mai 1773, lorsque la voix de la gloire m'incita à rechercher de nouvelles aventures, et à trouver, en direction du pôle Nord, ce que notre Créateur n'a jamais souhaité que nous trouvions : une traversée vers les Indes. Une expédition s'apprêtait à présent à explorer une traversée du Nord-Est, sous la direction de l'Honorable Constantine John Phipps, le feu[120] Lord Mulgrave, dans le sloop de guerre de sa Majesté, le *Race Horse*[121]. Mon maître s'inquiétant de la renommée de cette aventure, nous préparâmes donc tout le nécessaire pour notre voyage, et je l'assistai à bord du *Race Horse*[122], le 24e jour de mai 1773. Nous allâmes à Sheerness, où le sloop de Sa Majesté, le *Carcass*, commandé par le capitaine Lutwidge[123], nous rejoignit. Le 4 juin, nous mîmes les voiles vers notre lieu de destination, le Pôle ; et le 15 du même mois nous étions au large des îles Shetland. Ce jour-là, d'une manière très inattendue, je fus délivré d'un accident qui faillit faire exploser le navire et périr l'équipage, et qui me rendit étrangement prudent bien après pendant tout le voyage.

Le bateau était si rempli qu'il y avait très peu de place à bord pour chacun, ce qui me mit dans une situation peu commode. J'avais décidé de tenir un journal de ce voyage singulier et passionnant ; et je ne disposais pas d'un autre endroit pour le faire à part une petite cabine, à savoir la réserve du docteur, où je dormais. Ce lieu exigu était bourré de toutes sortes de matières inflammables, nommément de la filasse et de l'*aqua fortis*[124], et de bien d'autres produits dangereux. Malheureusement cela se produisit le soir alors que je rédigeais mon journal : j'eus l'occasion de sortir la bougie de la lanterne, et une étincelle ayant touché un seul fil de la filasse, la flamme s'empara de tout le reste, et aussitôt le tout fut en flammes. Je ne vis rien d'autre que la mort instantanée devant moi, et je m'attendais à être le premier à périr dans les flammes. En un instant l'alarme se répandit, et la plupart des gens qui se trouvaient à proximité coururent aider à éteindre le feu. Pendant tout ce temps-là je me trouvais au beau milieu des flammes ; ma chemise, et le mouchoir que j'avais au cou furent brûlés, et la fumée m'étouffa presque. Cependant, par la grâce de Dieu, alors que j'abandonnais tout espoir, quelques individus apportèrent des couvertures et des matelas et les jetèrent sur les flammes, ce qui permit d'éteindre le feu en peu de temps. Les officiers qui l'apprirent me réprimandèrent et me menacèrent sévèrement, et ils m'interdirent strictement de ne plus jamais m'y rendre avec une lampe : et, effectivement, ma propre peur aussi me fit tenir compte de cet ordre pendant un certain temps, mais à la fin, parce qu'il ne m'était pas possible de rédiger mon journal dans aucun autre endroit du bateau, je fus de nouveau tenté de m'aventurer en cachette dans la même cabine avec de la lumière, non sans grande peur et effroi à l'esprit. Le 20 juin, nous commençâmes à utiliser l'appareil du Dr Irving qui transforme l'eau de mer en eau fraîche; je travaillais habituellement à la distillerie: je purifiais de vingt-six à quarante gallons par jour. L'eau ainsi distillée était parfaitement pure, agréable au goût et sans sel; et on l'utilisait pour des occasions variées à bord. Le 28 juin, étant sur la latitude 78, nous atteignîmes le Groenland, où je fus stupéfait de voir que le soleil ne se couchait pas. La température devint alors extrêmement rigoureuse; et comme nous naviguions entre le nord et l'est, ce qui était notre route, nous vîmes un grand nombre de très hautes et fort curieuses montagnes de glace; et également un nombre considérable de très grosses baleines, qui s'approchaient souvent de notre bateau, et soufflaient de l'eau à une très grande hauteur dans l'air. Un matin nous vîmes une grande quantité de morses autour du navire, qui hennissaient exactement comme les autres chevaux. Nous tirâmes quelques coups de harpon vers eux pour en attraper, mais nous ne pûmes toucher aucun. Le 30, le capitaine d'un bateau groenlandais vint à bord et nous parla de trois bateaux qui avaient disparu dans la glace; toutefois, nous continuâmes notre route jusqu'au 11 juillet, où un bloc de glace compacte et impénétrable nous arrêta. Nous le longeâmes d'est en ouest sur plus de dix degrés; et le 27 nous arrivâmes aussi loin qu'à 80° 37 au nord, et à 19 ou 20 degrés sur la longitude est de Londres. Les 29 et 30 juillet, nous vîmes une plaine continue de glace lisse non rompue, limitée uniquement par l'horizon; et nous nous accrochâmes à un morceau de glace dont l'épaisseur était de huit toises et onze pouces. Nous avions généralement du soleil et constamment de la lumière du jour; ce qui donnait gaieté et étrangeté à l'ensemble de ce paysage étonnant, splendide, et extraordinaire; et pour le relever davantage, le reflet du soleil sur la glace donnait aux nuages une apparence des plus magnifiques. Nous tuâmes plusieurs sortes d'animaux à cette période, parmi lesquels neuf ours. Bien qu'ils n'eussent rien dans leurs panses à part de l'eau, ils étaient pourtant très gras. Nous les attirions parfois vers le bateau en brûlant des plumes et des peaux. Je les trouvai dures à manger, mais certains compagnons du bateau les trouvaient fort savoureux. Une fois, certains de nos hommes en canot firent feu et blessèrent un morse, qui plongea aussitôt et, peu de temps après, réapparut avec beaucoup d'autres. Ils se regroupèrent tous pour attaquer le canot, et on les empêcha difficilement de le faire couler ou chavirer ; mais un canot du *Carcass* étant venu aider le nôtre en le rejoignant, ils se dispersèrent, après avoir violemment arraché une rame à l'un des hommes. L'un des canots du navire avait précédemment été attaqué de la même manière, mais heureusement sans dommage. Bien que nous eussions blessé plusieurs de ces animaux, nous n'en attrapâmes qu'un seul. Nous restâmes dans les environs jusqu'au 1er août ; lorsque les deux bateaux furent entièrement immobilisés sur la glace, à cause des glaces flottantes qui surgissaient de la mer. Cela rendit notre situation véritablement atroce et alarmante, si bien que le 7e jour, nous appréhendions énormément de voir nos bateaux réduits en morceaux. Les officiers tinrent alors conseil pour savoir ce qu'il nous fallait bien faire afin de sauver nos vies ; et ils conclurent que nous devions tenter de nous échapper en traînant nos canots sur la glace en direction de la mer ; qui, cependant, se trouvait plus loin qu'aucun de nous ne pensait. Cette conclusion nous remplit d'un extrême découragement, et nous enfonça dans le désespoir ; car nous avions très peu d'espoir de nous en tirer vivants. Néanmoins, nous sciâmes un peu de glace autour des bateaux, pour éviter qu'elle ne les heurtât ; et ainsi nous les maintînmes dans une sorte de bassin. Nous nous mîmes alors à tirer les canots autant que possible vers la mer, mais, après deux ou trois jours de travail, nous fîmes très peu de progrès, si bien que le cœur manqua totalement à certains, et moi-même je commençai vraiment à m'abandonner à la perdition en voyant nos calamités environnantes. Alors que nous travaillions si dur, je tombai une fois dans un bassin que nous avions fait dans la glace flottante, et je faillis me noyer ; mais heureusement des gens se trouvaient proches qui m'aidèrent immédiatement, et par conséquent j'échappai à la noyade. Notre condition déplorable, qui maintenait l'appréhension constante de notre mort dans la glace, m'amena petit à petit à songer à l'éternité d'une façon que je n'avais jamais faite auparavant. Je ressentais l'angoisse de la mort heure après heure, et je tremblais à l'idée de rencontrer le lugubre roi des ténèbres dans l'état *naturel* dans lequel je me trouvais alors, et j'avais de grands doutes sur une éternité heureuse si je devais y être à ma mort. Je n'espérais pas que ma vie soit prolongée dans le temps, car nous considérions que notre existence ne pourrait se prolonger sur la glace après avoir quitté les bateaux, qui étaient désormais hors de vue, et à plusieurs milles des canots. À présent, notre apparence devint véritablement lamentable ; un découragement funeste se lut sur le visage de chacun d'entre vous ; beaucoup de ceux qui avaient été des blasphémateurs autrefois, devant notre détresse, se mirent à faire appel à l'assistance du bon Dieu du ciel ; et au moment où nous avions le plus besoin de Lui, Il nous entendit, et contre toute attente ou contre toute probabilité humaine, Il nous sauva ! Cela faisait onze jours que les canots étaient ainsi immobilisés, et quatre jours que nous tirions les canots de cette manière, lorsque le vent tourna vers l'est-nord-est. La température s'adoucit aussitôt, et la glace se brisa vers la mer, qui était au sud-ouest par rapport à nous. Par conséquent, la plupart d'entre nous remontèrent à bord, et de toutes nos forces nous tirâmes les navires avec difficulté vers toute eau béante que nous pûmes trouver, et nous hissâmes toutes leurs voiles selon nos capacités : ensuite, dans la perspective d'une réussite, nous fîmes des signaux pour appeler les canots et les hommes restants. Cela nous sembla être un sursis accordé par la mort : et bienheureux fut l'homme qui put le premier monter dans l'un des bateaux, ou dans le premier canot qu'il put rencontrer. Nous continuâmes de la sorte jusqu'à ce que nous arrivions de nouveau à l'eau béante, ce que nous réalisâmes en trente heures environ, à notre joie et allégresse infinies. Aussitôt que nous fûmes hors de danger, nous mouillâmes pour réparer le bateau ; et le 19 août, nous quittâmes cette extrémité inhabitée du monde, où le climat inhospitalier n'offre ni nourriture ni abri, où un arbre ou le moindre arbrisseau ne pousse au milieu de ses roches stériles ; mais où tout n'est qu'une étendue désertique de glace, si bien que pendant six mois de l'année même les rayons constants du soleil ne parviennent pas à traverser ou à faire fondre. Le soleil déclinant à présent, les journées raccourcissaient tandis que nous naviguions vers le sud ; et le 28, à la latitude 73, il fit nuit vers dix heures du soir. Le 10 septembre, à la latitude 58-59, nous rencontrâmes un très fort coup de vent et une mer haute, et nous transportâmes beaucoup d'eau en l'espace de dix heures. Cela nous fit travailler très dur sur toutes nos pompes pendant une journée ; et un coup de mer, qui frappa le navire avec une telle force que je n'avais encore jamais connue auparavant, le submergea un moment, si bien que nous crûmes qu'il coulerait. Deux canots furent détachés des chaînes et la chaloupe de ses cales : tous les autres objets mobiles qui se trouvaient sur les ponts furent également emportés, parmi lesquels beaucoup d'objets étrangers de toute sorte que nous avions rapportés du Groenland ; et nous fûmes contraints de jeter certains de nos canons par-dessus bord afin alléger le navire. Nous vîmes un bateau en très grande détresse au même moment, et ses mâts s'étaient envolés ; mais nous fûmes dans l'incapacité de lui porter secours. Dès lors, nous perdîmes de vue le *Carcass* jusqu'au 26, quand nous aperçûmes la terre aux environs de Orfordness[125], endroit où il nous rejoignit. De là, nous partîmes pour Londres, et le 30 nous remontâmes vers Deptford. Ainsi s'acheva notre voyage dans l'Arctique, à la grande joie de tous à bord, après une absence de quatre mois ; temps pendant lequel, au risque imminent de nos vies, nous explorâmes presque aussi loin que les environs de 81 degrés de latitude nord et 20 degrés de longitude est du Pôle ; cela dépassait de bien loin, de l'avis général, ce qu'aucun navigateur ne s'était jamais risqué à faire auparavant ; en cela nous prouvâmes qu'il était impossible de trouver un passage vers les Indes dans cette direction[126]

CHAPITRE X

L'auteur quitte le docteur Irving, et s'engage à bord d'un navire turc. Récit d'un homme noir capturé à bord et envoyé dans les Indes-Occidentales, et tentatives vaines de l'auteur pour obtenir la liberté de ce dernier. Récit de la manière dont l'auteur se convertit à la foi de Jésus-Christ.

Notre voyage au pôle Nord étant achevé, je retournai à Londres chez le docteur Irving, avec qui je continuai de travailler un certain temps, pendant lequel je me mis sérieusement à réfléchir aux dangers auxquels j'avais échappés, surtout à ceux de mon dernier voyage qui fit une impression durable à mon esprit, et, par la miséricorde de Dieu, s'avéra être une grâce pour moi ; cela m'amena à réfléchir profondément sur ma disposition éternelle, et à rechercher le Seigneur le cœur entièrement déterminé avant qu'il ne fût trop tard. Je fus très enchanté ; et de tout mon cœur je remerciai le Seigneur de m'avoir dirigé à Londres, où je résolus d'œuvrer pour mon propre salut, et ce faisant, obtenir une petite part du paradis, alors que j'étais le produit d'un esprit aveuglé par l'ignorance et le péché.

Avec le temps, je quittai mon maître, le docteur

Irving, l'épurateur d'eau. J'habitais à Coventry Court, à Haymarket, où j'étais sans cesse opprimé et fort inquiet pour le salut de mon âme, et j'étais déterminé (par ma propre force) à être un chrétien de premier rang. J'utilisais tous les moyens à cette fin ; et, dans l'incapacité de trouver une personne, parmi celles que je connaissais alors, qui s'accordât avec moi sur la question religieuse ou sur le langage biblique, qui me montrerait le bien, je fus très découragé, et je ne savais pas où chercher un soulagement ; cependant, je fréquentai d'abord les églises avoisinantes, Saint-James, et d'autres, deux à trois fois par jour, pendant plusieurs semaines : j'en sortais toujours insatisfait ; j'avais besoin de quelque chose que je ne pouvais pas obtenir, et je trouvai réellement plus de soulagement sincère en lisant ma Bible à la maison plutôt qu'en assistant à la messe ; et, résolu à être sauvé, je traquai d'autres méthodes. Tout d'abord, je me rendis chez les quakers, où la parole de Dieu n'était ni lue ni prêchée, si bien que je restai dans l'obscurité plus que jamais. Je cherchai ensuite dans les doctrines catholiques, mais je ne fus pas le moins du monde édifié. Finalement je fis recours aux Juifs, ce qui ne me servit à rien, comme la peur de l'éternité harcelait quotidiennement mon esprit, et je ne savais pas où chercher l'abri contre le courroux à venir. Néanmoins, telle fut ma conclusion : dans tous les cas, lire les quatre évangélistes, et quels que fussent la secte ou le groupe que je trouverais pour y adhérer, tel serait celui que je joindrais. Ainsi continuai-je péniblement sans aucun guide pour me diriger vers le chemin qui mène à la vie éternelle. Je posai des questions à plusieurs personnes sur la manière de gagner le paradis, et on me parla de différents chemins. Là je fus fort bouleversé, et ne pus trouver aucune personne à ce moment-là qui fût plus droite que moi-même, ou en effet tant incliné vers la dévotion. Je pensai que nous ne serions pas tous sauvés (ceci est en accord avec la Sainte Bible) ni tous damnés. Je ne trouvai personne dans le cercle de mes connaissances qui appliquât entièrement les Dix Commandements. Si vertueux me trouvai-je, que je fus convaincu d'être meilleur que la plupart d'entre eux sur ce point, en observant huit sur dix ; et en découvrant que ceux qui généralement s'appelaient des chrétiens n'étaient pas si honnêtes ni si bons dans leur moralité comme les Turcs[127], je crus réellement que les Turcs étaient sur un chemin du salut plus sûr que mes voisins : si bien qu'entre espoir et peur je continuai, et le principal réconfort que je connaissais fut dans le cor d'harmonie musical, que je pratiquais alors ainsi que la coiffure. Telle fut ma situation des mois durant, où je fis l'expérience de la malhonnêteté de plusieurs personnes à cet endroit. Je résolus finalement de partir pour la Turquie, et d'y finir mes jours. C'était à présent le début du printemps de 1774. Je cherchai un maître, et trouvai un capitaine, John Hughes, commandant d'un navire appelé l'*Anglicania*, qu'on équipait dans la Tamise, et destiné pour Smyrne en Turquie. Je m'embarquai avec lui en tant que son commis ; en même temps, je lui recommandai un homme noir très intelligent, John Annis, comme cuisinier. Ce dernier effectua son travail à bord du bateau pendant près de deux mois : il avait précédemment vécu plusieurs années avec M. William Kirkpatrick, un gentilhomme de l'île de Saint-Kitts, avec qui il se sépara par consentement, bien qu'il tentât ensuite plusieurs machinations pour entraîner le pauvre homme. Il s'était présenté chez plusieurs capitaines qui commerçaient à Saint-Kitts pour qu'ils l'appâtassent ; et lorsque toutes leurs tentatives et complots de capture avortèrent, M. Kirkpatrick vint à notre navire à Union Stairs[128], le lundi de Pâques, le 4 avril, avec deux canots et six hommes, après avoir appris que l'homme se trouvait à bord ; et ils le ligotèrent, et l'emmenèrent de force du navire, en présence de l'équipage et du second en chef, qui l'avait retenu après avoir été informé de partir. Je crois qu'il s'agissait d'une affaire combinée : mais, que cela soit ainsi, cela reflétait certainement le grand déshonneur du second et du capitaine également, qui, bien qu'ils eussent voulu que l'homme opprimé restât à bord, cependant cet acte vil fait sur cet homme qui l'avait servi, il n'aida pas au moins à récupérer ni à me payer un sou de ses salaires, qui s'élevaient à environ cinq livres. Il s'avérait que je fusse le seul de ses amis, qui tenta de lui faire retrouver sa liberté si possible, ayant moi-même connu le manque de liberté. Je me rendis dès que possible à Gravesend, et j'eus connaissance du navire dans lequel il se trouvait ; mais malheureusement, il était parti avec le premier courant après qu'on l'eut mis à bord. Mon intention fut alors d'appréhender M. Kirkpatrick aussitôt, qui était sur le point de s'en aller pour l'Écosse ; et, ayant obtenu un *habeas corpus*[129] pour lui, et pris un huissier pour m'accompagner au cimetière de Saint-Paul, où il vivait, lui, suspectant quelque chose de ce genre, mit un garde pour surveiller l'extérieur. Comme ils me connaissaient, je fus obligé d'utiliser la supercherie suivante : je blanchis mon visage, pour qu'ils ne me reconnaissent pas, et cela eut l'effet désiré. Il ne sortit pas de chez lui ce soir-là, et le matin suivant j'inventai un stratagème bien manigancé, en dépit du fait qu'il eût un homme chez lui qui passait pour lui. En me dirigeant chez l'huissier, qui fut admis à entrer chez lui, j'envisageais de le conduire chez un juge, en accord avec l'acte judiciaire. Lorsqu'il y vint, son argument fut qu'il ne détenait pas l'individu, ce sur quoi on lui accorda la liberté provisoire. Je me rendis aussitôt chez ce très célèbre philanthrope, M. Granville Sharp[130], qui me reçut avec la plus grande gentillesse, et me donna toutes les instructions nécessaires à cette occasion. Je le laissai plein d'espoir que je devrais faire regagner sa liberté au pauvre malheureux, avec une reconnaissance des plus vives envers M. Sharp, pour son amabilité ; mais hélas ! mon avocat s'avéra être infidèle ; il prit mon argent, me fit perdre plusieurs mois de travail, et ne fit rien de bon pour cette cause ; et lorsque le pauvre homme arriva à Saint-Kitts, comme à l'accoutumée, on le cloua au sol avec quatre clous attachés à une corde, deux sur ses poignets, et deux sur ses chevilles, il fut blessé et fouetté de la manière la plus impitoyable et ensuite cruellement chargé de fers autour de son cou. Je reçus deux lettres fort émouvantes de sa part, alors qu'il se trouvait dans cette situation ; et je tentai deux fois d'aller le voir, ce qui était risqué, mais je fus tristement déçu. Je fus également informé par certaines familles très respectables qui sont à présent à Londres et qui le virent à Saint-Kitts dans le même état que celui où il demeura jusqu'à ce que la mort douce le libérât des mains de ses tyrans. Pendant cette affaire désagréable, je fus fortement convaincu du péché, et je pensais que ma situation était pire que celle de tout autre homme ; mon esprit était inexplicablement troublé ; je souhaitai souvent mourir, bien qu'en même temps je fusse convaincu que je n'étais pas tout à fait préparé à cette horrible sommation. Souffrant beaucoup à cause des traîtres de cette cause, et étant très inquiet pour l'état de mon âme, ces choses (mais surtout cette dernière) me découragèrent énormément ; si bien que je devins mon propre fardeau, et je voyais tout autour de moi comme du vide et de la vanité, ce qui ne pouvait satisfaire une conscience troublée. J'étais à nouveau déterminé à partir pour la Turquie, et résolu, à ce moment-là, à ne plus jamais retourner an Angleterre. Je pris le service comme commis à bord d'un navire turc (le *Wester Hall* du capitaine Lima) mais mon ancien capitaine, M. Hughes, et les autres m'empêchèrent de partir. Tout cela me parut être contre moi, et le seul réconfort que je connus alors fut dans la lecture de l'Écriture Sainte, où je m'aperçus « qu'il n'y a rien de nouveau sous le soleil » (Ecclés. 1, 9) ; et ce qui m'était prescrit, je devais m'y soumettre. Ainsi je continuai à voyager avec grande peine, et je me plaignais fréquemment au Tout-Puissant, en particulier dans ses actes providentiels ; et, horrible à penser ! je me mis à blasphémer, et je ne souhaitai rien d'autre qu'être un être humain. Au milieu de ces conflits sévères le Seigneur me répondit par d'horribles « songes, dans les visions de la nuit, lors que les hommes sont accablez [*sic*] de sommeil & qu'ils dorment dans leur lit » (Job XXXIII, 15). Il fut heureux, dans sa grande miséricorde, de me donner de voir, et dans une certaine mesure de comprendre, la grande et horrible scène du jour du jugement, où « aucun débauché, impur ou cupide, c'est-à-dire d'idolâtre, n'a d'héritage dans le royaume du Christ » (Éph., 5.) J'aurais alors, si cela avait été possible, changé ma nature contre le ver de terre le plus insignifiant ; et j'étais prêt à dire aux montagnes et aux rochers « tombez sur moi » (Rev., VI, 16) ; mais tout cela en vain. Dans la plus grande agonie je demandai alors au Créateur divin de m'accorder un petit laps de temps pour me repentir de mes folies et de mes ignobles iniquités, que je pensais être graves. Il plut au Seigneur, dans ses multiples grâces, d'exaucer ma demande, et me trouvant cependant à un moment où le sens des grâces de Dieu était si grand dans mon esprit, lorsque je m'éveillai, que la force me manqua intégralement pendant plusieurs minutes ; j'étais extrêmement fatigué. Ceci fut la première grâce spirituelle que je n'avais jamais ressentie, et étant sur une terre de prière, aussitôt que je retrouvai un peu de force, et que je me levai et m'habillai, j'invoquai le Ciel du plus profond de mon âme, et avec ferveur je priai que Dieu ne permît plus jamais que je blasphème son très saint nom. Le Seigneur, qui est d'une patience à toute épreuve, et plein de compassion envers de tels pauvres rebelles que nous sommes, daigna entendre et répondre. Je sentais que j'étais tout à fait un impie, et vis clairement le mauvais usage que j'avais fait des facultés dont j'étais doté : elles m'avaient été données pour glorifier Dieu ; je pensai donc que j'en avais bien plus besoin ici pour entrer dans la vie éternelle, plutôt que d'en abuser et être jeté dans le feu de l'enfer. Je priai pour être dirigé, s'il y avait des gens plus saints que ceux que je connaissais, que le Seigneur me les indiquât. Je fis appel au Chercheur des cœurs, quoique je ne souhaitasse pas l'aimer davantage, et mieux le servir. Malgré tout cela, le lecteur peut facilement discerner, s'il est croyant, que j'étais encore dans l'obscurité de la nature. Je finis par détester la maison dans laquelle j'habitais, car le très saint nom de Dieu y était blasphémé : puis je vis le nom de Dieu s'affirmer en moi. « Avant qu'ils n'appellent, je répondrai ; et pendant qu'ils parleront alors, j'entendrai[131]. »

J'avais un grand désir de lire la Bible toute la journée à la maison ; mais n'ayant pas un endroit commode pour une retraite, je quittai la maison dans la journée, plutôt que de rester parmi les mauvais ; et un jour alors que je marchais, il plut à Dieu de me diriger vers une maison où se trouvait un vieux marin, qui eut bien l'amour de Dieu déversé dans son cœur. Il entama une conversation avec moi ; et, comme je désirais aimer le Seigneur, son discours me rejoignit grandement ; et effectivement je n'avais jamais auparavant entendu exposer l'amour du Christ aux croyants de cette manière, et avec un point de vue si clair. Là, j'eus plus de questions à poser à l'homme que son temps ne lui aurait permis de répondre : et dans cette heure mémorable arriva un pasteur dissident[132] ; il entra dans notre conversation, et me posa quelques questions ; parmi lesquelles, où j'entendais prêcher l'évangile ? Je ne savais pas ce qu'il voulait dire par évangile ; je lui dis que j'avais lu l'évangile : et il me demanda où j'allais à l'église, ou si je me rendais ou non à l'une ? À cela, je répliquai : « je vais aux églises Saint-James, Saint-Martin, et Sainte-Ann's Soho ».. « Donc, dit-il, vous êtes pratiquant ? » Je répondis que je l'étais. Il m'invita alors à une célébration de partage[133] à sa chapelle ce soir-là. J'acceptai l'offre, et le remerciai ; et peu après il s'en alla, je continuai ma conversation avec le vieux chrétien, ajoutée de quelque lecture profitable, ce qui me rendit extrêmement heureux. Lorsque je le quittai, il me rappela de venir à la célébration ; je lui assurai que j'y serais. Ainsi, nous nous séparâmes et je mesurai la portée de la conversation céleste que ces deux hommes eurent, ce qui égaya mon esprit alors lourd et découragé plus que tout ce que j'avais rencontré pendant plusieurs mois. Cependant, je trouvai le temps long pour aller à mon soi-disant banquet. Je souhaitai également beaucoup retrouver la compagnie de ces deux aimables messieurs ; leur compagnie me plaisait beaucoup ; et je trouvais le monsieur très gentil pour m'avoir demandé, à moi un étranger, de venir à une fête ; mais que cela me parut singulier que cela se passât dans une chapelle !

Lorsque l'heure tant attendue arriva, je partis, et fort heureusement le vieil homme s'y trouvait, qui me fit gentiment asseoir, comme il appartenait à cette église. Je fus fort étonné de voir l'endroit rempli de monde, et aucun signe de nourriture et de boisson. Plusieurs pasteurs se trouvaient dans l'assemblée. Enfin ils commencèrent en chantant des cantiques et, entre les chants, les pasteurs engageaient la prière : en résumé, je ne savais pas quoi penser de ce spectacle, n'ayant jamais rien vu de pareil de toute ma vie avant cet instant. Certains invités se mirent à parler de leur expérience, en accord avec ce que je lisais dans la Bible : chacun des orateurs parla beaucoup de la Providence de Dieu, et de ses grâces indescriptibles, pour chacun d'entre eux. Cela, je le savais en grande partie, et je pus très volontiers me joindre à eux. Mais lorsqu'ils parlèrent d'un état futur, ils apparurent être tout à fait assurés d'avoir été appelés et élus par Dieu ; et que jamais personne ne pourrait les séparer de l'amour du Christ, ni les arracher de ses mains. Cela me remplit d'une consternation absolue, entremêlée d'admiration. Je fus si abasourdi que je ne savais quoi penser de cette assemblée ; mon cœur fut attiré, et mes sentiments furent accrus. Je voulais être aussi heureux qu'eux, et je fus profondément persuadé qu'ils étaient différents du monde « qui est *plongé* dans le mal » (1 Jean V 19). Leur langage et leurs chants, etc., étaient effectivement bien harmonisés ; j'étais complètement saisi, et je désirais vivre et mourir ainsi. Finalement, quelques individus de l'endroit apportèrent des paniers propres remplis de petits pains au lait, qu'ils distribuèrent ; et chaque personne parla à son voisin, et but une petite gorgée d'eau de différents gobelets, qu'ils tendaient à tous ceux qui étaient présents. Je n'avais jamais vu ni pensé voir sur terre ce genre de communion chrétienne ; cela me rappela complètement ce que j'avais lu dans les Écritures Saintes, à propos des chrétiens primitifs, qui s'aimaient et recevaient la communion : en y participant, même de maison à maison. Ce divertissement (qui dura près de quatre heures) se termina en chants et prières. C'était la première fête des âmes à laquelle j'avais jamais assisté. Ces dernières vingt-quatre heures produisirent en moi des choses spirituelles et temporelles, de la torpeur et du réveil, le jugement et la grâce, si bien que je ne pus qu'admirer la bonté de Dieu, qui dirige le pécheur aveugle et blasphémateur dans le chemin qu'il ne connaissait pas, voire parmi les justes ; et à la place du jugement, il a montré la grâce, et il entendra et répondra aux prières et aux supplications de chaque retour prodigue.

Oh ! qu'à la grâce, un si grand débiteur
Quotidiennement je me vois forcé d'être[134] *!*

Après cela, je fus déterminé à gagner le Paradis si possible ; et si je mourais, je pensai que cela devrait être aux pieds de Jésus, en le priant pour mon salut. Après avoir été un témoin oculaire d'une partie du bonheur que connaissaient ceux qui craignaient Dieu, je ne sus pas comment, décemment, retourner dans mes appartements, où l'on profanait en permanence le nom de Dieu, ce pour quoi je ressentis la plus grande horreur ; j'arrêtai de réfléchir pendant quelque temps, ne sachant pas quoi faire ; soit louer une chambre ailleurs, ou repartir à la maison. Finalement, craignant qu'une mauvaise réputation ne pût apparaître, je rentrai, décidé à faire mes adieux aux jeux de cartes et aux plaisanteries vaines, etc. Je m'aperçus que le temps était très court, l'éternité longue, et très proche ; et j'observai que ces individus étaient les seuls bénis qu'on trouvât prêts à l'appel de minuit, ou lorsque le juge de tous, à la fois des vivants et des morts, arrive.

Le jour suivant je pris courage, et je me rendis à Holborn, pour voir ma nouvelle et digne connaissance, le vieil homme, M. C***, lui et sa femme, une dame gracieuse, étaient employés à tisser de la soie ; ils semblèrent tous deux heureux, et assez contents de me revoir, et moi bien plus de les voir. Je m'assis et nous parlâmes beaucoup des questions de l'âme, etc. Leur discours était étonnement merveilleux, édifiant, et plaisant. Je ne savais pas du tout comment quitter cet agréable couple, jusqu'à ce que le temps me sommât de partir. Alors que je m'en allais, ils me prêtèrent un petit livre, intitulé *The Conversion of an Indian*[135]. Il était constitué de questions et des réponses. Le pauvre homme vint à Londres par la mer, pour faire des recherches sur le Dieu du chrétien qu'il trouva (par grande miséricorde), et son voyage ne fut pas sans résultat. Le livre ci-dessus fut d'une grande utilité pour moi, et à ce moment-là un moyen de renforcer ma foi ; cependant, en se séparant, tous les deux m'invitèrent à faire appel à eux lorsque je le souhaitais. Cela m'enchanta, et je pris tout le soin que je pus pour bien m'améliorer avec ce livre ; et jusque-là je remerciais Dieu pour une telle compagnie et de tels désirs ; je priai afin que tous les maux que je ressentais à l'intérieur en moi pussent s'éloigner, et que je pusse être détourné de mes anciennes connaissances charnelles. Ceci fut vite entendu et exaucé, et je fus bientôt lié à ceux que la Bible appelle l'excellence de la terre. J'entendis prêcher l'évangile, et les pensées de mon cœur et de mes actions furent exposées par les prédicateurs, et le chemin du salut par Christ seul fut à l'évidence révélé. Ainsi continuai-je heureusement pendant environ deux mois ; et j'entendis une fois, pendant cette période, un révérend M. G*** parler d'un homme qui avait quitté cette vie avec la pleine assurance d'aller vers la magnificence ; je fus fort surpris par cette assertion ; et je m'enquis très volontiers de savoir la manière dont il pouvait avoir cette connaissance. On me donna une réponse complète, en accord avec ce que je lisais dans les oracles de la vérité ; et on me dit également que, si je ne connaissais pas la nouvelle naissance, et le pardon de mes péchés, par le sang du Christ, avant ma mort, je ne pourrais pas entrer dans le royaume céleste. Je ne savais pas quoi penser de ce discours, comme je croyais observer huit commandements sur les dix ; puis mon honnête interprète dit que je ne le faisais pas, et je ne pouvais le faire ; puis il ajouta qu'aucun homme ne l'avait jamais fait ni ne pouvait observer les commandements, sans offenser un point. Je pensai que cela semblait fort étrange, et fus fort intrigué pendant plusieurs semaines ; car je trouvais cet adage difficile. Je demandai donc à mon ami, M. L***d, qui était commis dans une chapelle, pourquoi les commandements de Dieu avaient été donnés, si nous ne pouvions pas être sauvés par eux ? À cela il répliqua : « La loi est un maître d'école destiné à nous conduire vers le Christ, qui seul put observer et observa effectivement les commandements, et remplit tous leurs besoins, pour son peuple élu, même pour ceux à qui il accorda une foi vivante, et les péchés de ces navires choisis étaient déjà rachetés et pardonnés au cours de leur vie » : et si je ne connaissais pas la même chose avant ma fin, le Seigneur me dirait ce grand jour-là, « Va, maudit sois-tu », etc., car Dieu apparaîtrait fidèle dans son jugement envers les méchants, comme il serait fidèle en se montrant miséricordieux envers ceux qui furent ordonnés avant que le monde fût ; de ce fait le Christ Jésus semblait être le tout au tout pour l'âme de cet homme. Je fus davantage blessé par ce discours, qui me plongea dans un dilemme auquel je ne m'étais jamais attendu. Je lui demandai s'il devait mourir à ce moment-là, s'il était certain d'entrer dans le royaume de Dieu. Et j'ajoutai: «Est-ce que vous savez que vos péchés vous sont pardonnés?» Il répondit par l'affirmative. Puis la confusion, la colère, et le mécontentement me saisirent, et je fus fort bouleversé par ce genre de doctrine; elle m'emmena à une position, ne sachant pas laquelle croire, soit le salut par les actions, ou par la seule foi en Christ. Je lui demandai de me dire comment je pourrais savoir que mes péchés m'étaient pardonnés. Il m'assura qu'il ne pouvait pas, et que personne, à part Dieu seul, ne pouvait le faire. Je lui dis que c'était très mystérieux; mais il dit que c'était véritablement une question de fait, et il cita plusieurs parties de la Bible justement sur ce point, ce à quoi je ne pus faire aucune réplique. Il désira ensuite que je prie Dieu de me montrer ces choses. Je répondis que je priais Dieu tous les jours. Il dit: «Je perçois que vous êtes pratiquant.» Je répondis que je l'étais. Il pria de supplier Dieu de me montrer ce que j'étais ainsi que le véritable état de mon âme. Je trouvai la prière très courte et singulière; alors nous nous séparâmes à ce moment-là. Je pesai bien toutes ces choses, et ne pouvais m'empêcher de penser à la façon dont il était possible pour un homme de savoir que ses péchés lui étaient pardonnés dans cette vie. Je souhaitais que Dieu me révélât cela même. Peu de temps après cela, j'allai à la chapelle de Westminster; le révérend M. P*** prêchait à partir de Lam. III, 39[136]. C'était un sermon magnifique; il démontra clairement qu'un homme vivant n'avait aucune raison de se plaindre pour les châtiments de ses péchés; il justifia évidemment le Seigneur dans toutes ses entreprises avec les fils des hommes ; il démontra également la justice de Dieu dans la punition éternelle du méchant et de l'impénitent. Ce discours me sembla être une épée à deux tranchants coupant toutes les voies ; cela me procura beaucoup de joie, mélangée à beaucoup d'angoisse liée à mon âme ; et lorsque cela fut terminé, il annonça qu'il avait l'intention, la semaine suivante, de consulter tous ceux qui pensaient être présents à la table du Seigneur. À présent je pensai beaucoup à mes bonnes actions et en même temps je doutais d'être un sujet propre à recevoir le sacrement ; je fus entièrement méditatif jusqu'au jour de l'examen. Cependant, je me rendis à la chapelle, et, bien que fort peiné, je m'adressai à monsieur le révérend, pensant que si je n'étais pas bon, il tenterait de m'en convaincre. Lorsque je parlai avec lui, la première chose qu'il me demanda fut ce que je savais sur le Christ. Je lui dis que je croyais en lui, et que j'avais été baptisé en son nom. « Puis, dit-il, quand avez-vous été amené à la connaissance de Dieu ? Et comment avez-vous été convaincu du péché ? » Je ne savais pas ce qu'il voulait dire avec ces questions ; je lui dis que j'observais huit commandements sur les dix ; mais que parfois je jurais à bord du navire, et quelquefois quand j'étais sur la côte, et que je violais le sabbat. Il me demanda ensuite si je savais lire. Je répondis : « Oui. » Puis il dit : « Ne lis-tu pas dans la Bible que celui qui viole un seul point est coupable du tout ? » Je dis : « Oui. » Ensuite il m'assura qu'un péché non racheté était aussi suffisant pour condamner une âme qu'une voie d'eau l'était pour faire sombrer un navire. Là je fus frappé d'admiration ; car le pasteur m'exhorta beaucoup, et me rappela la brièveté du temps ainsi que la longueur de l'éternité, et qu'aucune âme non régénérée, ou toute chose impropre, ne pouvait entrer dans le royaume céleste.

Il ne m'admit pas en tant que communiant ; mais me recommanda de lire les Écritures, et d'écouter prêcher la parole, de ne pas négliger une prière fervente vers Dieu, qui a promis d'écouter les supplications de ceux qui le cherchent avec une sincérité pieuse ; alors je pris congé de lui, avec beaucoup de remerciement, et je décidai de suivre son conseil, autant que le Seigneur s'abaisserait pour me le permettre. Pendant ce temps j'étais sans emploi, et je ne risquais pas d'avoir une position qui fût convenable pour moi, ce qui m'obligea à aller une fois de plus à la mer. Je pris le service comme commis d'un navire appelé le *Hope*, du capitaine Richard Strange, allant de Londres à Cadix en Espagne. Peu de temps après que je fus à bord, j'entendis le nom de Dieu fort blasphémé, et j'eus très peur, tout au moins, d'attraper cette infection horrible. Je pensai que si je péchais encore, après avoir évidemment placé la vie et la mort devant moi, j'irais certainement en enfer. Mon esprit fut singulièrement chagriné, et je me plaignais beaucoup des actes providentiels de Dieu envers moi, et j'étais mécontent des commandements, car je ne pouvais être sauvé à cause de ce que j'avais fait ; je détestais toutes ces choses, et souhaitais n'être jamais né ; la confusion se saisit de moi, et je souhaitai être annihilé. Un jour je me tenais sur le bord de la poupe du navire, pensant me noyer ; mais cette Parole fut instamment imprimée dans mon esprit — « Qu'aucun meurtrier n'a la vie éternelle demeurante en lui » (1 Jean III, 15). Puis j'arrêtais, et pensais être l'être vivant le plus malheureux. Je fus encore convaincu que le Seigneur était meilleur envers moi que je ne le méritais, et que j'étais bien mieux dans le monde que beaucoup d'autres. Après cela je commençais à avoir peur de la mort; je me tourmentais, pleurais, et priais, jusqu'à ce que je devinsse un fardeau pour les autres, mais bien plus pour moi-même. Je conclus finalement de quémander mon pain sur la côte plutôt que de retourner à la mer parmi un peuple qui ne craignait pas Dieu, et je suppliai le capitaine à trois moments différents de me congédier; il n'accepta pas, mais chaque fois m'encouragea de plus en plus à continuer avec lui, et tous à bord me témoignèrent beaucoup de civilité: malgré tout cela, je ne voulais plus embarquer. À la fin, certains de mes amis religieux me conseillèrent, en disant que c'était mon appel légitime, en conséquence c'était mon devoir d'obéir, et que Dieu n'était pas confiné à un endroit, etc.; etc.; Monsieur G. S. en particulier, le gouverneur de Totfields Bridewell, qui eut pitié de mon cas, et lut le onzième chapitre des Hébreux pour moi, avec des exhortations. Il pria pour moi, et je crus qu'il se battait avec succès pour moi, comme mon fardeau fut donc grandement ôté, et j'éprouvai une résignation sincère envers la volonté de Dieu. Le bon monsieur me donna une Bible de poche et l'*Alarm to the Unconverted* d'Alleine[137]. Nous nous séparâmes, et le jour suivant je repartis à bord. Nous fîmes voile vers l'Espagne, et j'eus la faveur du capitaine. C'était le 4 du mois de septembre quand nous quittâmes Londres; nous eûmes un magnifique voyage vers Cadix, où nous arrivâmes le 23 du même mois. L'endroit est frappant, dispose d'une belle vue, et est très riche. Les galions espagnols fréquentent ce port, et certains arrivèrent pendant que nous y étions. J'eus plusieurs occasions de lire les Écritures. Je luttai péniblement avec Dieu dans des prières ferventes, qui avait déclaré dans sa parole qu'il entendrait les gémissements et les soupirs profonds du pauvre en esprit. Je trouvai cela vérifié à ma totale stupéfaction et réconfort de la manière qui suit.

Le matin du 6 octobre (je vous prie de prêter attention) pendant toute la journée, je crus que je devrais soit voir soit entendre quelque chose de surnaturel. J'avais une impulsion secrète dans mon esprit que quelque chose devait se passer, cela me conduisit continuellement à ce moment-là à un trône de grâce. Il plut à Dieu de me permettre de lutter avec lui, comme Jacob le fit : je priai que si la mort soudaine devait arriver, et que je mourrais, cela pourrait être sous les pieds du Christ.

Le soir de la même journée, comme je lisais et méditais sur le chapitre 4 des Actes, verset 12, sous les appréhensions sacrées de l'éternité, et réfléchissant sur mes actions passées, je me mis à croire que j'avais vécu une vie morale, et que j'avais une véritable base pour croire que j'avais un intérêt dans la faveur divine ; mais méditant toujours sur le sujet, ne sachant pas si le salut devait être en partie pour nos propres bonnes actions ou seulement le don souverain de Dieu. Dans cette profonde consternation il plut au Seigneur d'entrer dans mon âme avec ses brillants rayons de lumière céleste ; et en un instant tel que ce fut, ôtant le voile, et laissant la lumière pénétrer dans un endroit sombre, je vis clairement avec les yeux de la foi le Sauveur crucifié saignant sur la croix du mont Calvaire : la Bible devint un livre ouvert, je me vis tel un criminel condamné sous la loi, qui arriva de toute sa force à ma conscience, et lorsque « le commandement vint, le péché reprit vie, et je mourus[138] ». Je vis le Seigneur Jésus-Christ dans son humiliation, chargé et portant mes fautes, mon péché et ma honte. Je perçus donc clairement que par les actes de la loi aucun être vivant ne pouvait être justifié. Je fus donc convaincu que par le premier Adam, le péché arriva et par le second Adam (le Seigneur Jésus-Christ) tous ceux qui sont sauvés doivent être ravivés. On me permit à ce moment-là de connaître ce que c'était que d'être né de nouveau (Jean III, 5). Je vis le huitième chapitre aux Romains, et les doctrines des décrets de Dieu, vérifiés en accord avec ses objectifs éternels, infinis, et non modifiables. La parole de Dieu fut agréable à mon goût, oui plus agréable que le miel et le rayon de miel. Le Christ fut révélé à mon âme comme le plus grand chef parmi dix mille. Ces moments divins furent réellement comme la vie pour les morts, et ce que Jean appelle un gage de l'Esprit. C'était en effet inexprimable, et je crois fermement que c'était indéniable pour beaucoup. À présent chaque principal événement providentiel qui m'arrivait, à partir du jour où on m'enleva à mes parents jusqu'à cette heure, fut alors dans ma conception, comme s'il venait alors tout juste de se produire. J'étais sensible à la main invisible de Dieu, qui me guidait et me protégeait tandis qu'en vérité je ne la connaissais pas: toutefois le Seigneur me poursuivait bien que je la fuisse et la négligeasse; cette miséricorde me fit fondre.

Lorsque je considérais ma pauvre situation misérable je pleurais, en voyant quel grand débiteur j'étais envers la grâce libre. Désormais l'Éthiopien voulait être sauvé par Jésus-Christ[139], la seule certitude du pécheur, et également ne compter sur aucune autre personne ni aucune chose pour le salut. Le moi était odieux, et des bonnes actions il n'en avait pas, car c'est Dieu qui œuvre en nous à la fois pour la volonté et pour l'action. Oh! les choses surprenantes de cette heure-là ne peuvent être dites — c'était la joie dans l'Esprit Saint! Je ressentis un changement étonnant; le fardeau du péché, les mâchoires béantes de l'enfer, et la peur de la mort, qui m'assaillaient jadis, à présent perdaient leur horreur ; en effet je crus que la mort serait désormais le meilleur ami terrestre que je n'eusse jamais eu. Telles étaient ma douleur et ma joie qui je crois sont rarement connues. J'étais baigné de larmes, et dis : Que suis-je pour que Dieu me considérât de la sorte comme le plus vil des pécheurs ? Je ressentis un intérêt profond pour ma mère et mes amis, ce qui m'amena à prier avec une ardeur fraîche ; et dans l'abîme de la pensée, je vis le peuple inconverti du monde dans un très mauvais état, sans Dieu et sans espoir.

Il plut à Dieu de déverser sur moi l'esprit de prière et la grâce des supplications, si bien qu'avec de hautes acclamations il me fut possible de louer et de glorifier son très saint nom. Lorsque je sortis de la cabine, et dis à certaines personnes ce que le Seigneur avait fait pour moi, hélas ! qui pouvait me comprendre ou croire à mon discours ! Personne excepté celui à qui la main du Seigneur avait été révélée. Je devins un barbare pour eux en parlant de l'amour du Christ : son nom était pour moi comme une onction déversée ; en effet il était agréable pour mon âme, mais pour eux un rocher du péché. Je croyais mon cas singulier, et chaque heure de la journée jusqu'à mon retour à Londres, car je désirais tant être avec certains à qui je pouvais parler des merveilles de l'amour de Dieu envers moi, et le prier ensemble, lui que mon âme aimait et dont elle était assoiffée. J'étais extraordinairement troublé à l'intérieur, d'une manière que peu de gens peuvent exprimer quoi que ce soit à ce propos. La Bible était maintenant mon seul compagnon et réconfort ; je la prisais hautement, avec beaucoup de reconnaissance envers Dieu que je sache la lire moi-même, et qu'on ne m'eût pas laissé m'agiter ou être dirigé par les moyens et les notions de l'homme. La valeur d'une âme ne peut être exprimée! Que le Seigneur donne au lecteur la compréhension de cela. Chaque fois que je regardais dans la Bible, je voyais des choses nouvelles et plusieurs textes s'appliquaient aussitôt à mon cas avec grand réconfort, car je savais que pour moi c'était la parole du salut envoyé. Certain étais-je que l'Esprit qui accusait la parole ouvrait mon cœur à la réception de sa vérité telle qu'elle est en Jésus; et que le même Esprit me permettait d'agir avec foi sur les promesses qui m'étaient précieuses, et me permettait de croire au salut de mon âme. Par la grâce libre j'étais convaincu que je faisais partie de la première résurrection, et que j'étais illuminé par « la lumière de la vie » (Job XXXIII, 30). Je recherchais un homme de Dieu avec qui je pouvais discuter: mon âme était comme les chars d'Aminadab (Cantiques VI, 12). Ces derniers, parmi d'autres, étaient les promesses précieuses qui me furent si puissamment appliquées. « ... Et quoi que ce soit que vous demandiez dans la prière avec foi, vous l'obtiendrez » (Mat. XXI, 22). « Je vous laisse la paix, je vous donne ma paix » (Jean XIV, 27). Je vis le Rédempteur béni être la fontaine de la vie, et la source du salut. Je le reconnus comme étant le tout en tout; il m'avait conduit par un chemin que je ne connaissais guère, et il avait rendu des sentiers tortueux droits. Puis en son nom j'établis mon Ebenezer[140], disant que, jusqu'ici il m'a aidé: et je pouvais dire aux pécheurs autour de moi, regardez quel Sauveur j'ai! Ainsi fus-je, par le précepteur de cette toute glorieuse Déité, le grand Un en Trois, et le Trois en Un, confirmé dans les vérités de la Bible, ces oracles de la vérité infinie, sur laquelle chaque âme vivante doit se tenir ou tomber éternellement, en accord avec les Actes IV, 12: « Il n'y a ni le Salut en aucune autre personne, puisqu'il n'y a aucun autre nom sous le ciel qui soit donné parmi les hommes par lequel nous devons être sauvés, sauf le seul Christ Jésus.» Que Dieu donne au lecteur une bonne compréhension de ces faits! «celui qui croit, toutes les choses possibles, mais à ceux qui sont incroyants rien n'est pur» (Titus I, 15).

Pendant cette période nous restâmes à Cadix jusqu'à ce que notre navire fût chargé. Nous mîmes les voiles vers le 4 novembre; et, la traversée étant bonne, nous arrivâmes à Londres le mois suivant, pour mon confort, avec une sincère gratitude envers Dieu pour ses grâces riches et inexprimables.

À mon retour je n'eus qu'un texte qui m'intrigua, à savoir celui du diable qui tentait de me frapper, c'est-à-dire Rom. XI. 6 et, comme j'avais entendu parler de M. le révérend Romaine, et de sa grande connaissance pour les Écritures, je désirai beaucoup l'entendre prêcher. Un jour je me rendis à l'église Blackfriars, et, à ma grande satisfaction et surprise, il prêchait à partir de ce même texte. Il démontra très clairement la différence entre les œuvres humaines et l'élection libre qui est en accord avec la volonté souveraine et la joie de Dieu[141]. Ces heureuses nouvelles me rendirent entièrement la liberté, et je sortis de l'église réjouissant, voyant que mes taches étaient celles des enfants de Dieu. Je me rendis à la chapelle de Westminster[142], et vis certains de mes vieux amis, qui furent contents lorsqu'ils s'aperçurent du merveilleux changement que le Seigneur avait forgé en moi, en particulier Monsieur G. S***[143], mon digne ami, qui était un homme d'un esprit de choix, et avait beaucoup de zèle pour servir le Seigneur. J'appréciai sa correspondance jusqu'au moment de sa mort en 1784. On m'examina de nouveau dans cette même chapelle, et je fus accueilli à la communion de l'église parmi eux. Je me réjouis en esprit, chantant une mélodie dans mon cœur au Dieu de toutes mes grâces. À présent tout mon souhait était d'être dissous, et d'être avec Christ ; mais, hélas ! Je devais attendre le temps fixé pour moi.

QUELQUES VERS

OU

Réflexions sur mon état d'esprit pendant mes premières convictions ; de la nécessité de croire en la vérité et de connaître les bienfaits inestimables de la chrétienté.

Eh bien, puis-je dire que ma vie fut
Une scène de douleur et de peine ;
Dès les premiers pas des chagrins ai-je connus,
En grandissant mes maux se sont accrus :

Des dangers guettaient en permanence mes pas ;
La peur du courroux, parfois du trépas :
Quand l'accablement funeste sur moi régnait
Contraint par la douleur, souvent je pleurais.

Lorsque je fus arraché de mon pays natal,
Par une bande injuste et cruelle,
Que l'horreur peu ordinaire domina !
Mes soupirs, je ne pouvais plus les cacher.

Souvent je m'efforçais d'apaiser mon esprit,
Et essayais d'écarter mes ennuis :
Je chantais, et murmurais entre les soupirs,
Essayant de calmer la culpabilité avec le péché.

Mais, oh! rien de ce que je pouvais faire
N'arrêtait le cours de mon malheur:
La conviction démontrait toujours mon déshonneur;
Grande est ma culpabilité — quelle perte pour le bien.

Que Dieu m'empêche de mourir,
Et que je trouve de refuge sûr chez un être.
Tel un orphelin je devais pleurer,
Abandonné par tous, et laissé au désespoir.

Ceux qui voyaient ma mine accablée,
Ne pouvaient deviner mes maux cachés:
À me voir ils ne pouvaient connaître
Les ennuis dans lesquels je pataugeais alors.

Luxure, colère, blasphème, orgueil,
Accompagnés de légions de maux pareils,
« Mon esprit fut affligé », tandis que doutes et peurs
Assombrirent et attristèrent davantage mes jours.

Les soupirs désormais ne voulaient plus être confinés.
Ils laissaient échapper le trouble de mon esprit;
Je souhaitais mourir, mais je ne peux le dire,
Et souvent priais le Seigneur.

Malheureux plus que d'autres sur terre,
Je pensais au lieu où je vis le jour.
D'étranges pensées m'étouffaient tandis que je disais
« Pourquoi n'es-tu mort en Éthiopie ? »

Et pourquoi être ainsi épargné si près de l'enfer?
Dieu seul savait — je ne pouvais dire!
« Une barrière chancelante, un mur incliné,
Je m'y croyais depuis la chute. »

Souvent je songeais et, près du désespoir,
Quand des oiseaux mélodieux emplissaient l'air:
«Trois fois heureux, oiseaux chanteurs, à jamais libres»,
Qu'ils étaient bénis, comparé à moi!

Ainsi s'ajoutaient toutes choses à ma douleur,
Tandis que le chagrin m'obligeait à gémir:
Tandis que les nuages noirs se mirent à monter
Mon esprit devint plus noir que les cieux.

La nation anglaise a signalé le départ,
Que ma poitrine de chagrin se souleva!
Je désirais le repos — et criai: «Aide-moi, Seigneur!
Quelque soulagement, procure-moi, Seigneur.»

Pourtant découragé, je continuais à avancer;
En moi, le cœur palpitant de tourments enfermés;
Ni terre, ni mer ne pouvaient me réconforter,
Ni quoi que ce fût, soulager mon esprit anxieux.

Las des ennuis inconnus jusqu'ici
À tous sauf à Dieu et seulement à moi,
De nombreux mois, pour la paix ai-je lutté,
De nombreux adversaires j'ai dû affronter,

Habitué aux dangers, aux douleurs et aux tribulations,
Formé au milieu des périls de la mort, et des ennemis,
Je dis: «Cela doit-il toujours être ainsi?
Aucun répit ne m'est permis.»

Dur destin et sort plus qu'écrasant!
Je priai Dieu: «Ne m'oublie nullement
Ce que Tu ordonnes, aide-moi à le supporter»;
Mais ô Libérateur du désespoir!

Efforts et luttes semblaient vains ;
Rien de ce que je faisais ne put calmer ma douleur :
Aussi j'abandonnai mon labeur et mon vouloir,
Me confessai et admis que mon destin fût l'enfer !

Tel quelque misérable prisonnier à la barre,
Conscient de sa faute, du péché et de la peur,
Inculpé et se condamnant lui-même, j'étais
« Égaré dans ce monde et dans mon cœur ! »

Pourtant ici, au milieu des plus sombres nuages confiné,
La lueur du Christ, l'étoile du jour brillait :
Certainement, pensai-je, s'il plaisait à Jésus,
Il peut à l'instant signer ma délivrance.

Moi, qui ignorais sa justice,
Je plaçais mes œuvres à cette place ;
Oubliant pourquoi son sang avait été versé,
Et priai et jeûnai à la place.

Il est mort pour les pécheurs — J'en suis un !
Son sang pourrait-il me racheter ?
Bien que je ne sois rien d'autre que péché
Cependant il peut certainement me purifier !

Ainsi entra la lumière et je crus ;
Je ne pensais plus à moi, et de l'aide je reçus !
Mon sauveur, je sais que je l'ai alors trouvé,
Car, délivré de ma faute je ne gémissais plus.

Oh, heure heureuse, où je taris
Mes pleurs, car je trouvai alors du répit !
Mon âme et Christ ne faisaient plus qu'un.
Ta lumière, ô Jésus, en moi brillait !

Béni soit ton nom, car je sais désormais
Moi et mes actions ne pouvons rien faire ;
Seul le Seigneur peut rédimer l'homme.
C'est pour cela que l'on a tué l'Agneau sans tache !

Quand sacrifices, actes, et prières,
S'avérèrent vains, et furent sans effet.
« Seigneur, alors je viens ! » cria le Sauveur
Et saignant, il inclina sa tête et trépassa.

Il mourut pour tous ceux qui n'ont jamais vu
Aucun secours ni en eux-mêmes, ni dans les lois :
Je l'ai vu : et j'avoue volontiers
« Le Salut vient de Christ seul[144] ! »

CHAPITRE XI

L'auteur embarque à bord d'un navire à destination de Cadix... Est presque sur le point d'être naufragé. Va à Málaga... Remarquable et belle cathédrale là-bas. L'auteur discute avec un prêtre papiste. Prend en bateau onze hommes misérables au retour vers l'Angleterre. S'engage encore avec le docteur Irving pour l'accompagner en Jamaïque et sur la côte des Mosquitos. Rencontre un prince indien à bord. L'auteur tente de l'instruire dans la vérité de l'Évangile. Frustré par le mauvais exemple de certains dans le navire. Ils arrivent sur la côte des Mosquitos avec quelques esclaves qu'ils ont achetés en Jamaïque, et se mettent à cultiver une plantation. Quelques récits des us et coutumes des Indiens Mosquitos. Méthode réussie de l'auteur pour réprimer une émeute parmi eux. Un étrange divertissement est offert au docteur Irving et à l'auteur, qui quitte la côte et part pour la Jamaïque. Est sauvagement malmené par un homme avec qui il s'engagea pour sa traversée. S'échappe et va vers l'amiral mosquito, qui le traite avec amabilité. Il obtient un autre navire et monte à bord. Exemples de mauvais traitement. Rencontre le docteur Irving. Arrive en Jamaïque. Est trahi par son capitaine. Quitte le docteur et va en Angleterre.

Quand notre navire fut apprêté pour reprendre la mer, le capitaine me supplia d'y monter une fois de plus; mais comme je me sentais à présent aussi heureux que je pouvais souhaiter l'être dans cette vie, je refusai pendant quelque temps; cependant, le conseil de mes amis prima finalement; et, entièrement soumis à la volonté de Dieu, j'embarquai encore pour Cadix, en mars 1775. Nous eûmes une très bonne traversée, sans aucun incident matériel, jusqu'à notre arrivée sur le golfe de Cadix, quand un dimanche, juste au moment où nous entrions dans le port, le navire heurta un rocher et démolit un galbord, qui se trouvait près de la quille. En un instant toutes les mains furent dans une plus grande confusion, et se mirent, avec de grands cris, à faire appel à Dieu pour qu'il eût pitié d'eux. Bien que je ne sache pas nager, et que je ne visse aucun moyen d'échapper à la mort, je ne ressentis aucune peur dans ma situation de ce moment-là, n'ayant aucun désir de vivre. Je me réjouis même intérieurement, pensant que cette mort serait une grâce soudaine. Mais la plénitude du temps n'était pas encore accomplie. Les gens qui se trouvaient près de moi étaient fort surpris de me voir ainsi calme et soumis; mais je leur parlai de la paix de Dieu, que j'appréciais à travers la grâce souveraine, et ces mots furent instamment dans mon esprit:

Christ est mon sage pilote, ma boussole c'est sa parole!
Mon âme défie chaque tempête, tandis que j'ai un tel Seigneur.
Je fais confiance à sa fidélité et à sa puissance,
Pour me sauver pendant les moments difficiles,
Bien que les rochers et les sables mouvants profonds sur tout mon passage s'étendent.
Pourtant Christ me protégera et me guidera avec ses yeux

Comment puis-je sombrer avec un tel soutien,
Qui supporte le monde et toutes les choses[145].

À ce moment-là il y eut beaucoup de grands *flukers* ou navires de traversée espagnols emplis de gens traversant la Manche ; voyant notre condition, plusieurs d'entre eux nous accostèrent. Autant de bras que nous pûmes utiliser se mirent à œuvrer ; certains sur nos trois pompes, et le reste déchargeant le bateau aussi vite que possible. Étant donné qu'il n'y avait qu'un seul rocher appelé le *Porpus* que nous heurtâmes ; nous partîmes bientôt de là, et heureusement que la mer était alors haute, par conséquent nous dirigeâmes le bateau vers le rivage à l'endroit le plus proche pour lui éviter de sombrer. Après plusieurs marées, avec beaucoup de soin et de travail, nous le fîmes de nouveau réparer. Quand nous eûmes terminé nos transactions à Cadix, nous allâmes à Gilbratar, et de là à Málaga, une ville très plaisante et riche, où se trouve l'une des plus belles cathédrales que j'eusse jamais vues. Elle avait été en construction plus de cinquante ans, tel que j'entendis dire, mais en ce temps-là elle n'était pas totalement finie ; une grande partie de l'intérieur, cependant, était terminée et hautement décorée des plus somptueuses colonnes de marbre et de plusieurs peintures magnifiques ; elle était occasionnellement éclairée par un nombre incroyable de cierges de cire de différentes tailles, dont certains étaient aussi épais que la cuisse d'un homme ; ces derniers, par contre, étaient seulement utilisés durant certaines de leurs grandes festivités.

Je fus fort choqué par la pratique des combats de taureaux[146], et d'autres divertissements qui avaient cours là les dimanches soir, au grand scandale de la chrétienté et de la morale. J'exprimais souvent mon aversion quant à cela à un prêtre que j'avais rencontré. J'eus de fréquents différends sur la religion avec le révérend père, pour lesquels il eut beaucoup de mal à me rendre prosélyte de son église; et moi pas moins pour le convertir à la mienne. À ces occasions j'apportais souvent ma Bible, et lui montrais par quels éléments son Église commettait des erreurs. Il dit alors qu'il avait été en Angleterre, et que tout le monde y lisait la Bible, ce qui était très mauvais; mais je lui répondis que Christ désirait nous voir fouiller dans les Écritures. Dans son dévouement pour me convertir, il me demanda d'aller à l'une des universités d'Espagne, et déclara que mon instruction devrait être gratuite; et il me dit que, si je devenais prêtre, je pourrais même devenir le pape un jour; et que le pape Bénédicte était un homme noir[147]. Comme j'étais toujours désireux d'apprendre, je m'arrêtai quelque temps sur cette tentation; et pensai qu'en étant astucieux je pourrais en attraper à force de ruses; mais je commençai à penser que ce ne serait que pure hypocrisie que d'embrasser son offre, comme ma conscience ne pouvait se conformer aux opinions de son église. On me permit par contre d'observer la parole de Dieu qui dit: «Sors parmi eux[148]» et je refusai l'offre de père Vincent. Ainsi nous nous séparâmes sans conviction des deux côtés.

Ayant pris en cet endroit quelques bons vins, des fruits et de l'argent, nous continuâmes vers Cadix, où nous prîmes environ plus de deux tonnes d'argent, etc., puis fîmes voile vers l'Angleterre au mois de juin. Lorsque nous étions aux environs du nord de la latitude 42, nous eûmes des vents contraires pendant plusieurs jours et le bateau ne fit pas en ce temps-là une route droite sur plus de six ou sept milles. Cela rendit le capitaine extrêmement énervé et maussade: et je fus fort navré de l'entendre souvent blasphémer le très saint nom de Dieu. Un jour, alors qu'il se trouvait dans cette humeur impie, un jeune monsieur à bord, qui était passager, le lui reprocha, disant qu'il agissait mal, car nous devions être reconnaissants à Dieu pour toutes choses, comme nous n'avions besoin de rien à bord ; et malgré le vent contraire, il était pourtant juste pour certains autres, qui, peut-être, en avaient plus besoin que nous. J'aidai aussitôt le jeune homme avec quelque audace, et dis que nous n'avions pas la moindre raison de murmurer, puisque le Seigneur était bon envers nous par rapport à ce que nous méritions, et qu'il avait bien fait toutes les choses. Je m'attendais à ce que le capitaine fût très en colère contre moi pour avoir parlé, mais il ne dit pas un mot. Cependant, avant la même heure le jour suivant, c'était le 21 juin, à notre grande joie et étonnement, nous vîmes la main providentielle de notre Créateur bienveillant, dont les chemins avec ses créatures aveugles sont difficiles à découvrir. La nuit précédente je rêvai que je voyais un canot quitter immédiatement les haubans principaux du tribord ; et exactement à une heure et demie, le lendemain à midi, pendant que j'étais en bas, juste au moment où nous dînions dans la cabine, l'homme qui tenait la barre cria : Un canot !, ce qui ramena mon rêve à l'instant même dans mon esprit. Je fus le premier homme à sauter sur le pont ; et cherchant à partir des haubans, selon mon rêve, j'aperçus un petit canot à une certaine distance ; mais comme les vagues étaient hautes, c'était autant que nous pûmes faire quelque temps pour le distinguer ; cependant, nous arrêtâmes le navire, et le canot, qui était extrêmement petit, accosta avec onze hommes misérables, que nous prîmes aussitôt à bord. Selon toute vraisemblance, ces personnes devaient périr dans l'heure ou moins, le canot étant petit, il les contenait à peine. Lorsque nous les prîmes, ils étaient à moitié noyés, et n'avaient pas de victuailles, ni de boussole, ni eau, ni aucun autre nécessaire que ce fût, et n'avaient qu'un bout de rame pour diriger le canot, et ce bien avant le vent; si bien qu'ils furent contraints de se fier entièrement au bon vouloir des vagues. Aussitôt que nous les eûmes tous transportés à bord, ils s'inclinèrent sur leurs genoux, et, les mains et les voix élevées vers le ciel, remercièrent Dieu pour leur délivrance; et j'avoue que mes prières n'étaient pas nécessaires parmi eux au même moment. Cette grâce du Seigneur m'attendrit assez, et je me rappelai ses mots que je vis ainsi vérifiés dans le Psaume 107: «Oh, dis merci au Seigneur, car il est bon, car sa miséricorde dure toujours. Affamés et assoiffés, leurs âmes défaillirent. Ils crièrent au Seigneur quand ils étaient troublés, et il les délivra de leur détresse. Et il les conduisit en avant sur le droit chemin, pour qu'ils aillent vers la ville. Oh, que les hommes loueront le Seigneur pour sa bonté et pour ses actes merveilleux envers les enfants des hommes! Car il satisfait l'âme pleine de désir, et remplira l'âme affamée avec sa bonté.»

> «De même que cela convient dans l'obscurité et dans l'ombre de la mort. Puis ils crièrent au Seigneur dans leurs ennuis, et il les sauva de leur détresse. Eux qui descendent la mer en bateau; qui font du commerce sur les grandes eaux: ceux-là voient les actes du Seigneur, et ses merveilles dans les grandes profondeurs. Celui qui est sage et observera ces choses, même eux comprendront la bonté aimante du Seigneur[149].»

Le pauvre capitaine affligé dit: «que le Seigneur est bon; car, voyant qu'il ne convient pas que je meure, il me donna donc un intervalle de temps pour me repentir». Je fus très content d'entendre cette parole, et profitai, lorsque cela s'avéra convenable, de lui parler de la providence de Dieu. Ils nous dirent qu'ils étaient portugais, et qu'ils étaient dans un brick chargé de grains, qui prit le départ ce matin-là à cinq heures, à cause de cela le navire sombra à ce moment-là avec deux personnes de l'équipage ; et la manière dont ces onze personnes montèrent dans le canot (qui était attaché au pont), aucun d'eux ne put le dire. Nous leur fournîmes tout le nécessaire, et les transportâmes tous sains et saufs à Londres ; et j'espère que le Seigneur leur accordera le pardon dans la vie éternelle.

Je fus heureux de me retrouver une fois de plus parmi mes amis et mes frères, jusqu'en novembre, lorsque mon vieil ami, le réputé docteur Irving, acheta un sloop d'une beauté remarquable, d'environ 150 tonneaux. Il avait l'idée d'effectuer une nouvelle entreprise en exploitant une plantation en Jamaïque et sur la côte des Mosquitos[150] ; il me demanda de partir avec lui, disant qu'il me confierait son domaine plutôt qu'à quiconque. Cependant en suivant le conseil de mes amis, j'acceptai l'offre, sachant que la moisson était à maturité dans ces endroits, et j'espérais être un instrument, conduit par Dieu, en amenant quelque pauvre pécheur à mon maître adoré, Jésus-Christ. Avant mon embarquement, je trouvai avec le docteur quatre Indiens Mosquitos, qui étaient des chefs dans leur nation, et que des marchands anglais avaient amené là à des fins égoïstes. L'un d'eux était le fils du roi des Mosquitos ; un jeune d'environ dix-huit ans ; et, pendant qu'il s'y trouvait, on le baptisa par le nom de George. Ils retournèrent chez eux aux frais du gouvernement, après avoir passé environ douze mois en Angleterre, pendant lesquels ils apprirent à parler un assez bon anglais. Quand il m'arriva de leur parler, environ huit jours avant notre départ, je fus fort choqué de découvrir qu'ils n'étaient pas allés dans une église depuis qu'ils étaient là, pour se faire baptiser, et qu'on n'avait pas non plus prêté attention à leur moralité. Je fus fort désolé pour ce simulacre du christianisme, et je n'eus qu'une seule fois l'occasion d'emmener quelques-uns à l'église avant notre départ. Nous embarquâmes au mois de novembre 1776, à bord du sloop le *Morning Star*, du capitaine David Miller, et nous partîmes pour la Jamaïque. Pendant notre traversée, je me donnai tout le mal que je pus pour enseigner au prince indien les préceptes du christianisme, qu'il ignorait complètement; et, à ma grande joie, il fut tout à fait attentif, et il reçut avec plaisir les vérités que le Seigneur me permit d'exposer devant lui. Je lui appris en l'espace de onze jours tout l'alphabet, et il put assembler deux ou trois lettres et les épeler. Je possédais une version abrégée du *Martyrology*[151] de Fox, et il aimait beaucoup la feuilleter, il posait maintes questions sur les cruautés des papes qu'il voyait décrites, et je lui expliquai tout. Je fis de tels progrès avec ce jeune, surtout en ce qui concerne la religion, que, lorsque j'allais me coucher à des heures variées de la nuit, s'il était dans son lit, il se levait expressément pour aller prier avec moi, sans d'autres vêtements que sa chemise; et avant de prendre ses repas en compagnie des hommes de la cabine, il venait d'abord me trouver pour prier, comme il disait. Cela me plaisait bien; il m'enchanta beaucoup et j'adressai plusieurs prières à Dieu pour sa conversion. J'étais rempli de l'espoir d'apercevoir au quotidien chaque signe du changement que je pouvais souhaiter; ignorant les astuces de Satan, qui avait plusieurs émissaires pour semer son ivraie aussi vite que je semais la bonne graine, et détruire aussi vite que je bâtissais. Nous fîmes ainsi environ quatre cinquièmes de notre traversée, quand Satan finit par avoir le dessus. Certains de ses messagers, voyant ce pauvre païen bien avancé en piété, commencèrent à lui demander si je l'avais converti au christianisme, en riant et en se moquant de lui, ce pourquoi je les blâmai autant que possible; mais ce comportement amena le prince à s'arrêter entre deux opinions. De vrais fils de Bélial[152], qui ne croyaient pas en l'existence d'un au-delà, lui dirent de ne jamais avoir peur du diable, car il n'en existait aucun; et que si jamais il apparaissait au prince, ils désiraient qu'il le leur envoie. Ils tourmentèrent si bien le pauvre jeune homme innocent qu'il n'apprenait plus son livre! Il ne voulait ni boire ni se soûler avec ces acteurs impies, ni non plus être avec moi, même pour prier. Cela me peina grandement. Je tentai de le convaincre du mieux que je pus, mais il ne voulut pas venir; et je le suppliai beaucoup de me dire les raisons de son attitude. Il me demanda finalement: «Comment se fait-il que tous les Blancs à bord qui savent lire et écrire, et observer le soleil, qui savent tout, cependant jurent, mentent et s'enivrent, excepté toi seul?» Je lui répondis que la raison était qu'ils ne craignaient pas Dieu; et que si l'un d'entre eux mourait dans ces dispositions, il ne pourrait pas aller vers Dieu ni être heureux auprès de lui. Il répliqua que si ces gens allaient en enfer, alors il irait lui aussi en enfer. Je fus désolé d'entendre cela; et, comme il lui arrivait parfois d'avoir mal aux dents comme à d'autres à bord du bateau, je lui demandai si leurs douleurs de dents soulageaient les siennes; il répondit: Non. Alors je lui dis que si lui et ces gens allaient en enfer ensemble, leurs maux n'allégeraient pas les siens. Cette réponse eut un grand effet sur lui: son esprit fut grandement accablé; et il se mit par la suite, au cours de la traversée, à aimer rester seul. Quand nous fûmes à la latitude de la Martinique et près d'atteindre le rivage, un matin nous eûmes un coup de vent violent, et, parce que le grand mât portait trop de voiles, il s'abattit sur le côté. Beaucoup de gens se trouvaient alors sur le pont, et, les vergues, les mâts et le gréement se mirent à tomber tout autour de nous, toutefois aucun de nous n'eut la moindre égratignure, bien que certains fussent à deux doigts d'être tués de peur : et en particulier, je vis deux hommes qui, grâce à la main providentielle de Dieu, furent de la manière la plus miraculeuse préservés de mourir dépecés. Le 5 janvier, nous fîmes Antigua et Montserrat, et nous parcourûmes les autres îles : et le 14, nous arrivâmes en Jamaïque. Un dimanche alors que nous y étions, j'emmenai le prince Mosquito, George, à l'église où il vit administrer l'eucharistie. En sortant, nous vîmes toute sorte de gens, presque à partir de l'entrée de l'église jusqu'à une distance d'un demi-mille en direction du rivage, qui achetaient et vendaient toutes sortes de marchandises : et ces actes me donnèrent une bonne matière pour exhorter ce jeune homme qui fut fort étonné. Notre navire étant prêt à partir pour la Côte des Mosquitos, j'embarquai avec le docteur à bord d'un négrier de Guinée, pour acheter quelques esclaves à transporter avec nous pour cultiver la plantation ; et je les choisis tous parmi mes compatriotes. Le 12 février, nous partîmes de la Jamaïque, et le 18 nous arrivâmes sur la côte des Mosquitos à un lieu appelé Dupeupy. Tous nos hôtes indiens, à présent, après que je les eus prévenus et que le docteur leur eut donné quelques caisses de liqueur, prirent affectueusement congé de nous, et allèrent à terre, où ils furent accueillis par le roi des Mosquitos, et nous ne revîmes plus jamais l'un d'eux. Puis, nous partîmes vers le sud de la côte jusqu'à un endroit appelé Cape Gracias a Dios où se trouvait un grand lagon ou lac, qui recevait le déversement de deux ou trois très belles et grandes rivières, et où abondaient poissons et tortues de terre. Quelques Indiens indigènes montèrent à notre bord à cet endroit, nous les reçûmes bien, et nous leur dîmes que nous étions venus habiter chez eux, ce qui sembla leur plaire. Alors le docteur, moi et quelques autres, allâmes à terre avec eux; et ils nous emmenèrent à différents endroits pour explorer la terre, afin de choisir où faire une plantation. Nous choisîmes un endroit proche du bord d'une rivière, sur un sol fertile; et, ayant débarqué le nécessaire du sloop, nous commençâmes à défricher la forêt, et à planter différentes sortes de légumes à croissance rapide. Pendant que nous étions occupés de la sorte, notre bateau se dirigea vers le nord jusqu'à la Rivière Noire pour commercer. Pendant qu'il s'y trouvait, un navire de garde-côtes espagnols le rencontra et le prit. Cela s'avéra être très préjudiciable et fort embarrassant pour nous. Cependant, nous continuâmes à cultiver la terre. Chaque nuit, nous allumions des feux tout autour de nous pour tenir à distance les bêtes sauvages, qui, sitôt la nuit tombée, poussaient les cris les plus horribles. Notre habitation étant située bien loin dans les bois, nous voyions fréquemment toutes sortes d'animaux; mais aucun ne nous fit jamais du mal, à l'exception des serpents venimeux, dont la morsure était habituellement soignée par le docteur qui donnait au patient, aussitôt que possible, environ un demi-verre de rhum fort, mélangé à une bonne dose de piment de Cayenne. De cette manière il soigna deux indigènes et un de ses propres esclaves. Les Indiens appréciaient beaucoup le docteur, et ils avaient de bonnes raisons pour cela; car je pense qu'ils n'avaient jamais eu un homme aussi serviable parmi eux. Ils venaient de toute part jusqu'à notre demeure; et quelques *Woolwow*[153], ou Indiens à tête plate, qui vivaient à cinquante ou soixante milles en amont de notre rivière, et de ce côté de l'océan Pacifique, nous apportèrent une bonne quantité d'argent en échange de nos biens. Les principaux articles que nous pouvions obtenir des Indiens du voisinage étaient de l'huile de tortue, et des coquillages, un peu de plantes fibreuses et quelques provisions, mais ils ne voulaient en aucun cas travailler pour nous, à part pêcher; et ils aidèrent rarement à abattre quelques arbres, pour la construction de nos maisons; ce qu'ils faisaient exactement comme les Africains, par le travail conjoint des hommes, des femmes et des enfants. Je ne me souviens pas que l'un d'eux eût plus de deux épouses. Celles-ci accompagnaient toujours leurs époux quand ils venaient chez nous, et elles portaient généralement ce qu'ils nous apportaient, et s'accroupissaient toujours derrière leurs époux. Chaque fois que nous leur donnions quelque chose à manger, les hommes et leurs épouses mangeaient séparément. Je n'ai jamais vu le moindre signe d'incontinence chez eux. Les femmes sont parées de perles, et aiment bien se couvrir de peinture; les hommes aussi se couvrent de peinture, et même à l'excès, à la fois sur leur visage et sur leurs chemises: leur couleur préférée est le rouge. Les femmes cultivent généralement la terre, et les hommes sont tous des pêcheurs et fabriquent des pirogues. En gros, je n'ai jamais vu de peuple qui fût aussi simple dans ses mœurs que ces gens, ou qui eût si peu d'ornement dans leurs maisons. Je pus aussi apprendre qu'ils n'avaient pas un seul mot exprimant un juron. Le mot le plus grossier que j'entendis chez eux lors d'une querelle, ils l'avaient appris des Anglais, et c'était « vaurien ».

Je n'ai jamais vu aucune sorte de culte chez eux, mais en cela ils n'étaient pas pires que leurs frères européens ou leurs voisins, car je suis au regret de dire qu'il n'y avait pas un Blanc dans notre domaine, ni ailleurs, d'après ce que je vis, dans les différents lieux où je m'étais rendu sur la côte, qui fût meilleur ou plus pieux que ces Indiens peu éclairés ; mais, ils travaillaient ou dormaient le dimanche : et, à ma grande tristesse, le travail était trop souvent notre occupation du dimanche, si bien qu'au bout de quelque temps nous ne parvenions plus à distinguer vraiment un jour de l'autre. Cette manière de vivre fut finalement la cause de mon départ. Les indigènes sont bien bâtis et des guerriers ; et ils se vantent particulièrement de n'avoir jamais été conquis par les Espagnols. Ils sont de grands buveurs de liqueurs fortes quand ils peuvent s'en procurer. Nous avions l'habitude de distiller du rhum à partir des ananas, qui étaient en abondance à cet endroit, et nous ne pouvions pas les emporter de notre domaine. Ils semblaient pourtant être singuliers, pour être honnêtes, supérieurs à toutes les autres nations parmi lesquelles je ne m'étais jamais trouvé. Le pays étant chaud, nous vivions sous un abri ouvert, où nous avions toutes sortes de biens, sans porte ni clé ne fermant aucun article ; toutefois, nous dormions en sécurité, et nous ne perdîmes jamais rien, ni ne fûmes dérangés. Cela nous surprit beaucoup ; et le docteur, moi-même et les autres, disions souvent que si nous devions dormir de cette manière en Europe, on nous aurait tranché la gorge dès la première nuit. Le gouverneur indien parcourt de temps en temps la province ou district, accompagné d'un grand nombre d'hommes qui et l'assistent et l'aident. Il règle tous les différends entre les gens, comme un juge ici, et on lui témoigne un très grand respect. Il prit le soin de nous aviser à l'avance avant de venir dans notre domaine, en envoyant son bâton en signe de reconnaissance, contre du rhum, du sucre et de la poudre à canon, que nous ne refusâmes pas d'envoyer et, au même moment, nous fîmes tous les préparatifs pour recevoir Son Honneur et sa suite. Lorsqu'il arriva avec sa tribu, ainsi que tous les chefs du voisinage, nous nous attendions à trouver en lui un vénérable juge sérieux, solide et avisé ; mais au lieu de cela, avant que lui et sa troupe fussent en vue, nous les entendîmes vociférant fort ; et ils avaient même pillé certains de nos bons voisins indiens, s'étant enivrés avec notre liqueur. Quand ils arrivèrent, nous ne savions que faire de nos nouveaux hôtes, et nous nous serions volontiers dispensés de l'honneur de leur compagnie. Cependant, n'ayant pas le choix, nous les régalâmes abondamment toute la journée jusqu'au soir, lorsque le gouverneur, parvenant à s'enivrer complètement, devint très indiscipliné, et frappa l'un des chefs qui nous était le plus amical et notre plus proche voisin, et il lui prit aussi son chapeau bordé d'or. Ceci généra un grand tumulte ; et le docteur intervint pour ramener la paix, comme nous pouvions tous nous comprendre, mais en vain ; et finalement ils devinrent si injurieux que le docteur, craignant de se retrouver dans des problèmes, quitta la maison, et fit de son mieux pour se frayer un chemin vers le bois le plus proche, me laissant me débrouiller du mieux que je pouvais avec eux. J'étais si en colère contre le gouverneur, que j'aurais pu souhaiter le voir solidement attaché à un arbre et fouetté pour sa conduite ; mais je n'avais pas suffisamment d'hommes pour se charger de sa troupe. Je pensai donc à un stratagème pour apaiser l'émeute. Me souvenant d'un passage que j'avais lu sur la vie de Christophe Colomb, alors qu'il se trouvait chez les Indiens du Mexique ou du Pérou, où, à une occasion, il leur fit peur en leur racontant quelques événements du paradis. J'eus recours au même expédient ; et cela réussit au-delà de mes espoirs les plus optimistes. Lorsque ma détermination avait pris forme, j'allai au milieu d'eux ; et, saisissant le gouverneur, j'indiquai du doigt le ciel. Je les menaçai, lui et les autres : je leur dis que Dieu y vivait, et qu'il était en colère contre eux, et qu'ils ne devaient pas se quereller ainsi ; qu'ils étaient tous frères, et s'ils ne s'arrêtaient pas, et ne repartaient pas calmement, je prendrais le livre (en désignant la Bible), le lirais et *dirais* à Dieu de les faire mourir. Cela eut sur eux l'effet de la magie. Les hurlements cessèrent aussitôt, je leur donnai un peu de rhum ainsi que d'autres objets ; ensuite ils partirent paisiblement ; et par la suite le gouverneur rendit son chapeau à notre voisin, qui s'appelait le capitaine Plasmahy. Quand le docteur revint, il fut extrêmement heureux de mon succès pour m'être ainsi débarrassé de nos pénibles hôtes. Les Mosquitos de notre voisinage, par respect pour le docteur, moi-même et ses gens, organisèrent une fête grandiose, appelée dans leur langue *tourrie* ou *dryekbot*. Son expression anglaise est, fête de beuverie, qui semble être un abus de langage. La boisson consistait en des ananas rôtis, et du manioc mâchés ou pilés dans des mortiers, ce qui, après avoir été exposées quelque temps, fermentent et deviennent si fortes qu'elles peuvent enivrer, quelle que soit la quantité bue. On nous avait prévenus de la fête à temps. Une famille blanche, demeurant cinq milles de chez nous, nous dit comment on fabriquait cette boisson ; moi et deux autres allâmes avant le jour fixé au village, où devaient se tenir les réjouissances, et là nous vîmes toute la technique de fabrication de cette boisson, ainsi que le genre de viande animale qu'on y mangerait. Je ne peux pas dire que d'avoir vu la boisson ou la viande m'ouvrit l'appétit. Ils faisaient rôtir des milliers d'ananas, dont ils pressaient le jus et tout le reste, dans une pirogue destinée à cet usage. Le jus de cassave était dans des tonneaux de viande de bœuf, et dans d'autres ustensiles, et ressemblait exactement à de la nourriture pour cochons. Hommes, femmes et enfants étaient ainsi occupés à rôtir les ananas et à les presser avec leurs mains. Pour aliment, ils avaient beaucoup de tortues de terre, une tortue marine séchée et trois grands alligators vivants, solidement attachés à des arbres. Je demandai aux gens ce qu'ils allaient faire des alligators ; et on me dit qu'ils allaient être mangés. Cela me surprit grandement, et je rentrai chez moi, très écœuré par ces préparatifs. Quand le jour de fête arriva, nous emportâmes du rhum avec nous, et nous allâmes à l'endroit convenu, où nous trouvâmes un grand rassemblement de ces gens qui nous reçurent très chaleureusement. Les réjouissances avaient débuté avant notre arrivée ; et ils dansaient sur de la musique : et les instruments de musique étaient presque les mêmes que ceux de n'importe quel peuple noir ; mais, tel que je pensai, ils étaient beaucoup moins mélodieux que ceux de tout autre peuple que j'aie jamais connu. Ils faisaient de multiples gestes étranges en dansant, et divers mouvements et attitudes de leurs corps, qui pour moi n'étaient aucunement attrayants. Les hommes dansaient entre eux, les femmes entre elles, comme nous autres. Le docteur montra l'exemple à ses gens, en se joignant aussitôt au groupe des femmes, bien que cela ne fût pas leur choix. Percevant que les femmes étaient dégoûtées, il rejoignit les hommes. La nuit, il y eut de grandes illuminations, grâce à l'embrasement de plusieurs pins, tandis que le *dryekbot* circulait joyeusement dans des calebasses ou gourdes : mais cette liqueur pourrait, pour être plus juste, être mangée plutôt que bue. Un certain Owden, le plus vieux père des environs, était vêtu d'une manière étrange et effrayante. Son corps était enveloppé dans des peaux ornées de diverses plumes, et il portait sur la tête un très grand chapeau haut, de la forme d'un bonnet de grenadier, hérissé d'épines comme un porc-épic : et il faisait un bruit qui ressemblait au cri d'un alligator. Nos gens sautillaient parmi eux par complaisance, bien que certains ne pussent boire leur *tourrie* ; mais notre rhum rencontra assez de clients, et finit bien vite. On tua les alligators et on en fit rôtir quelques-uns. Pour rôtir ils creusent un trou dans la terre, et le remplissent de bois, qu'ils réduisent en charbon, ensuite ils entrecroisent des bâtons, sur lesquels ils posent la viande. J'eus un morceau d'alligator cru dans la main : il était très gras ; je trouvai qu'il ressemblait à du saumon frais, et il avait une bonne odeur, mais je ne pus en manger. Ces réjouissances se terminèrent finalement sans la moindre discorde entre qui que ce fût de l'assemblée, bien qu'elle fût constituée de différentes nations et races.

La saison des pluies arriva vers la fin de mai, et continua très abondamment jusqu'en août, si bien que les rivières débordèrent, et nos provisions mises en terre furent emportées. Je pensai que c'était en quelque sorte notre châtiment parce qu'on travaillait le dimanche, et cela me frappa énormément. Je souhaitai souvent quitter cet endroit pour repartir en Europe ; car notre manière d'agir et de vivre tels des païens me troublait beaucoup. La parole de Dieu dit : « À quoi sert à l'homme de gagner le monde entier, s'il perd sa propre âme[154] ? » Cela était profondément ancré dans mon esprit ; et bien que je ne susse comment parler au docteur pour demander mon renvoi, il m'était désagréable de rester plus longtemps. Mais vers la mi-juin, j'eus assez de courage pour le lui demander. Il fut d'abord très peu disposé à accéder à ma requête ; mais je lui donnai tant de raisons qu'il finit par consentir à mon départ et me remit le certificat de conduite suivant :

> Le porteur de ce document, Gustave Vassa, m'a servi pendant plusieurs années avec honnêteté, sérieux et fidélité. Je me permets donc de le recommander pour ces qualités ; en effet, je le considère à tous égards comme un excellent serviteur. Je certifie par la présente qu'il s'est toujours bien conduit, et qu'il est parfaitement digne de confiance.
>
> CHARLES IRVING
>
> Côte des Mosquitos, le 15 juin 1767.

Quoique je fusse très attaché au docteur, je fus heureux lorsqu'il accepta. Je préparai tout pour mon départ, et louai quelques Indiens, ainsi qu'une grande pirogue pour me transporter. Tous mes pauvres compatriotes, les esclaves, furent énormément chagrinés quand ils entendirent que je les quittais, car je les avais toujours traités avec attention et de l'affection, et je fis tout mon possible pour réconforter les pauvres créatures, et rendre leur condition facile. Ayant pris congé de mes vieux amis et de mes compagnons, le 18 juin, le docteur m'accompagna, je quittai cette partie du monde, et j'allai vers le sud longeant la rivière sur plus de vingt milles. J'y trouvai un sloop dont le capitaine me dit qu'il se rendait en Jamaïque. M'étant accordé pour ma traversée avec lui et l'un des propriétaires, qui se trouvait également à bord et se nommait Hughes, le docteur et moi nous séparâmes, non sans verser des larmes l'un et l'autre. Le navire mit alors les voiles le long du fleuve jusqu'à la nuit, où il s'arrêta dans un lagon au milieu de la même rivière. Pendant la nuit, un schooner, appartenant aux mêmes propriétaires, arriva, et, comme il avait besoin de main-d'œuvre, Hughes, le propriétaire du sloop, me demanda d'aller à bord du schooner comme matelot, et il dit qu'il me paierait. Je le remerciai ; mais je dis que je désirais me rendre en Jamaïque. Il changea alors aussitôt de ton, jura et m'insulta copieusement, et il me demanda comment j'étais arrivé à me faire affranchir. Je le lui dis, et j'ajoutai que j'étais venu dans cette région avec le docteur Irving qu'il avait vu ce jour-là. Ce récit ne servit à rien ; il m'injuria encore davantage, et traita de fou le maître qui m'avait vendu ma liberté, et le docteur de même pour m'avoir laissé le quitter. Puis il voulut que j'embarque sur le schooner, sinon je ne sortirais pas du sloop en homme libre. Je dis que c'était fort pénible, et le priai de me ramener à la côte ; mais il jura qu'on ne m'y ramènerait pas. Je dis que je m'étais trouvé deux fois chez les Turcs, pourtant je n'avais jamais vu pareille conduite chez eux, et encore moins n'aurais-je pu m'attendre à une chose de ce genre parmi les chrétiens. Cela le mit extrêmement en colère ; et, par un torrent de jurons et d'imprécations, il répliqua : « Espèce de chrétien ! Va au diable, tu es l'un des hommes de saint Paul ; mais par le diable, à moins d'avoir la foi de saint Paul ou de saint Pierre pour marcher sur l'eau jusqu'au rivage, tu ne quitteras pas le navire », qui, à ce que j'appris alors, se rendait chez les Espagnols, vers Carthagène[155], où il jura qu'il me vendrait. Je lui demandai simplement de quel droit il me vendrait. Mais, sans un mot de plus, il ordonna à certains de ses gens d'attacher des cordes autour de chacune de mes chevilles, et aussi à chaque poignet, et une autre corde autour de mon corps, et on me hissa sans laisser mes pieds toucher ou reposer sur quoi que ce fût. Ainsi étais-je suspendu, sans avoir commis aucun crime, et sans avoir été jugé; simplement parce que j'étais un homme libre, et que je ne pouvais pas légalement obtenir de réparation de la part d'un Blanc dans ces parties du monde. Ma situation me peina beaucoup, et je pleurai et suppliai avec force pour être gracié; mais en vain. Mon tyran, dans une grande rage, rapporta un mousquet de la cabine, et le chargea devant moi et l'équipage, et jura qu'il tirerait sur moi si je pleurais encore. Maintenant je n'avais plus le choix; je me tus donc, ne voyant pas un Blanc à bord qui dît un mot en ma faveur. Je fus suspendu de la sorte de dix ou onze heures du soir à environ une heure du matin; lorsque, croyant mon cruel bourreau profondément endormi, je suppliai certains de ses esclaves de donner du mou à la corde qui était enroulée autour de mon corps, pour que mes pieds puissent reposer sur quelque chose. Ils le firent au risque d'être cruellement malmenés par leur maître, qui battit d'abord sévèrement certains d'entre eux parce qu'ils ne m'avaient pas attaché lorsqu'il leur en avait donné l'ordre. Pendant que je demeurais dans cette situation, jusqu'à environ cinq ou six heures du matin suivant, je crois que je priai Dieu de pardonner ce blasphémateur qui ne faisait pas attention à ce qu'il faisait, mais quand il se leva de sa couche le matin, il était exactement dans la même humeur et les mêmes dispositions que lorsqu'il m'avait laissé la nuit. Lorsqu'on leva l'ancre, et que le navire se mit en route, je pleurai une fois de plus et suppliai qu'on me libérât; et là, par chance, parce que je les empêchais de hisser les voiles, ils me détachèrent. Quand on me descendit, je parlai à un certain M. Cox, un charpentier que je connaissais à bord, de l'inconvenance de cette conduite. Lui aussi connaissait le docteur, et la bonne opinion qu'il avait toujours eue de moi. Cet homme alla donc trouver le capitaine, et lui dit de ne pas m'emmener de la sorte ; car j'étais le commis du docteur, qui me tenait en très grande estime, et s'offusquerait de ce comportement quand il viendrait à l'apprendre. Sur ce, il demanda à un jeune homme de m'amener à terre dans une petite pirogue que j'avais apportée avec moi. Ces paroles me réjouirent le cœur, et je montai avec empressement dans la pirogue et m'en allai, pendant que mon tyran était en bas dans la cabine ; mais il me vit bientôt, alors que j'étais à peine à trente ou quarante toises du navire, et courant sur le pont avec un mousquet chargé à la main, il le pointa vers moi, jurant fortement d'une manière épouvantable qu'il tirerait sur moi instantanément si je ne revenais pas à bord. Comme je savais que le misérable aurait fait ce qu'il disait sans hésiter, je repris le chemin du bateau ; mais comme le bon Dieu le voulut, juste au moment où j'accostai, il insultait le capitaine pour m'avoir laissé quitter le bateau ; ce à quoi le capitaine répondit, et tous les deux furent bientôt fort chauffés. Le jeune homme qui se trouvait avec moi sortit à cet instant de la pirogue ; le navire avançait rapidement sur une mer calme : et je crus donc qu'il fallait jouer le tout pour le tout, alors à cet instant-là, je m'éloignai encore en pirogue, pour sauver ma vie, en direction de la côte ; par chance, la confusion fut si grande à bord qu'elle me mit hors de portée du tir de mousquet sans être remarqué, tandis que le navire, poussé par le vent, continuait sa route vers une autre direction, si bien qu'ils ne pouvaient me rattraper sans virer de bord : mais quand bien même ils l'auraient fait, je devrais avoir touché la côte que j'atteignis bientôt en remerciant grandement Dieu pour cette délivrance inespérée. J'allai alors dire à l'autre propriétaire, qui habitait près de cette côte (c'était avec lui que je m'étais mis d'accord pour ma traversée) de quelle façon l'on m'avait traité. Il fut très étonné et parut fort navré pour cela. Après m'avoir traité gentiment, il me donna quelques rafraîchissements, et trois épis de maïs grillé, pour un voyage d'environ 18 milles vers le sud, à la recherche d'un autre navire. Puis il me dirigea vers un chef de district indien, qui était également l'amiral des Mosquitos, et avait une fois été dans notre domaine ; après quoi, je traversai seul dans la pirogue sur un grand lagon, seul (car je ne pus trouver personne pour m'aider), en dépit de mon grand épuisement, et des douleurs dans mes entrailles, causées par la corde à laquelle j'étais suspendu la nuit précédente. Par conséquent je fus maintes fois incapable de manœuvrer la pirogue, car c'était très difficile de pagayer. Cependant, peu avant la nuit j'arrivai à mon lieu de destination, où quelques Indiens me connaissaient, et me reçurent chaleureusement. Je demandai à voir l'amiral ; et ils me conduisirent à son domicile. Il fut heureux de me voir, et m'offrit des rafraîchissements avec des produits obtenus sur place ; et j'eus un hamac pour dormir. Ils eurent envers moi un comportement plus chrétien que les Blancs avec qui j'étais la nuit précédente, bien que ces derniers eussent été baptisés. Je dis à l'amiral que je souhaitais aller au port suivant pour trouver un navire qui me transporterait vers la Jamaïque ; et je lui demandai de renvoyer la pirogue que j'avais alors, et je devais le payer pour cela. Il fut d'accord avec moi et il envoya cinq Indiens robustes dans une grande pirogue transporter mes affaires à mon lieu de destination, à environ cinquante milles ; et nous prîmes la route le lendemain matin. Lorsque nous quittâmes le lagon pour longer la côte, la mer était si haute que, plusieurs fois, la pirogue faillit de peu se remplir d'eau. Nous fûmes contraints d'aller sur le rivage pour la traîner à travers différents isthmes; nous passâmes également deux nuits dans les marécages, qui fourmillaient de moustiques, et ils s'avérèrent incommodants pour nous. Ce voyage épuisant par terre et par mer prit fin, cependant, le troisième jour, à ma grande joie; et j'allai à bord d'un sloop commandé par un certain capitaine Jenning. Il était alors partiellement chargé, et le capitaine me dit qu'il s'attendait quotidiennement à partir pour la Jamaïque; et s'étant entendu avec moi pour que je paie mon voyage en travaillant, je me mis donc à la tâche. Cela ne faisait pas plusieurs jours que j'étais à bord lorsque nous appareillâmes; mais ce qui m'attrista et me déçut fut le fait que, bien qu'étant accoutumé à de telles ruses, nous mîmes les voiles en direction du sud le long de la côte des Mosquitos, au lieu de faire route vers la Jamaïque. On m'obligea à aider à couper une grande quantité de bois d'acajou sur la côte puisque nous y avions accosté, et à le charger dans le navire, avant de repartir. Cela me tourmenta beaucoup; mais, comme je ne savais pas comment m'en sortir avec ces imposteurs, je pensai que la patience était la seule solution qu'il me restait, et que j'y étais même forcé. Il y avait beaucoup de labeur et peu de nourriture à bord; excepté que par chance il nous arriva d'attraper des tortues de mer. Sur cette côte il y avait aussi une certaine sorte de poisson appelé lamantin, qui a un goût fort savoureux et dont la chair rappelle davantage le bœuf que le poisson; les écailles sont aussi larges qu'un shilling et la peau plus épaisse que celle des poissons que j'aie jamais vus. Dans les eaux saumâtres qui longeaient la côte, il y avait aussi un très grand nombre d'alligators, qui rendaient le poisson rare. Je fus à bord de ce sloop seize jours, durant lesquels, lors de notre cabotage, nous arrivâmes à un autre endroit où se trouvait un plus petit sloop appelé l'*Indian Queen*, commandé par un certain John Baker. Lui aussi était anglais, et se trouvait depuis longtemps au long de la côte où il faisait le commerce de carapaces de tortues et d'argent, et il possédait une grande quantité de chaque à bord. Il avait fort besoin de main-d'œuvre ; et, comprenant que j'étais un homme libre, et que je désirais me rendre en Jamaïque, il me dit que, s'il pouvait trouver un ou deux hommes, il partirait aussitôt pour cette île : il fit aussi semblant de me témoigner quelques marques d'attention et de respect, et promit de me donner quarante-cinq shillings sterling par mois si je partais avec lui. Je trouvai cela bien mieux que couper du bois pour rien. Je dis donc à l'autre capitaine que je voulais aller en Jamaïque sur l'autre navire ; mais il ne voulut pas m'écouter ; et, me voyant déterminé à partir dans un jour ou deux, il mit le bateau à la voile, dans l'intention de m'emmener contre ma volonté ! Ce comportement me mortifia extrêmement. Immédiatement, en vertu d'un accord que j'avais passé avec le capitaine de l'*Indian Queen*, je fis appel à son canot qui se trouvait au mouillage près de nous, et il accosta ; et grâce à un camarade du pôle Nord que j'avais rencontré sur le sloop où j'étais, je mis mes affaires dans le canot, et allai à bord de l'*Indian Queen*, le 10 juillet. Quelques jours après que je fus là, nous apprêtâmes tout et nous mîmes les voiles : mais encore une fois, je fus fort mortifié car ce bateau également se dirigea vers le sud, presque aussi loin qu'à Carthagène, faisant du commerce le long de la côte, au lieu d'aller en Jamaïque, tel que le capitaine m'avait promis : et, le pire de tout, c'était un homme très cruel, sanguinaire et un horrible blasphémateur. Entre autres, il avait un pilote blanc, un certain Stoker, qu'il battait souvent aussi sévèrement qu'il le faisait avec quelques nègres qu'il avait à bord. Une nuit en particulier, après avoir cruellement battu cet homme, il le mit dans le canot, et le fit transporter à une caye (ou petite île) déserte par deux nègres, et il chargea deux pistolets, jura amèrement qu'il tuerait les nègres s'ils ramenaient Stoker à bord. Il n'y avait pas le moindre doute qu'il ferait ce qu'il disait, et les deux pauvres individus furent obligés d'obéir au cruel commandement ; mais, quand le capitaine fut endormi, les deux nègres prirent une couverture et l'apportèrent à l'infortuné Stoker, ce qui, à mon avis, fut le moyen de préserver sa vie du désagrément des insectes. On supplia maintes fois le capitaine le jour suivant, avant qu'il consentît à laisser Stoker venir à bord, et lorsqu'on ramena le pauvre homme à bord, il était très malade, à cause de sa situation de la nuit, et il demeura ainsi jusqu'à ce qu'il fût noyé, peu de temps après. Alors que nous faisions route vers le sud, nous passâmes par plusieurs îles inhabitées, qui étaient recouvertes de belles et grosses noix de coco. Comme j'avais extrêmement besoin de provisions, je rapportai un canot plein de noix à bord, qui nous dura plusieurs semaines, et nous permit d'avoir plus d'un repas délicieux durant notre disette. Un jour, avant cela, je ne pus m'empêcher d'observer la main miséricordieuse de Dieu, qui subvient toujours à tous nos besoins, bien que par un chemin et une manière que nous ne connaissons pas. J'étais resté une journée entière sans manger, et je fis des signaux à des canots pour qu'ils approchent, mais en vain. Je priai donc Dieu avec ferveur pour qu'il me soulageât dans mon besoin ; et à la fin de la soirée, je quittai le pont. Juste au moment où je m'allongeai, j'entendis un bruit sur le pont ; et, ne sachant pas ce que cela signifiait, je retournai immédiatement sur le pont, lorsque je ne vis rien d'autre qu'un très grand poisson d'environ sept ou huit livres, qui avait sauté par-dessus bord ! Je le pris, et admirai, avec reconnaissance, la bonne main de Dieu ; et, ce que je considérais comme rien d'extraordinaire, le capitaine, qui était très avare, n'essaya pas de me le prendre, alors qu'il n'y avait que lui et moi à bord ; car les autres étaient tous partis sur la côte pour faire du commerce. Parfois, ces derniers ne rentraient pas pendant plusieurs jours : cela tracassait souvent le capitaine, et alors il déchargeait sa furie sur moi en me tapant, ou en me faisant ressentir d'autres atrocités. Un jour en particulier, dans l'exercice de sa violente, cruelle et folle carrière, après m'avoir frappé plusieurs fois avec différents objets, et une fois sur la bouche, et même avec un bâton rouge vif qui sortait du feu, il prit un baril de poudre à canon sur le pont, et jura qu'il ferait exploser le navire. Je ne savais donc plus à quel saint me vouer, et avec ferveur je priai Dieu de me diriger. La tête du baril était ôtée ; et le capitaine prit une brindille enflammée pour nous faire exploser, lui et moi, parce qu'un navire arrivait alors en vue qui, d'après lui, était une embarcation espagnole, et il avait peur de tomber entre leurs mains. Voyant cela, je pris une hache, sans me faire remarquer par lui, et je me plaçai entre lui et la poudre, m'étant intérieurement décidé qu'aussitôt qu'il tenterait de mettre le feu dans le baril, je l'abattrais à l'instant même. Je fus dans cette situation plus d'une heure ; pendant laquelle il me frappa souvent, tenant toujours le feu dans sa main dans ce but infâme. Je me serais vraiment cru justifiable dans un autre endroit du monde si je l'avais tué, et je priai Dieu, qui me donna une raison qui ne reposait qu'en lui. Je priai pour rester résigné, que sa volonté fût faite : et les deux morceaux suivants de sa sainte Parole, qui surgirent dans mon esprit, ravivèrent mon espoir, et me gardèrent de tuer un homme cruel. « Il a déterminé les temps précédemment fixés et mis les bornes de nos demeures » (Actes XVII, 26). Et « et qui parmi vous a peur du Seigneur, obéit à la voix de son serviteur dans l'obscurité et n'a pas de lumière ? Laissons-le avoir confiance au nom du Seigneur, et demeurer avec son Dieu » (Ésaïe 1, 20). Ainsi par la grâce de Dieu, je fus incapable d'agir. Je trouvai en lui une aide instantanée quand j'en eus besoin, et la furie du capitaine commença à tomber à mesure que la nuit approchait : mais je trouvai que

> *celui qui ne sait pas contenir le courant de sa colère monte sur un cheval sauvage sans bride*[156].

Le lendemain matin nous découvrîmes que le navire qui avait provoqué une telle violence du capitaine était un sloop anglais. Ils jetèrent bientôt l'ancre à l'endroit où nous étions, et, à ma grande surprise, j'appris que le docteur Irving était à son bord, de retour de la côte des Mosquitos pour se rendre en Jamaïque. Je voulus aussitôt aller voir mon vieux maître et ami, mais le capitaine n'accepta pas que je quitte le navire. J'avisai donc le docteur, par lettre, de la manière dont on me traitait, et le suppliai de me faire sortir du sloop : mais il m'informa qu'il n'en avait pas le pouvoir, comme il était lui-même un passager ; mais il m'envoya du rhum et du sucre pour mon usage personnel. J'appris alors qu'après mon départ du domaine que je dirigeais pour cet homme sur la côte des Mosquitos, tandis que les esclaves étaient bien nourris et à l'aise, un contremaître blanc avait repris ma place : ce dernier, avec une brutalité et une avarice mal calculée, battait et blessait les pauvres esclaves de la manière la plus impitoyable ; et en conséquence, tout le monde embarqua dans une grande pirogue *Puriogua*, et ils tentèrent de s'échapper ; mais ne sachant pas où aller, ni comment manœuvrer la pirogue, ils furent tous noyés ; en conséquence de quoi, la plantation du docteur fut laissée inculte, et il retournait à présent en Jamaïque pour acheter d'autres esclaves, et la réapprovisionner.

Le 14 octobre, l'*Indian Queen* arriva à Kingston en Jamaïque. Quand nous eûmes déchargé, j'exigeai mon salaire, qui s'élevait à huit livres et cinq shillings sterling ; mais le capitaine Baker refusa de me donner le moindre sou bien que cela fût l'argent que j'avais le plus péniblement gagné dans ma vie. J'allai trouver le docteur Irving pour cela, et lui parlai de la duperie du capitaine. Il fit tout ce qu'il put pour m'aider à récupérer mon argent ; et nous allâmes voir chacun des magistrats de Kingston (ils étaient neuf), mais tous refusèrent de faire quoi que ce fût pour moi, disant que ma parole ne pouvait être considérée contre un Blanc. Et ce ne fut pas tout ; car Baker menaça de me battre sévèrement s'il m'attrapait à essayer de réclamer mon argent ; et il l'aurait fait si, grâce à l'entremise du docteur Irving, je ne m'étais mis sous la protection du capitaine Douglas[157], du navire de guerre le *Squirrel*. Je trouvai cela d'une très grande brutalité ; bien qu'effectivement je découvrisse que cette attitude y était trop courante pour le paiement des hommes nègres libres pour leur travail.

Un jour, j'allai avec un nègre libre, un tailleur appelé Joe Diamond, chez un certain M. Cochran qui lui devait une somme insignifiante ; et cet homme, n'arrivant pas à récupérer son argent, se mit à grommeler. L'autre prit aussitôt une cravache pour le payer, mais, à l'aide d'une bonne paire de jambes, le tailleur s'en alla. De telles oppressions m'amenèrent à chercher un navire pour partir de l'île aussi vite que possible : et par la grâce de Dieu, je trouvai un navire en novembre qui allait vers l'Angleterre, où j'embarquai avec un convoi, après avoir dit un dernier adieu au docteur Irving. Quand je quittai la Jamaïque, il était occupé à raffiner le sucre ; et quelques mois après mon arrivée en Angleterre, j'appris avec beaucoup de chagrin que mon très aimable ami était mort, pour avoir mangé du poisson empoisonné.

Nous eûmes de nombreux coups de vent violents lors de notre traversée au cours de laquelle aucun incident matériel n'arriva, excepté qu'un corsaire américain, qui tomba nez à nez avec la flotte, fut capturé et incendié par le bateau de Sa Majesté le *Squirrel*.

Le 7 janvier 1777, nous arrivâmes à Plymouth. J'étais une fois de plus heureux de fouler le sol anglais ; et, après avoir passé quelque temps à Plymouth et à Exeter, parmi quelques vrais amis que je fus heureux de revoir, j'allai à Londres le cœur rempli de reconnaissance envers Dieu pour les grâces passées.

CHAPITRE XII

Différents événements de la vie de l'auteur, jusqu'à ce jour. Sa candidature adressée au défunt évêque de Londres pour être nommé missionnaire en Afrique. Passage par New York et Philadelphie. Récit de sa participation dans la conduite de la dernière expédition allant vers Sierra Leone. Pétition à la reine. Conclusion.

Tels sont les divers événements auxquels j'assistai, et le sort que je connus jusqu'à l'an 1777. Depuis cette période, ma vie a été plus uniforme, et les incidents moins nombreux que dans le même intervalle des années précédentes ; par conséquent je me hâte de conclure un récit que, j'en ai peur, le lecteur peut déjà trouver suffisamment ennuyeux.

J'ai connu tant d'exactions lors de mes transactions commerciales dans différentes parties du monde, que j'ai sincèrement été écœuré par la vie en mer, et j'étais déterminé à ne plus y retourner, au moins pendant un certain temps. Je travaillai donc une fois de plus comme serviteur peu après mon retour, et je continuai la plus grande partie dans cette situation jusqu'en 1784.

Peu après mon arrivée à Londres, je vis un événement remarquable à propos du teint africain, que je trouvais si extraordinaire que je demande la permission de le mentionner : une femme nègre à la peau blanche[158], que j'avais précédemment vue à Londres et ailleurs, avait épousé un homme blanc, avec qui elle eut trois garçons, et ils étaient tous des mulâtres, et pourtant ils avaient de beaux cheveux clairs. En 1779, j'étais au service du gouverneur Macnamara[159], qui avait passé un temps considérable sur la côte de l'Afrique. Pendant la durée de mon service, je demandais fréquemment à d'autres serviteurs de se joindre à moi pour la prière familiale ; mais cela ne suscitait que leur moquerie. Cependant, le gouverneur comprenant que j'avais une tendance pieuse, désira connaître de quelle religion j'étais ; je lui dis que j'étais protestant de l'Église d'Angleterre, selon les Trente-neuf Articles de cette Église[160] ; et que quiconque je trouvais qui prêchait selon cette doctrine, celui-là j'entendrais. Quelques jours après cela, nous eûmes une autre discussion sur le même sujet ; lorsqu'il dit que, si je le choisissais, il pensait que je pourrais servir à la conversion de mes compatriotes à la foi de l'Évangile, il me ferait envoyer comme missionnaire en Afrique. Je refusai d'abord de partir, et lui racontai comment j'avais été traité lors d'une occasion similaire par des Blancs pendant le dernier voyage que j'effectuais vers la Jamaïque, lorsque je tentai (si telle était la volonté de Dieu) d'être le moyen de conversion du prince indien ; et je dis que je supposais qu'ils me traiteraient pire qu'Alexandre le chaudronnier traita saint Paul, si je devais tenter de partir avec eux en Afrique. Il me dit de ne pas avoir peur, car il s'adresserait à l'évêque de Londres[161] pour me faire ordonner. Sur ces mots, je consentis à la proposition du gouverneur d'aller en Afrique dans l'espoir de faire du bien, si possible, parmi mes compatriotes ; aussi, afin de me faire envoyer de manière appropriée, nous écrivîmes aussitôt les lettres suivantes au défunt Évêque de Londres :

Au Très Révérend Père en Dieu, ROBERT, *Monseigneur Évêque de Londres :*

Le MÉMOIRE[162] de GUSTAVUS VASSA
démontre,

Que votre mémorialiste est originaire d'Afrique, et a une connaissance des us et coutumes des habitants de cette nation.

Que votre mémorialiste a résidé dans différentes parties d'Europe pendant les vingt-deux dernières années, et embrassé la religion chrétienne en l'année 1759.

Que votre mémorialiste est désireux de retourner en Afrique en tant que missionnaire, si encouragé par votre Seigneurie, dans l'espoir d'être capable de persuader ses compatriotes à devenir des chrétiens ; et votre mémorialiste est décidé à refaire la même chose, du fait du succès qui a accompagné des entreprises similaires lorsqu'elles furent encouragées par les Portugais à travers leurs différents établissements sur la côte de l'Afrique, et également par les Hollandais : à la fois les gouvernements encourageaient les Noirs, qui par leur éducation sont qualifiés pour entreprendre la même chose, et on les trouve plus appropriés que les curés européens, qui ne sont pas accoutumés à la langue et aux coutumes du pays.

La seule raison qu'a votre mémorialiste de solliciter le poste de missionnaire est qu'il peut être un moyen, conduit par Dieu, de réformer ses compatriotes et de les persuader d'embrasser la religion chrétienne. Par conséquent le mémorialiste prie humblement votre Seigneurie de l'encourager et de le soutenir dans cette entreprise.

GUSTAVUS VASSA

Chez le Tailleur M. Guthrie,
N° 17, Hedge Lane.

Mon Seigneur,

J'ai résidé près de sept ans sur la côte de l'Afrique,

pour la plupart du temps en tant que commandant officier. Par la connaissance que j'ai du pays et de ses habitants, je suis enclin à penser que le plan ci-inclus sera accompagné d'un grand succès, s'il est favorisé par votre Seigneurie. Je demande plus loin la permission de représenter votre Seigneurie, et que des tentatives similaires, lorsqu'elles furent encouragées par d'autres gouvernements, ont rencontré une réussite hors du commun; et à ce moment même je connais un individu fort respectable, un prêtre noir de Cape Coast Castle[163]. Je connais le nommé Gustavus Vassa susmentionné, et crois qu'il est un homme de bonne moralité.

J'ai l'honneur d'être,
Mon Seigneur,
Votre Seigneurie,
Votre humble et obéissant serviteur,

MATT. MACNAMARA

Grove, le 11 mars 1779.

Cette lettre fut également accompagnée de la suivante, du docteur Wallace, qui avait vécu en Afrique pendant plusieurs années, et dont les sentiments au sujet d'une mission africaine étaient les mêmes que ceux du gouverneur Macnamara.

Le 13 mars 1779.

Mon Seigneur,

J'ai résidé près de cinq années à Senegambia sur la côte d'Afrique, et j'ai eu l'honneur d'effectuer de très importants emplois dans cette province. J'approuve effectivement le plan susmentionné, et pense que l'entreprise est très louable et appropriée, et qu'elle mérite la protection et l'encouragement de votre Seigneurie, auquel cas elle devra être accompagnée du succès attendu. Je suis, mon Seigneur,

Votre Seigneurie,
Votre humble et obéissant serviteur,

THOMAS WALLACE

Avec ces lettres, j'assistai l'évêque selon le désir du gouverneur, et je les présentai à sa Seigneurie. Il me reçut avec beaucoup de condescendance et de politesse ; mais avec une certaine délicatesse scrupuleuse, et disant que les évêques n'étaient pas d'avis d'envoyer un nouveau missionnaire en Afrique, il refusa de m'ordonner.

Mon unique motivation à m'étendre ainsi sur cette affaire, ou à insérer ces papiers, est l'opinion que les hommes raisonnables et éduqués, qui connaissent l'Afrique, nourrissent la probabilité de convertir ses habitants à la foi de Jésus-Christ, si les tentatives encouragées par le corps législatif.

Peu après cela, je quittai le gouverneur, et allai au service d'un homme noble dans la milice de Dortsetshire[164], avec qui j'avais fait le camp à Coxheath pendant quelque temps ; mais les opérations là-bas étaient trop minutieuses et inintéressantes pour en donner les détails.

Pendant l'année 1783, je visitai huit pays en Écosse, par curiosité. Tandis que j'étais dans cette partie du pays, on me fit descendre dans une houillère à Shropshire, mais ma curiosité faillit me coûter la vie ; car pendant que je me trouvais dans la mine, les charbons s'écroulèrent, et ensevelirent un homme misérable, qui n'était pas loin de moi : sur ce je sortis aussitôt que je pus, croyant la surface de la terre la partie la plus sûre de la mine.

Pendant le printemps 1784, je songeai à visiter le vieil océan une fois encore. Par conséquent, j'embarquai comme commis à bord d'un beau navire appelé le *London*, commandé par Martin Hopkins, et partant pour New York. J'admirais beaucoup cette ville ; elle est grande et bien construite, et abonde de provisions, de toutes sortes. Pendant que nous y accostions un événement arriva que je trouvai extrêmement singulier : un jour un malfaiteur devait être exécuté à la potence ; mais à la condition que, si une femme qui n'avait rien sur elle à part sa chemise épousait l'homme sous la potence, sa vie allait être sauvée. Ce privilège extraordinaire fut proclamé ; une femme se présenta ; et la cérémonie du mariage fut célébrée.

Notre bateau ayant été chargé, nous retournâmes à Londres en janvier 1785. Lorsqu'il fut de nouveau prêt pour un autre voyage, le capitaine étant un homme aimable, je partis avec lui de là au printemps, mars 1785, en direction de Philadelphie. Le 5 avril, nous prîmes notre départ du cap de Cornouailles, avec un coup de vent agréable ; et vers neuf heures de cette nuit-là la lune brillait, et la mer était douce, tandis que notre bateau, poussé par le vent, allait à une vitesse d'environ quatre ou cinq milles à l'heure. Au même moment un autre bateau allait presque aussi vite que nous sur le côté opposé, et nous toucha juste par l'avant, cependant personne à bord ne vit aucun bateau jusqu'à ce que nous nous heurtions énergiquement face à face, ce qui étonna et consterna les deux équipages. Il nous causa beaucoup de dommages, mais je crois que nous lui en fîmes bien plus ; car lorsque nous passâmes à côté l'un de l'autre, ce que nous fîmes très rapidement, ils firent appel à nous pour ramener, et remonter notre canot, mais nous avions suffisamment à faire pour nous occuper de nous-mêmes ; et après huit minutes environ nous ne le vîmes plus. Nous réparâmes aussi bien que nous pûmes le jour suivant, et continuâmes notre voyage, et en mai nous arrivâmes à Philadelphie.

Je fus très content de revoir cette vieille ville que j'aimais bien une fois de plus ; et mon plaisir fut davantage accru en voyant les dignes quakers libérer et alléger les fardeaux de plusieurs de mes frères africains opprimés. Mon cœur fut réjoui lorsque l'un de ces aimables individus m'emmena voir une école libre qu'ils avaient bâtie pour toutes sortes d'individus noirs, dont les esprits sont cultivés ici, et orientés vers la vertu; et ainsi ils deviennent des membres utiles de la communauté. La réussite de cette pratique ne dit-elle pas vigoureusement aux planteurs, selon la parole de l'Écriture: «Allez et faites de même[165]»?

En octobre 1785, j'étais accompagné de quelques Africains, et je présentai ce discours de remerciement aux messieurs appelés Amis ou quakers, à Gracechurch Court, à Lombart Street:

Messieurs,

En lisant votre livre, intitulé *A Caution to Great-Britain and her Colonies*[166], concernant l'état désastreux des nègres réduits en esclavage: nous une partie des nègres pauvres, opprimés, indigents, et avilis, désirons vous approcher avec ce discours de remerciement, avec notre plus profond amour et notre plus chaude reconnaissance; et avec le plus profond sens de votre bienveillance, de votre travail inlassable, et de votre aimable intervention, par le fait de briser le joug de l'esclavage, et d'administrer un peu de répit et de soulagement à des milliers et des dizaines de milliers d'êtres très gravement affligés, et à des nègres trop lourdement accablés.

Messieurs, pourriez-vous, par la persévérance, au moins, être habilités sous la conduite de Dieu, à alléger à un certain degré le lourd fardeau des affligés, sans aucun doute que ce serait, dans une certaine mesure, le moyen possible, conduit par Dieu, de sauver les âmes de plusieurs oppresseurs; et si c'était le cas, nous sommes certains que le Dieu, dont les yeux sont à jamais sur toutes ses créatures, et qui récompense chaque acte de vertu, et qui prend en considération les prières des opprimés, donnera à vous et aux vôtres ces grâces que nous ne pouvons ni exprimer ni concevoir, mais pour lesquelles nous, en tant qu'une partie de ceux qui sont mis en captivité, opprimés, et affligés, souhaitons et prions de la manière la plus fervente[167].

Ces hommes nous reçurent très gentiment, avec la promesse de les employer pour le compte des Africains opprimés, puis nous nous séparâmes.

Pendant que j'étais en ville, j'eus la chance une fois d'être invité à un mariage quaker. Le moyen simple et pourtant expressif employé lors de leurs célébrations mérite une note. Ce qui suit en est la véritable forme.

Après le regroupement de l'assemblée, plusieurs membres évoquent des exhortations opportunes; la mariée et le marié se lèvent, et, se prenant l'un l'autre par la main d'une manière solennelle, l'homme déclare de manière audible ce qui suit: «Chers amis, dans la crainte du Seigneur, et en présence de cette assemblée, dont pour moi les membres seront témoins, je prends mon amie ici présente, M. N*** pour être mon épouse; promettant, grâce à l'assistance divine, d'être un mari aimant et fidèle jusqu'à ce que la mort nous sépare.» Et la femme fait la même déclaration.

Ensuite les deux signent en premier leurs noms sur le registre, et autant de témoins qui le veulent bien. J'eus l'honneur d'inscrire le mien à un registre à Gracechurch Court, à Lombart Street. «Ma main est à jamais libre», si une certaine femme nommée Debonair souhaite l'obtenir, c'est le moyen que je recommande.

Nous retournâmes à Londres en août; et notre bateau ne prenant pas immédiatement la mer, j'embarquai comme commis dans un bateau américain appelé le *Harmony*, du capitaine John Willet, et je quittai Londres en mars 1786, pour aller à Philadelphie. Après onze jours de navigation, nous emportâmes notre mât de hune. Nous eûmes une traversée de neuf semaines, qui ne fut pas bien réussie, car il nous fut difficile de vendre notre marchandise, et pis encore, mon capitaine se mit à me jouer les mêmes tours que d'autres mettent souvent en pratique sur les nègres libres dans les Indes-Occidentales. Mais je remercie Dieu car je trouvai beaucoup d'amis à cet endroit, qui en quelque sorte l'en empêchèrent. À mon retour à Londres en août, je fus très agréablement surpris de voir que le gouvernement bienveillant avait adopté le plan de quelques philanthropes destinés à renvoyer les Africains dans leur pays d'origine; et que certains navires s'apprêtaient alors à les transporter en Sierra Leone; une loi qui contribua à l'honneur de tous ceux qui étaient concernés par sa promotion, et qui me remplit d'actions de grâce et de beaucoup de joie. Il y eut alors en ville un comité choisi de messieurs en faveur des Noirs déshérités, et j'avais l'honneur d'être connu de certains d'entre eux; et aussitôt qu'ils eurent connaissance de mon arrivée, ils m'envoyèrent chercher pour rejoindre le comité. Quand j'arrivai là-bas, ils m'informèrent de l'intention du gouvernement; et comme ils semblaient me trouver qualifié pour surveiller une partie de l'entreprise, ils me demandèrent d'accompagner les Noirs déshérités en Afrique. Je mis en évidence devant eux plusieurs objections à mon départ; et en particulier j'exprimai des difficultés relatives aux trafiquants d'esclaves, comme je me serais assurément opposé à leur commerce de l'espèce humaine par tous les moyens en mon pouvoir. Cependant ces objections furent rejetées par les messieurs du comité, qui me persuadèrent de partir et me recommandèrent aux honorables commissaires de la Marine royale, en tant que la personne appropriée pour agir comme commissaire du gouvernement dans l'expédition projetée; en conséquence, ils me nommèrent à cet emploi en novembre 1786, et me donnèrent assez de pouvoir pour agir au nom du gouvernement en qualité de commissaire, après que j'eus reçu mon mandat et l'ordre suivant :

Par les Officiers supérieurs et les Commissaires de la Marine royale.

Attendu que vous avez reçu l'ordre, par notre mandat, daté du 4 du mois dernier, de recevoir à votre responsabilité de la part de M. Joseph Irwin, l'excédent des vivres restant de ce qui avait été fourni pour la traversée, ainsi que ceux destinés à aider les Noirs déshérités, après le débarquement en Sierra Leone, ainsi que les vêtements, les outils, et tous les autres articles fournis aux frais du gouvernement ; et comme ces provisions ont été emmagasinées pour une traversée de deux mois, et pour quatre mois après le débarquement, mais le nombre de personnes embarquées étant bien plus réduit que ce que nous espérions, il se peut qu'il y ait par conséquent un excédent de provisions, de vêtements, etc. Ceci s'ajoute aux ordres précédents, destinés à vous diriger et vous demander d'affecter ou de disposer de cet excédent dans les meilleures conditions possible au bénéfice du gouvernement, et nous vous demandons de veiller à nous rendre fidèlement compte de ce que vous faites dans ce domaine. Et pour votre gouverne quant à l'empêchement du départ de personnes blanches, qui ne sont pas supposées avoir l'indulgence d'y être transportées, nous vous envoyons ci-joint une liste de ceux qui sont recommandés par le Comité en faveur des Noirs déshérités, comme étant les véritables individus qui seront autorisés à embarquer, et vous informons que vous n'aurez pas à accepter d'autres personnes en partance qui ne produiraient pas un certificat du comité en faveur des Noirs déshérités, de leur autorisation pour ce faire. De ce fait ceci sera votre ordre. Fait au Service maritime, le 16 janvier 1787.

J. HINSLOW,
GEO. MARSH,
W. PALMER.

À M. Gustavus Vassa,
Commissaire des Provisions et Subsistances en faveur des Noirs Déshérités en partance vers la Sierra Leone.

J'allai aussitôt exécuter mon devoir à bord des navires destinés à la traversée, où je continuai jusqu'au mois de mars suivant.

Pendant que je continuais l'œuvre du gouvernement, je fus frappé par les abus flagrants commis par l'agent, et j'essayai d'y remédier, mais sans succès. Un cas, parmi plusieurs que je pourrais produire, peut servir d'exemple. Le gouvernement avait donné l'ordre que fût fourni tout le nécessaire (y compris des seaux de toilette[168], tels qu'on les appelait) pour 750 personnes ; cependant, dans l'incapacité de rassembler plus de 426, on m'ordonna d'envoyer les seaux de toilette supplémentaires, etc., à la réserve de la marine royale de Portsmouth ; mais, lorsque je les exigeai dans ce but à l'agent, il s'avéra qu'on ne les avait jamais achetés, bien qu'ils eussent été payés par le gouvernement. Mais ce n'était pas tout, le gouvernement n'était pas le seul objet de péculat ; ces pauvres gens souffraient infiniment plus ; leurs habitations étaient les plus misérables ; plusieurs d'entre eux avaient besoin de lits, et bien plus de vêtements et d'autres objets nécessaires. Pour prouver ce que j'avance, et bien plus, je ne demande pas que l'on porte du crédit à mes propres assertions. J'en appelle au témoignage du capitaine Thompson[169], du *Nautilus*, qui nous escorta, et à qui je demandai une solution en février

1787, après que j'eus protesté sans résultat auprès de l'agent, et même après l'avoir amené à être témoin de l'injustice et de l'oppression dont je me plaignais. Je fais également appel à une lettre écrite par ces malheureux individus, dès le début du mois de janvier précédent, et publiée dans le *Morning Herald* du 4 de ce même mois, et signée par vingt de leurs chefs.

Je ne pouvais accepter silencieusement que le gouvernement fût ainsi escroqué, que mes compatriotes fussent pillés et opprimés, voire dépouillés du nécessaire de presque toute leur vie. Aussi informai-je les commissaires de la Marine du comportement de l'agent ; mais ma démission arriva bientôt au moyen d'un monsieur de la ville[170], que l'agent[171], conscient de son péculat, avait trompé en lui écrivant une lettre, et qui, en plus, autorisa le même agent à recevoir à bord, aux frais du gouvernement, un nombre de personnes comme passagers, contrairement aux ordres que j'avais reçus. Cela me fit accuser une grande perte de mes biens : cependant, les commissaires furent satisfaits de ma conduite, et écrivirent au capitaine Thompson, pour exprimer leur approbation.

Ainsi pourvus, ils continuèrent leur traversée ; et finalement, épuisés par un traitement qui n'était peut-être pas le plus doux, et dépérissant de maladie, causée par le manque de médicaments, de vêtements, de lits, etc., ils atteignirent Sierra Leone juste au début de la saison des pluies. À cette saison de l'année il est impossible de cultiver la terre ; leurs vivres furent donc épuisés avant qu'ils ne pussent tirer le moindre bénéfice de l'agriculture ; et il n'est pas surprenant que beaucoup, spécialement les marins indiens[172] dont la constitution est très fragile, et qui avaient été cloîtrés dans des bateaux d'octobre à juin, et accommodés de la manière que j'ai mentionnée, devaient être si atrophiés par leur confinement qu'ils n'en survivraient pas.

Ainsi prit fin ma participation à l'expédition de Sierra Leone tant discutée ; expédition qui, bien qu'infortunée en réalité, fut humaine et politique dans sa conception, et son échec n'était pas dû au gouvernement : tout était fait de leur côté ; mais il y avait évidemment assez de mauvaise gestion commise dans sa conduite et son exécution pour mettre en déroute son succès.

Je n'aurais pas dû m'étendre ainsi sur le récit de cette opération, si la part que j'y avais prise n'avait pas été sujette à une aversion partiale, et que même mon renvoi de cet emploi avait été considéré digne d'être accompli par une sorte de triomphe général. Les raisons qui peuvent influencer toute personne à s'abaisser à une contestation insignifiante avec un Africain inconnu, et à chercher de la satisfaction dans son humiliation, peut-être n'est-il pas approprié ici d'en faire l'examen ou de le raconter, même si sa découverte était nécessaire pour me justifier ; mais je remercie le Ciel qu'il n'en soit rien. Je souhaite demeurer dans ma seule intégrité, et ne pas m'abriter sous l'inconvenance d'un autre ; et je fais confiance au comportement des membres de la Commission maritime pour me donner le droit d'affirmer ceci ; car après avoir été renvoyé, le 24 mars, je rédigeai un mémoire de la sorte :

Aux Très Honorables Lords Commissaires aux Comptes de Sa Majesté[173] *:*

Mémoire et pétition de Gustave
VASSA, *un homme noir, ancien Commissaire pour les Noirs Déshérités allant en* AFRIQUE.

IL EST HUMBLEMENT DÉMONTRÉ,

Que le mémorialiste de vos Seigneuries fut, par les Honorables Commissaires de la Marine royale, le 4 décembre dernier, nommé au poste ci-dessus par mandat établi par cette instance ;

Que par conséquent, il effectua l'exécution de son devoir à bord du *Vernon*, l'un des bateaux affectés à partir en Afrique avec les déshérités ci-dessus ;

Que votre mémorialiste, à sa grande douleur et stupéfaction, reçut une lettre de démission des Honorables Commissaires de la Marine, sur ordre de vos Seigneuries ;

Que, conscient d'avoir agi avec la fidélité la plus parfaite et la plus grande assiduité en répondant à la confiance placée en lui, il est tout à fait incapable de concevoir les raisons pour lesquelles vos Seigneuries ont modifié l'opinion favorable qu'elles furent heureuses de lui consentir, sensible au fait que vos Seigneuries ne prendraient pas une mesure aussi sévère sans un bon motif apparent ; aussi il a donc toutes les raisons de croire que sa conduite a été grossièrement déformée auprès de vos Seigneuries, et il est d'autant plus confirmé dans son opinion que, en s'opposant aux mesures prises par d'autres personnes concernées par la même expédition, qui tendaient à faire échouer les intentions humanitaires de vos Seigneuries, et à placer le gouvernement devant un surcroît de dépenses très importantes, il se fit un grand nombre d'ennemis, dont les présentations déformées, il a bien trop de raisons de le croire, créèrent les fondations de sa révocation. N'étant pas soutenus par ses amis ; et sans l'aide des avantages d'une éducation d'un homme libre, il ne peut qu'espérer une réparation de la justice pour son cas, additionné de l'humiliation d'avoir été ôté de son travail, et des avantages qu'il aurait raisonnablement pu espérer voir dériver de là. Il a eu la malchance de voir sombrer une grande partie de ses petits biens en s'équipant, et en effectuant d'autres dépenses découlant de sa situation, dont il annexe ici le récit. Le mémorialiste n'ennuiera pas vos Seigneuries avec une justification d'une partie de sa conduite, parce qu'il ne sait pas de quels crimes on l'accuse ; toutefois, il vous en supplie de bien vouloir conduire une enquête sur son comportement pendant le temps où il travailla dans le service public; et, s'il se trouvait que son renvoi émanait de fausses présentations, il est conscient que par la justice de vos Seigneuries il pourra obtenir réparation.

L'auteur de cette pétition prie donc humblement que vos Seigneuries prennent son cas en considération; et que vous voudrez bien ordonner le paiement des sommes référées ci-dessus, qui s'élèvent à 32 livres 4 shillings, ainsi que des salaires convenus, qui sont le plus humblement soumis.

Londres, le 12 mai 1787.

La pétition ci-dessus fut remise en main propre à leurs Seigneuries, qui furent assez bonnes quelques mois plus tard, sans m'entendre, de donner l'ordre de me payer 50 livres sterling — soit 18 livres de salaire pour le temps (plus de quatre mois) que j'agis fidèlement à leur service. Certainement, cette somme est bien supérieure à ce qu'un nègre libre aurait obtenu dans les colonies occidentales!!!

À partir de cette période, et jusqu'au temps présent, ma vie est passée dans un cours variable, et une bonne partie de mon apprentissage et de mon attention a été d'aider à la cause de mes très outragés compatriotes.

Le 21 mars 1788, j'eus l'honneur de présenter à la reine une pétition en faveur de mes frères africains, qui fut accueillie très gracieusement par Sa Majesté[174].

À SON EXCELLENCE ET VOTRE MAJESTÉ LA REINE.

MADAME,

La bienveillance et l'humanité bien connues de votre Majesté me donnent le courage d'approcher votre royale présence, confiant que l'obscurité de ma situation n'empêchera pas votre Majesté de prêter attention aux souffrances pour lesquelles je plaide.

Cependant je ne sollicite point votre royale pitié pour ma propre détresse ; mes souffrances, bien que nombreuses, sont en quelque sorte oubliées. J'implore la compassion de votre Majesté pour des millions de mes compatriotes africains, qui gémissent sous les coups de fouet tyranniques dans les Indes-Occidentales.

L'oppression et la cruauté, pratiquées aux malheureux nègres là-bas, ont finalement touché le corps législatif britannique, et ils délibèrent actuellement sur sa réparation : même plusieurs personnes possédant des esclaves dans les Indes-Occidentales ont adressé une pétition au parlement pour s'opposer à sa continuité, conscients que cela est aussi impolitique que c'est injuste — et ce qui est inhumain doit à jamais être peu judicieux.

Le règne de votre Majesté a jusqu'ici été distingué par des actes privés bienveillants et des dons ; certainement plus étendue est la misère, plus grande est la plainte adressée à la compassion de votre Majesté, et plus grand est le plaisir de votre Majesté à pourvoir à son soulagement.

Je me permets donc, gracieuse Reine, d'implorer votre intervention accompagnée de votre royal réconfort, en faveur des Africains misérables qui, par l'influence bienveillante de votre Majesté, peuvent à présent voir une fin à leur misère — et être élevés de la condition de bêtes, à laquelle ils sont aujourd'hui abaissés, aux droits et à l'état d'hommes libres, et admis à prendre part aux grâces de l'heureux gouvernement de votre Majesté ; ainsi fera l'heureux gouvernement de votre Majesté : ainsi votre Majesté appréciera la joie sincère de procurer du bonheur à des millions d'individus, et d'être récompensée par leurs prières reconnaissantes, et par leur postérité.

Et que le tout généreux Créateur comble votre Majesté, ainsi que la Famille royale par toutes les grâces que ce monde peut offrir, et par chaque débordement de joie que la révélation divine nous promet dans l'avenir.

JE SUIS LE SERVANT LE PLUS RESPECTUEUX ET LE PLUS DEVOUÉ À L'ORDRE DE VOTRE MAJESTÉ,

GUSTAVUS VASSA
L'Éthiopien opprimé.
N° 53, Baldwin's Gardens.

La loi consolidée des nègres[175], établie par l'assemblée de Jamaïque l'année dernière, et la nouvelle loi de l'amendement dont on débat actuellement contiennent une preuve de l'existence de ces accusations qui ont été portées contre les planteurs pour le traitement de leurs esclaves.

J'espère avoir la satisfaction de voir la restauration de la liberté et de la justice, qui reposent sur le gouvernement britannique, afin que soit justifié l'honneur de notre nature commune. Ce sont là des problèmes qui ne relèvent peut-être d'aucun bureau particulier ; mais, pour m'adresser plus sérieusement à tous les hommes de cœur, ce genre d'actions est le fondement juste et sûr d'une renommée future ; une réversion, bien que légère, est souhaitée par certains esprits nobles en tant qu'un important avantage. C'est sur ces bases que j'espère et attends l'attention des hommes du pouvoir. Ce sont là les desseins qui s'accordent avec leur rang élevé, et la dignité de leurs positions : ce sont des buts qui conviennent à la nature d'un gouvernement libre et généreux ; et qui est lié aux visées de l'empire et de la domination, conformes à la bienveillance et au solide mérite du corps législatif. C'est une poursuite d'une grandeur importante. — Qu'arrive le temps, au moins il m'est agréable de le supposer, lorsque le peuple noir célébrera avec reconnaissance l'ère clémente de la liberté étendue. Alors on appellera avec louange et honneur ces personnes[176] en particulier, qui proposèrent et se levèrent pour faire progresser la cause de l'humanité, de la liberté et de la bonne politique ; et qui apportèrent à la connaissance du corps législatif des desseins dignes du patronage et de l'adoption royaux. Que le ciel fasse des sénateurs britanniques les dispensateurs de lumière, de liberté et de la science aux confins de la terre ; alors la gloire sera rendue à Dieu au plus haut des cieux, la paix sur la terre, et la bonne volonté aux hommes ; gloire, honneur, paix, etc., à chaque âme d'homme qui œuvre pour le bien, et aux Britanniques en premier (parce qu'on leur prêche l'évangile) et à toutes les nations également. « Ceux qui honorent leur Créateur ont pitié des malheureux. C'est la justice qui exalte toute nation ; mais le péché est la honte de tout peuple ; la destruction œuvre pour ceux qui œuvrent pour l'iniquité, et les méchants tomberont par leur propre méchanceté[177]. » Que la bénédiction du Seigneur se pose sur la tête de tous ceux qui ont pris en pitié le cas des nègres opprimés, et que la crainte de Dieu prolonge leurs jours ; et que leurs souhaits soient exaucés dans la joie ! « L'homme généreux conçoit de généreux desseins, et ce sont eux qui le font agir » (Ésaïe XXXII, 8). Ils peuvent dire avec le pieux Job : « N'ai-je pas versé des larmes sur celui qui était dans la douleur ? Mon âme n'a-t-elle pas saigné pour les malheureux ? » (Job XXX, 25).

Comme le commerce inhumain des esclaves doit être pris en considération par le parlement britannique, je ne doute pas, si un système commercial était établi en Afrique, que la demande d'usines croîtrait plus rapidement, étant donné que les habitants indigènes adopteront insensiblement les modes, les us et coutumes britanniques, etc. La consommation des produits manufacturés britanniques sera proportionnelle à la civilisation. L'épuisement et les larmes d'un continent qui est presque deux fois aussi grand que l'Europe, et riche en végétaux et en produits minéraux, sont bien plus faciles à concevoir qu'à évaluer. En exemple, les Aborigènes de Grande-Bretagne dépensent peu ou prou en vêtements, etc. La différence entre leurs ancêtres et la génération actuelle est, du point de vue de la consommation, littéralement infinie. Cette supposition est la plus évidente. Elle sera également extrême en Afrique. La même cause, à savoir la civilisation, produira toujours le même effet.

Il s'agit de commercer sur des bases saines. Une relation commerciale avec l'Afrique ouvre une inépuisable source de richesses aux intérêts manufacturiers de la Grande-Bretagne, et à tous ceux qui ont une objection pour le commerce des esclaves. Si je suis bien informé, l'intérêt des manufactures est égal, sinon supérieur, à l'intérêt foncier, en ce qui concerne la valeur, pour des raisons qui apparaîtront bientôt. L'abolition de l'esclavage, acte si diabolique, donnera aux usines une croissance plus rapide, ce qui est totalement et diamétralement à l'opposé de ce qu'affirment certaines personnes intéressées. Les manufactures de ce pays doivent et veulent, par la nature et la raison des choses, avoir un plein emploi constant du fait de l'approvisionnement des marchés africains. La population, les entrailles et le sol de l'Afrique abondent en ressources de valeur précieuse et utile ; les trésors cachés pendant des siècles seront apportés à la lumière et mis en circulation. Les industries, les entreprises, les mines prendront leur expansion totale proportionnellement au rythme qu'elles se civilisent. En un mot, cela ouvre un champ infini au commerce des manufactures et de l'aventurier marchand britanniques. L'intérêt des fabriques et l'intérêt général sont synonymes. L'abolition de l'esclavage serait en réalité un bienfait universel.

Les tortures, le meurtre, et toute autre barbarie et

iniquité imaginables sont pratiqués sur les pauvres esclaves impunément. J'espère que la traite des Noirs sera abolie. Je prie pour que cela se produise bientôt. Le grand groupe des fabricants, unis dans cette cause, la facilitera considérablement et la hâtera; et tel que je l'ai déjà mentionné, c'est en très grande partie dans leur intérêt et leur avantage, ainsi que dans celui de toute la nation (à l'exception des personnes concernées par la fabrication des colliers d'attelage, des colliers, des chaînes, des menottes, des pênes pour les pieds, des boulets, des poucettes, des muselières de fer et des cercueils; des clous, des fouets, et des autres instruments de torture utilisés dans la traite des esclaves). En peu de temps, un seul sentiment prévaudra, pour des raisons d'intérêt aussi bien que de justice et d'humanité. L'Europe compte cent vingt millions d'hamanité. L'Europe compte cent vingt millions d'habitants. Question: combien l'Afrique compte-t-elle de millions d'habitants? Supposons que les Africains, collectivement ou individuellement, dépensent cinq livres par tête en vêtements et en mobilier chaque année quand ils seront civilisés, etc., c'est tellement énorme que cela dépasse l'imagination!

Je conçois cela comme une théorie basée sur des faits, et en conséquence elle est infaillible. Si les Noirs étaient autorisés à rester dans leur propre pays, leur nombre doublerait tous les quinze ans, proportionnellement à cet accroissement les demandes en produits manufacturés évolueraient. Le coton et l'indigo poussent spontanément dans la plupart des pays d'Afrique; cette considération n'est pas sans grandes conséquences pour les villes industrielles de Grande-Bretagne. Cela ouvre des perspectives infinies, glorieuses et heureuses, pour l'habillement, etc., d'un continent dont la circonférence en milles est de dix milles, qui est immensément riche en productions de toutes sortes, et en rendements des produits manufacturés.

Il ne me reste donc plus qu'à demander l'indulgence du lecteur et à conclure[178]. Je suis loin d'avoir la vanité de croire que ce récit a du mérite : j'espère que les critiques surseoiront en considérant qu'il a été écrit par quelqu'un qui ne voulait pas et n'était d'ailleurs pas capable de rendre la clarté de la vérité par les couleurs de l'imagination. Ma vie et mon destin ont connu des hauts et des bas extrêmes, et j'ai vécu des aventures variées. Même celles que j'ai racontées sont considérablement abrégées. Si un événement de cette petite œuvre devait peut-être paraître inintéressant et insignifiant à la plupart des lecteurs, je ne peux que dire, comme excuse pour l'avoir mentionné, que presque chaque événement de ma vie a marqué mon esprit et influencé mon comportement ! Je me suis très tôt accoutumé à rechercher la main de Dieu dans la plus petite circonstance et à en tirer une leçon de morale et de foi ; et dans cette lumière chaque fait que j'ai relaté était important pour moi. Après tout, qu'est-ce qui rend un événement important, si ce n'est que par son observation nous devenons meilleurs et plus sages, et apprenons à « agir avec justice, à aimer la miséricorde et à marcher humblement devant dans les pas de Dieu » ? À ceux qui possèdent cet état d'esprit, il n'y a pratiquement aucun livre ou incident, si insignifiant soit-il, qui n'apporte quelque profit, tandis qu'à d'autres l'expérience des années ne semble d'aucune utilité ; et même leur déverser les trésors de la sagesse revient à jeter les joyaux de la connaissance.

APPENDICES

NOTES

La majeure partie des notes ont été réalisées à partir des recherches effectuées par l'auteur, mais également grâce aux travaux de Paul Edwards, Vincent Carretta et d'autres critiques modernes.

1. Entre les XVIIe et XVIIIe siècles, les histoires comme celle d'Equiano, « *history of neither a saint, a hero, nor a tyrant* », sont courantes dans les biographies et autobiographies et même dans le roman. Par exemple, dans *The Rambler* (Londres, 1750), Samuel Johnson, cité par Vincent Carretta, rappelle l'histoire de telles émouvantes tragédies royales. Voir Vincent Carretta, *The Interesting Narrative and other Writings*, Penguin, 1995, p. 240.

2. Olaudah, Equiano, *The Interesting Narrative of Olaudah Equiano, or Gustavus Vassa, the African*, New York, Durell, 1791, VI, p. 1-2.

3. Equiano n'est pas le premier Africain à écrire le récit de sa vie : les *Lettres de Sancho*, publiées en 1782, occupent l'une des premières places parmi les œuvres afro-anglaises de la fin du XVIIIe siècle. De même, le récit de Cugoano Ottobah paraît juste un an avant *Ma véridique histoire*.

4. Source : <http ://www.blacksatincollectibles.comlequiano display.htm>, édition de juillet 2002.

5. Achebe, Chinua, *Morning Yet on Creation Day: Essays*, New York, Anchor, 1975, p. 139.

6. Jean Ducrocq, Susy Halimi et Maurice Lévy, *Roman et société en Angleterre au XVIIIe siècle*, Paris, PUF, 1978, p. 23

7. Alain Morvan, *La tolérance dans le roman anglais de 1726 à 1771*, Paris, Didier Érudition, 1984, p. 274.

8. Ducrocq *et al*, *op. cit.*, p. 25.

9. Jean Viviès, *Le récit de voyage en Angleterre au* XVIII*e siècle: de l'inventaire à l'invention*, Toulouse, Presses universitaires du Mirail, 1999, p. 48.

10. William Heffernan, « The Slave Trade and Abolition in Travel Literature », *Journal of the History of Ideas*, nº 34, 1973, p. 188.

11. Costanzo Angelo, *Surprizing Narrative: Olaudah Equiano and the Beginnings of Black Autobiography*, New York, Greenwood, 1987, p. 55-56.

12. Paul Denizot, « L'image des autres: Anglais et continentaux au siècle des Lumières », *La Grande-Bretagne et l'Europe des Lumières*, Presses de la Sorbonne Nouvelle, Paris, 1996, p. 15-23.

13. Thomas Clarkson, *The History of the Rise: Progress, and Accomplishment of the Abolition of the Slave Trade by the British Parliament*, vol. 2, Londres, 1808, p. 444-445.

14. C'est-à-dire en amenant les acquéreurs à s'engager à acheter un ou plusieurs exemplaires du livre avant sa publication. Comme le souligne Vincent Carretta, cette pratique nécessite au moins le paiement d'un acompte partiel, qui permettait de couvrir, entre autres, les coûts de production, Carretta rappelle, par ailleurs, que les *Lettres de Sancho* avaient été publiées de la même manière et que, d'une édition à l'autre de *Ma véridique histoire*, le nombre de souscripteurs augmentait, si bien qu'entre la première édition et la neuvième, ce nombre était passé de 321 à 804. Toutefois, dès la seconde édition, Equiano entame un travail de réécriture qui démontre son désir de prendre quelque distance vis-à-vis de sa démarche autobiographique.

15. Guillaume Cingal, « *A Slaves' Progress* : violence et modernité paradoxale in *The Interesting Narrative* », in *Le Progrès*, revue *Confluences*, nº 18, 2001, p. 213-14.

16. Paul Edwards éd., *Equiano's Travels*, Londres, Heinemann, 1996, introduction du volume.

17. Adiele Afigbo, *Ropes of Sand: Studies in Igbo History and Culture*, Ibadan University Press, Ibadan, 1981, p. 152.

18. Dès le milieu de *Ma véridique histoire*, Equiano change de métier maintes fois: il est formé et accroît ses connaissances de la sorte, comme le note Aravamudan, Srinivas, « Equiano and the Politics of Literacy », *Tropicopolitans: Colo-*

nialism and Agency, 1688-1804, Durham, Duke UP, 1999, p. 250.

19. Expression empruntée à Frantz Fanon, *Les damnés de la terre*, Paris, Maspero, 1961.

20. Joseph Fichtelberg, « Word between Worlds : The Economy of Equiano's *Narrative* », *American Literary History*, 5.3 (1993), p. 459-480. Geraldine Murphy critique également la pensée d'Equiano qu'elle qualifie de *dissident colonialism* : « Olaudah Equiano, Accidental Tourist », *Eighteenth-Century Studies*, 27.4 (1994), p. 551-568 ; voir également Sonia Hofkosh, « Tradition and *The Interesting Narrative* : Capitalism, Abolition, and the Romantic Individual », *Romanticism, Race and Imperial Culture, 1780-1834*, Alan Richardson et Sonia Hofkosh (éd.), Bloomington, Indiana UP, 1996, p. 330-343.

21. Vincent Carretta, *op. cit.*, p. XVII-XIX.

22. S. E. Ogude, « Facts into Fiction : Equiano's Narrative Revisited », *Okike : An African Journal of New Writing*, 22, 1982, p. 57-66.

23. Guillaume Cingal, « *A Slave's Progress* : violence et modernité paradoxale in *The Interesting Narrative* », *op. cit.* « De tous les aphorismes de Blanchot, il en est un qui me semble s'adapter particulièrement au cas paradoxal d'Equiano : "Écrire son autobiographie, soit pour s'avouer, soit pour s'analyser, soit pour s'exposer aux yeux de tous, à la façon d'une œuvre d'art, c'est peut-être chercher à survivre, mais par un suicide perpétuel — mort totale en tant que fragmentaire. S'écrire, c'est cesser d'être pour se confier à un hôte — autrui, lecteur — qui n'aura désormais pour charge et pour vie que votre inexistence" » (Maurice Blanchot, *L'écriture du désastre*, Paris, Gallimard, 1980, p. 105).

24. Guillaume Cingal, *ibid.*, p. 224-225.

25. Hammond, J. R., *A Defoe Companion*, Lanham, Barnes and Noble Books, 1993, p. 20.

26. Serge Soupel, *Apparence et essence dans le roman anglais de 1740 à 1771*, Paris, Didier Érudition, 1983, p. 290.

27. Michel Baridon, préface à l'édition de *Robinson Crusoé*, de Daniel Defoe, Gallimard, 1996, p. 7.

28. « Introduction », in Paul Edwards (éd.), *Equiano's Travels*, Londres, Heinemann, 1989.

29. James Walvin, *An African's Life : Olaudah Equiano*, Londres, Continuum, 1998, XV.

30. Malesherbes, *Discours de réception à l'Académie française*, 1775. Cité par Paul Bénichou dans *Le sacre de l'écrivain*

(1750-1830). Essai sur l'avènement d'un pouvoir spirituel laïque dans la France moderne, Paris, J. Corti, 1985, p. 29.

31. Andrews, William L, « The First Fifty Years of the Slave Narrative (1760-1810) », *The Art of Slave Narrative: Original Essays in Criticism and Theory*, Macomb, Western Illinois University, 1986, p. 60.

32. Gates Jr., Henri Louis (éd.), *The Interesting Narrative of the Life of Olaudah Equiano or Gustavus Vassa, the African. The Classic Slave Narratives*, New York, Penguin, 1987.

33. Le nom « Guinée » provient du lexique berbère : *Guineus*, et signifie « Noir ». Ce terme a été attribué aux Noirs vivant sur la côte du Cap-Vert par les Portugais en 1444. Tous les auteurs décrivent la Guinée comme le véritable centre de la traite, parce que les esclaves y sont nombreux et de bonne qualité.

34. Ancien nom de l'Éthiopie actuelle.

35. Il reste difficile d'identifier Essaka et, comme le note Charbonnier, « la relation qu'Equiano fait de son voyage jusqu'à la côte indique à coup sûr que le village était situé vers l'intérieur, et à l'est du Niger ».

36. *Embrenche :* en igbo moderne, *mgburichi*. D'après John Adams, le mot igbo désignant un gentleman est *breeché*. Claire-Lise Charbonnier nous rappelle qu'au début du XIXe siècle, John Adams écrit dans son livre intitulé *Sketches* (Londres, 1822, p. 41-42) que le mot igbo désignant un « gentilhomme » est *breeche*, qui se rapproche du *embrenche* d'Equiano. De même, dans la première édition moderne du livre d'Equiano, Paul Edwards rappelle que James Africanus Horton décrit également des marques de distinction similaires à Isuama.

37. En ce qui concerne l'adultère, Paul Edwards rappelle que, dans une note, Equiano dit s'être inspiré de Bénezet, bien qu'il puisse s'agir d'un souvenir personnel, étant donné que l'adultère était toujours puni de la sorte dans chaque unité familiale. Toutefois, Claire-Lise Charbonnier fait référence à un cas où l'homme adultère était tué dans la nuit et son décès maquillé en mort accidentelle par les villageois.

38. Il faut signaler qu'en Afrique, le meurtre était considéré comme l'acte le plus grave, c'est pour cela qu'il fallait tuer celui qui s'en rendait coupable, car aucune excuse établie selon la coutume ne permettait l'assassinat ; ainsi on donnait généralement la mort au meurtrier de la même manière qu'il l'avait lui-même donnée.

39. Mariage : en général, les coutumes décrites ressemblent aux coutumes modernes. À ce propos, voir G. T. Basten,

Among the Ibo of Nigeria (Londres, Frank Cass and Co, 1966, p. 68-71) : «*marriage is the most important event in the Ibo's life* [...] *a very high value is set upon marriage* [...] *no marriage ceremonies, but the girl simply joins the man at his house as soon as the 1st instalment to the dowry is paid, and they are acknowledge as man and wife*».

40. Il se peut que Equiano confonde la ficelle de coton attachée avec la corde attachée autour de la taille d'une fillette à sa puberté. «On leur permettait de ne porter rien d'autre qu'une ficelle de coton ou un bandeau de fil de cuivre appelé *Awna-Ididi* après la puberté, et une très petite étoffe de pagne après leur mariage.» Toutefois, parce que certaines coutumes qu'il décrit rappellent des traditions juives, on pourrait penser que cette ficelle correspond effectivement à celle de la fiancée. En effet, dans l'Ancien Testament, le prophète Ésaïe suggère que les fiancées portaient une parure à la taille : «Tu les revêtiras tous comme une parure / Tu les attacheras à toi / à la manière d'une fiancée» (Ésaïe 49, 18). Cette ficelle que les Ibos attachent à la taille de la fiancée doit donc provenir d'une tradition juive, de même que la circoncision. Ce fait renforce donc la relation qu'Equiano établit entre son peuple et les Juifs.

41. Quand j'étais à Smyrne, j'ai souvent vu les Grecs danser de cette façon.

42. Les instruments de musique à cordes tels que la guitare, en igbo central */ado/*, ou les tam-tams comme le balafon, le xylophone sont encore trouvés parmi les Ibos, de même que dans de nombreuses régions d'Afrique noire.

43. Instrument de musique traditionnelle appartenant à la famille des percussions africaines comparable à un xylophone, il est formé de lames et de calebasses creuses.

44. La couleur bleue, en Afrique, de même qu'en Europe, est désignée comme l'une des couleurs royales. Chez les Ibos, il s'agit sans doute de l'indigo, la plus commune des teintes bleues. Paul Edwards indique que cette couleur est extraite des feuilles de baie.

45. Article de vente essentiel, souvent extrait du bois ou des feuilles. D'après Crow, on en trouve dans la région de Bonny : «de grosses mangroves, qui sont brûlées dans de grandes assiettes en cuivre» (Hugh Crow, *Memoirs*, Londres, 1830, p. 250). Selon Talbot, une sorte de sel était utilisé par les Ibos pour fixer la teinture (Talbot, *Peoples of Southern Nigeria*, III, p. 942).

46. Il s'agit d'une sorte de banane contenant une sève aigre. Lorsqu'elle mûrit, la peau verte du plantain jaunit, et il devient très légèrement sucré comme la banane douce. Mais contrairement à la banane douce, le plantain se mange cuit à l'eau ou frit comme un légume d'accompagnement.

47. Le terme *eadas*, tel que l'écrit Equiano, n'existe plus de nos jours. Il a certainement évolué en igbo central où il est devenu */ɛde/*. On trouve également quelques variantes régionales, telles que */ɛddoe/*. Ce légume est traduit en anglais par *cocoyam*. Au Brésil, le légume *aedas* désigne également la patate douce.

48. Ce vin est extrait, comme le décrit Equiano avec exactitude, des palmiers. Lorsqu'il vient d'être tiré, il a effectivement un goût sucré, mais grâce à l'effet de la chaleur, il se fermente et devient alcoolisé.

49. Quand j'étais à Smyrne, j'ai vu le même genre de terre et en ai rapporté un peu avec moi à Londres ; elle a l'apparence d'un musc en vigueur, mais son odeur est plus délicieuse et rappelle celle d'une rose. *(Note de l'édition originale.)*

50. Cette description rappelle un passage du livre de Michel Adanson (1727-1806), *A Voyage to Senegal, the Isle of Goree, and the River Gambia* (Londres, 1759). De nombreux extraits du livre d'Adanson paraissent fréquemment dans des ouvrages abolitionnistes, en particulier ceux de Bénezet, de Thomas Day, *The Dying Negro* (Londres, 1773), poème qu'Equiano cite plus loin dans son récit. De plus, les commentaires d'Adanson sont très populaires au XVIIIe siècle, car ils étaient utilisés comme des preuves de témoins oculaires par les abolitionnistes, par conséquent Equiano en avait certainement connaissance.

51. L'expression *Oye-Eboe*, selon Chinua Achebe, peut être traduite par « gens d'Eboe ». Actuellement, cette expression pourrait désigner les gens de la région d'Aboh, car Eboe reste introuvable tel qu'il est écrit par Equiano.

52. On se souvient que dans la Rome antique, tout prisonnier de guerre devenait généralement esclave, en application du droit des gens, *jus gentium*. La piraterie et le règlement d'une dette servaient également de source d'esclaves pour les Romains avant l'ère chrétienne.

53. Il s'agit sans doute de l'acacia localisé au Sénégal et connu sous le nom de *gonakié*, un arbre épineux caractéristique des paysages sahéliens et des savanes arbustives. Cet arbre était autrefois appelé l'*Acacia arabica*. On obtient la gomme arabique par scarification de son tronc, mais surtout

on extrait des tanins de son bois. Cette gomme est plus ou moins soluble dans l'eau, où elle forme une gelée dont on produit de la colle, par exemple.

54. Equiano parle certainement des handicaps physiques, comme Chinua Achebe dans *Le monde s'effronde*, qui explique que, dans la société ibo, on éliminait discrètement les personnes nées avec une malformation, car ils étaient considérés comme maudits (handicapés physiques, albinos, etc.). Il est évident que de tels rituels se déroulaient à l'insu d'une catégorie de personnes, mais surtout des enfants.

55. Il s'agit des albinos.

56. Dans son livre intitulé *Histoire de la circoncision, des origines à nos jours* (Le Nadir/Balland, Paris, 1992), Malek Chebel précise que « les Éthiopiens, les Égyptiens ou Hébreux, tous circoncisaient leur fils, tous avaient des raisons de se poser en défenseurs naturels de la circoncision, même si, comme le dit dans sa langue du XIXe siècle Zaborowski, "les Juifs et les mahométans ont été ses grands propagateurs dans le monde" ».

57. Nommer les enfants est très important pour les Ibos.

58. Ces expressions sont liées à la mort. On maudit une personne en souhaitant le pire des décès possibles, celui donné par un animal à l'homme. À l'époque d'Equiano, les hommes du village sont généralement des chasseurs. Aussi redoutent-ils souvent d'être tués par un animal, car leur cadavre pourrait ainsi ne jamais être retrouvé : il gonflerait et pourrirait dans la forêt. De même, souhaiter à un homme d'être tué par un animal revenait à le déshumaniser, car l'homme étant considéré comme plus puissant que l'animal, une telle malédiction était dégradante.

59. Les purifications et les ablutions sont courantes dans la tradition juive ancienne.

60. Un exemple similaire s'est déroulé à Montserrat dans les Indes-Occidentales en 1763. « À l'époque, écrit Equiano dans une note, j'appartenais au *Charming Sally* du capitaine Doran. Le chef d'état-major, M. Mansfield, ainsi que d'autres membres de l'équipage étant un jour à terre ont assisté à l'enterrement d'une fille noire empoisonnée. En dépit du fait qu'ils avaient toujours entendu parler de la scène de la course dans ces cas, et l'avaient même déjà vue, ils imaginaient qu'il ne s'agissait que d'une ruse de la part des porteurs du cadavre. Cependant, les seconds désiraient que deux des marins soulèvent le cercueil et le portent jusqu'au tombeau. Les marins,

qui étaient tous du même avis, ont volontiers obéi ; mais ils l'avaient à peine soulevé pour le placer sur leurs épaules, qu'ils s'étaient mis à courir furieusement de long en large, presque incapables de se diriger jusqu'à ce que, enfin, sans intention aucune, ils arrivent devant la cabane de celui qui avait empoisonné la fille. Le cercueil tomba alors immédiatement de leurs épaules pour cogner la baraque et endommager une partie de son mur. Le propriétaire des lieux fut arrêté sur-le-champ, et confessa l'empoisonnement. Je raconte cette histoire telle qu'elle fut racontée par le second capitaine et l'équipage à leur retour sur le navire. Je laisse le lecteur libre d'y accorder le crédit qu'il mérite. » Les propriétaires d'esclaves redoutaient effectivement d'être empoisonnés par leurs esclaves. Par exemple, le *London Chronicle* du 8 avril 1789 rapporte les récits d'esclaves ayant essayé d'empoisonner leurs maîtres en Jamaïque et à Londres.

61. Il s'agit du livre de John Gill, *An Exposition of the Old Testament, in which Are Recorded the Original of Mankind, of the Several Nations of the World, and of the Jewish Nation in Particular...* (Londres, 1788). De plus, le lien qu'Equiano établit entre les Africains et les Juifs fait partie des discussions courantes de son temps, puisqu'elles sont souvent évoquées par les esclavagistes et les abolitionnistes. John Gill (1697-1771) fut l'un des plus importants acteurs de ce débat dans la seconde moitié du XVIIIe siècle. Le débat sur ce sujet porte alors sur la question des descendants de Ham, qui aurait, tout comme lui, été maudit parce que Ham se serait moqué de Noé. On peut penser qu'Equiano connaissait ce débat.

62. Afer et Afra : origine des Africains.

63. *The Truth of the Christian Religion*, édition anglaise, 1786.

64. Actes des Apôtres XVII, 26.

65. Cet extrait est une adaptation du poème de Sir John Denham (1615-1669), *Cooper's Hill* (1642) : « *Now ev'ry leaf, and ev'ry moving breath/Presents a foe, and ev'ry foe a death* » (vers 287-288).

66. Ici, Equiano fait référence aux étapes de la traite : la capture des esclaves par d'autres Africains qui les transportent vers la côte ; la grande traversée de l'Atlantique (*middle passage*) ; l'acclimatation des esclaves nouvellement arrivés dans les plantations des Indes-Occidentales où ils doivent s'adapter à la vie et au travail forcé ; et enfin la période d'esclavage.

67. Tinmah : il reste très difficile d'identifier ce village. Soit

Equiano a essayé de transcrire ce nom à partir de ses souvenirs, soit le nom a évolué et a changé depuis le XVIIIe siècle.

68. Il s'agit sans doute de cauris. D'ailleurs, Pruneau de Pommegorge, qui a participé à de nombreux échanges au Dahomey, décrit ces coquillages comme la « monnaie du pays ». Il note également qu'il s'agit d'une « petite coquille [...] cette monnaie a cours non seulement chez les Dahomets, mais dans toutes les terres des environs ; tout se vend dans les marchés en cauris, c'est la marchandise avec laquelle on traite de préférence les plus beaux captifs » (Pruneau de Pommegorge, *Description de la Nigritie*, Amsterdam et Paris, 1789).

69. Il est fort probable que cette rivière soit le Niger, qui est la seule grande rivière qui traverse la région de l'Igboland.

70. Il s'agit certainement des interprètes. Les interprètes étaient des Noirs libres et naturels du pays que les Blancs louaient parce qu'ils parlaient leur langue (l'anglais notamment). Ils demeuraient donc auprès des Blancs sur la côte à faire la traite, travaillant comme courtiers entre les Blancs et les marchands africains.

71. « ... La vente est annoncée par voie d'affiche et les esclaves exposés reçoivent la visite des colons qui les achètent de gré ou dans des enchères publiques. Pour se débarrasser des Noirs invendables, les commissaires priseurs composent des lots hétéroclites... À une heure fixée d'avance, on ouvre les portes de l'enclos où sont détenus les Noirs, et les acheteurs se ruent vers la marchandise avec la même frénésie que les clientes de grands magasins un jour de soldes » (Isabelle et Jean-Louis Vissière, *La traite des Noirs au siècle des Lumières*, Paris, A.-M. Métailié). Il faut toutefois préciser que cette vente est en fait la seconde vente des Africains, qui, à ce moment-là, perdent leur statut de *captifs* pour devenir de véritables *esclaves*. La marque de fer du colon qu'ils reçoivent confirme leur nouveau statut.

72. Petit navire anglais de moins de vingt canons, à voiles et à un seul mât. Il apparaît dès 1752.

73. On peut penser que le prix que donne Equiano est recevable si l'on tient compte de cette affirmation de Stedman : le prix « d'un bon nègre va généralement de cinquante à cent livres sterling. Si une négresse est enceinte, elle est vendue plus cher... » (Jean-Gabriel Stedman, *Narrative of a Five Years Expedition against the Revolted Negroes of Surinam*, Londres, 1796). Pour Charbonnier, « c'était un assez bon prix pour un garçon de onze ans ; en 1753, on payait un esclave de la Côte

d'Or, plus estimé qu'un esclave de Calabar, entre 28 et 30 livres. Mais les prix variaient considérablement et, environ à l'époque où le capitaine Pascal acheta Equiano (début 1757), ils semblent avoir été plus élevés que d'habitude. En novembre 1756, un capitaine se vantait d'avoir vendu sa cargaison d'esclaves de 40 à 50 livres par tête, et il se peut que ce prix ait encore monté à cause des attaques françaises de négriers au large de la côte de Gambie à la fin de 1756, ce qui provoqua sans doute une pénurie d'esclaves » (in *La véridique histoire par lui-même d'Olaudah Equiano, Africain, esclave aux Caraïbes, homme libre,* trad. Claire-Lise Charbonnier, Paris, Éditions caribéennes, 1987, p. 36-37).

74. Il est fort probable qu'Equiano se trompe sur son âge car, d'après le livre de bord du *Roebuck*, il monte à bord le 1er janvier 1756. De ce fait, on peut penser qu'il est né avant 1745, ou alors qu'il a été capturé bien plus jeune qu'il ne le dit : il a onze ans au moment de son rapt ; il dit avoir passé entre six et sept mois à voyager en Afrique, entre sa capture et son arrivée sur la côte ; son voyage à la Barbade, où il reste pendant deux semaines, dure au moins deux mois ; son voyage en Virginie dure une semaine et il y reste environ un mois ; le voyage en Angleterre dure treize semaines. Au total il passe au minimum treize mois entre sa capture et son arrivée en Angleterre.

75. Le Havre, port fondé en 1517.

76. Dès la huitième édition, Equiano écrit « Duke of Cumberland » : il s'agit de William Augustus, duc de Cumberland (1721-1765), oncle du roi d'Angleterre, George III. Surnommé « The Butcher » pour la violence de la répression qu'il fit exercer à l'égard des rebelles jacobins défaits à Culloden en 1746. En octobre 1757, il est contraint de démissionner de l'armée après avoir été vaincu à Hastenbeck en juillet. Forcé de quitter Hanovre, Equiano participe à l'expédition qui doit le ramener en Angleterre.

77. Il s'agit des filles de Maynard et d'Elizabeth Guerin. Ce sont les cousines du capitaine Pascal.

78. Voir Thomas Wilson (1663-1755), *An Essay towards an Instruction for the Indians ; Explaining the Most Essential Doctrines of Christianity. With May Be of Use to Such Christians, as Have not well Considered the Meaning of the Religion they Profess ; or, Who Profess to Know GOD, but in Works Do Deny Him. In Several Short and Plain Dialogues…*, Londres, 1740. Equiano fait sans doute référence à l'une des éditions de cet

ouvrage paru dans les années 1780 : *The Knowledge and Practice of Christianity Made Easy to the Meanest Capacities : or, an Essay towards an Instruction for the Indians*, Londres, 1781.

79. Le Cap de Land's End est situé à l'extérieur du sud-ouest de l'Angleterre dans le comté des Cornouailles.

80. Il s'était noyé en essayant de s'enfuir.

81. Poème d'Alexander Pope, modifié par Equiano : « *O King! oh Father! hear my humble Pray'r.../ if Greece must perish, we thy Will obey,/ But let us perish in the Face of the Day.* »

82. L'amiral La Clue Sabran.

83. John Milton, *Paradise Lost*, Londres, 1674, 1, vers 175.

84. Parmi ceux que nous ramenâmes de Bayonne se trouvaient deux hommes, qui avaient été dans les Indes-Occidentales, où ils vendirent des esclaves ; et ils avouèrent qu'ils avaient fait, à un moment donné, un faux acte de vente, et vendirent deux Portugais blancs dans un lot d'esclaves. *(Note de l'édition originale.)*

85. Certaines personnes prétendent que, peu de temps avant la mort des individus, leur esprit protecteur se fait voir ; c'est-à-dire un certain esprit sous leur apparence, bien qu'ils soient eux-mêmes à d'autres endroits au même moment. Un jour alors que nous étions à Bayonne, M. Mondle vit l'un de nos hommes, c'est ce qu'il crut, dans l'armurerie ; et peu après, en arrivant sur le gaillard d'arrière, il parla de quelques circonstances concernant cet homme à certains officiers. Ils lui dirent que l'homme était alors hors du navire, quand il le découvrit effectivement hors du navire ; et lorsque le bateau revint, quelque temps après, nous découvrîmes que l'homme s'était noyé au moment même où M. Mondle pensait l'avoir vu. *(Note de l'édition originale.)*

86. Ainsi je fus sacrifié à la jalousie et au dépit de cette dame parce qu'elle avait appris que la dame qui lui avait succédé dans les bonnes grâces de mon maître avait l'intention de me prendre à son service ; ce que, si j'avais une fois été sur le rivage, elle n'aurait pas été capable d'empêcher. Elle sentit son orgueil menacé par la supériorité de sa rivale qui aurait alors été assistée d'un serviteur noir : il ne s'agissait pas tant d'empêcher cela que de se venger de moi, si bien qu'elle amena le capitaine à me traiter avec tant de cruauté. *(Note de l'édition originale.)*

87. « The Dying Negro », poème publié à l'origine en 1773. Equiano cite le poème de Thomas Day et John Bickenell qu'il

semble avoir quelque peu adapté : « *The Dying Negro, A poetical Epistle, from a Black, Who Shot Himself on Board a vessel in the River Thames, to his Intended Wife*, Londres, 1773.

88. Milton, *Paradise Lost*, 1, vers 65-68. Cependant le second vers du texte de Milton a été modifié : « *And rest can never dwell...* »

89. Ces pisterines sont d'une valeur de un shilling.

90. La prison de King's Bench était tout spécialement réservée aux débiteurs.

91. M. Dubury, ainsi que plusieurs autres à Montserrat.

92. Sir Philip Gibbes, qui a écrit l'ouvrage *Instructions for the Treatment of Negroes, Inscribed to the Society for Propagating the Gospel in Foreign Parts* (Londres, 1786).

93. Milton, *Paradise Lost*, 2, vers 616-618. La seconde ligne semble avoir été modifiée par Equiano : « *View'd first their lamentable lot, and found.* »

94. Ce texte est adapté, et légèrement modifié, du *Paradis perdu* de Milton, vers 332-340, à propos de la chute des anges.

95. À cette époque le shilling vaut un vingtième de la livre.

96. Autre citation adaptée de Milton.

97. « Stamp Act » : cette loi est passée le 8 août 1688. Elle fut réactualisée en 1765. Elle est souvent utilisée par les antiesclavagistes. Il s'agit d'une loi imposée par le Parlement anglais à l'Amérique afin d'instituer le paiement d'une taxe pour certaines transactions, notamment les ventes d'esclaves.

98. À la différence des membres de l'Église d'Angleterre (les catholiques romains), les quakers croient que les enseignements de la Bible émanent de l'inspiration divine de simples individus. Les quakers, égalitaires, ne reconnaissent aucune autorité séparant le croyant de Dieu, de ce fait aucun ministre (prêtre ou pasteur) n'est supposé conduire le peuple ni ne doit être séparé de l'assemblée. C'est pour cela que, comme Equiano le découvre lui-même, lorsque aucun membre de l'assemblée ne se dévoue pour parler lors des réunions publiques, l'office se déroule en silence.

99. Il s'avère que George Whitefield (1714-1770) n'a pas quitté l'Angleterre entre le 7 juillet 1765 et le 16 septembre 1768, donc Equiano n'a pas pu assister à son sermon à Philadelphie en 1766 ou 1767. On peut supposer qu'il l'a entendu prêcher à Savannah, en Géorgie en février 1765. Whitefield était très connu et critiqué pour sa manière de prêcher, spécialement lorsqu'il s'adressait aux pauvres que les ministres les plus conservateurs de l'Église anglicane ignoraient.

100. *Liber D* : livre ou registre D. L'usage de l'authentification des documents est courant dans les autobiographies et les biographies du XVIIIe siècle.

101. Il s'agit du nom indien d'un village situé près de Savannah.

102. Le navire sur lequel se trouve Equiano va contre le vent dans un mouvement de zigzags.

103. On ne pouvait préserver de la viande qu'en la salant abondamment.

104. La Nouvelle Providence était la capitale des îles Bahamas.

105. Il s'agit de l'île connue aujourd'hui sous le nom d'Abaco. Il faut signaler qu'Andros est en réalité la plus grande île des Bahamas.

106. *Dutch Creole* : c'est ainsi qu'on appelait les descendants des Hollandais qui étaient nés dans l'hémisphère Sud.

107. Le mot anglais *hoy* désigne une petite embarcation destinée à transporter des personnes ou des bagages d'un endroit à l'autre.

108. En fait ces navires cherchaient des bateaux naufragés pour les piller.

109. À l'époque, de nombreux débats sur le traitement des esclaves permettent de comparer l'endroit où ces derniers sont le mieux traités. Il est évident que les esclaves des Indes-Occidentales appartenant à la Couronne britannique connaissent plus d'atrocités que ceux de la France, où leur traitement est régulé par le Code noir depuis 1685, même si cela ne l'est pas toujours en pratique.

110. Cherry Garden Stairs est situé sur l'une des rives de la Tamise (au sud), à environ 4 milles de Westminster Palace.

111. Francis (Grigory) et John (Grigory) ont vécu dans deux maisons différentes à Coventry Court, à Haymarket, en 1767. Francis vivait à Coventry Court depuis 1764 au moins et semble être le révérend dont parle Equiano, car John n'apparaît pas dans les registres avant 1767.

112. Ici il ne s'agit pas d'un propriétaire d'esclaves, mais d'un employeur qui lui apprendrait à coiffer, un patron.

113. Il faut souligner qu'Equiano omet, volontairement ou non, de mentionner l'esclavage pratiqué par les trafiquants islamistes du Moyen-Orient qui, bien avant l'arrivée des Européens, compte environ 4 millions d'esclaves d'Afrique noire, et dure encore après la fin de la traite des esclaves en Europe.

114. Au moment des croisades, les envahisseurs européens

venant de la France actuelle. Pour les Turcs les termes *Francs* et *chrétiens* sont synonymes.

115. Ici, il s'agit du pouding, entremets sucré à base de farine, de sucre et de beurre en proportions égales, et garni de fruits. (Le pudding à l'anglaise, ou *plum-pudding*, se caractérise par l'emploi de graisse de bœuf.)

116. Les *galley slaves* étaient des prisonniers de guerre non chrétiens mentionnés par de nombreux voyageurs lors de leurs périples au sud de la France et en Italie.

117. Il s'agit sans doute de Ferdinand IV (1751-1825) et de Maria Carolina (1752-1814).

118. Stangate Creek est situé à Stangate Stairs au sud de la Tamise, du côté opposé au palais de Westminster.

119. Dans les îles Britanniques des Indes-Occidentales, dont la Jamaïque était de loin la plus peuplée (avec environ 300 000 personnes, tandis que la Barbade en comptait 100 000), 90 % de toute la population était constituée de descendants d'Africains avant la révolution américaine. En comparaison, dans les colonies américaines qui comptent près de 2 millions de personnes, environ 20 % avaient des ascendants africains. En Angleterre, avec une population de 6,5 millions en 1771, on dénombre entre 14 000 et 20 000 Noirs, soit 0,2 % de la population entière, concentrés dans les ports où la traite se pratique (Bristol et Liverpool, en particulier) et à Londres.

120. Phipps succède à son père, Constantine Phipps, et devient le baron Mulgrave d'Irlande en 1775.

121. Aucun Gustavus Vassa n'apparaît dans les registres de bord du *Race Horse*. Néanmoins on a enregistré un certain Gustavus Weston qui a débuté l'expédition en tant que marin le 17 mai 1773. Ce dernier avait vingt-huit ans et était né en Caroline du Sud. D'après Carretta, étant donné que les noms étrangers étaient souvent mal épelés ou écrits de la manière la plus proche de l'anglais, et parce que les données personnelles et professionnelles d'Equiano s'accordent à ceux des registres, Gustavus Weston pourrait bien être Gustavus Vassa.

122. Equiano utilise sans aucun doute l'ouvrage écrit par John Phipps sur cette expédition : *A Voyage towards the North Pole Undertaken by His Majesty's Command 1773* (Londres, 1774).

123. Il s'agit du capitaine Skiffington Lutwidge.

124. Une sorte d'acide nitrique mélangée à l'eau.

125. Phipps note l'arrivée à Orfordness le 24 septembre (*op. cit.*, 74).

126. Phipps semble moins pessimiste qu'Equiano dans sa conclusion concernant cette expédition qui n'atteint pas son objectif.

127. Les Turcs étaient souvent considérés comme des infidèles.

128. Union Stairs est situé sur la rive nord de la Tamise, non loin du palais de Westminster.

129. *Habeas corpus* : loi anglaise qui, depuis l'époque médiévale, interdit d'exécuter une sentence sur un individu avant de l'avoir légalement jugé.

130. Grandville Sharp (1735-1813) est certainement l'un des plus grands abolitionnistes qu'Equiano ait rencontrés au début de son combat pour la fin de l'esclavage en Angleterre. Il confie à sa nièce qu'Equiano lui a été recommandé par le général James Edward Oglethorpe (1696-1785), le philanthropique fondateur de la ville de Géorgie. À ce propos, Vincent Carretta rappelle que le *Morning Chronicle and London Advertiser* du 18 mars 1783 avait publié la lettre d'Equiano à Sharp, pour attirer son attention sur le capitaine du navire, le *Zong*, qui avait délibérément jeté 132 esclaves africains à la mer.

131. Ésaïe 65, 24.

132. Probablement un pasteur protestant qui n'était pas membre de l'Église d'Angleterre, ou un méthodiste ayant signé la charte des pasteurs dissidents.

133. *Love feast* : il s'agit en fait du rassemblement d'adorateurs chrétiens commémorant le dernier repas du Christ.

134. Ce passage est une citation de Robert Robinson (1735-1790), « *Come thou fount of every blessing* », in *The Methodist Hymn Book*, édition de 1933.

135. Il pourrait s'agir de l'ouvrage de Thomas Wilson, *An Essay towards an Instruction for the Indians* (Londres, 1740), le livre qu'il reçoit lors de son baptême, mais qu'il perd par la suite, ou alors celui de Laurence Harlow, *The Conversion of an Indian, in a letter to a friend*, Londres, 1774.

136. Lamentations 3, 39 : « *Wherefore doth a living man complain, a man for the punishment of his sins ?* »

137. Joseph Alleine (1634-1668), *An Alarm to Unconverted Sinners* (Londres, 1673).

138. Romains 7, 9.

139. Actes des Apôtres 8, 26-39 : l'Éthiopien accepte de se faire baptiser au nom du Christ. Le terme « Éthiopien » permettait auparavant de désigner les Noirs d'Afrique.

140. L'Ebenezer était le nom de la pierre que Samuel avait instaurée pour commémorer l'assistance de Dieu dans son combat contre les incroyants à Mizpeh. Ici Equiano utilise le mot Ebenezer dans un sens figuré.

141. La prédication entendue par Equiano ce jour-là se trouve dans Romaine, *A Seasonable Antidote against Popery. In a Dialogue upon Justification* (Londres, 1757, 6-7 ; 33-34).

142. Vincent Carretta a identifié cette chapelle comme étant la New Way chapel où Equiano a une fois entendu prêcher Peckwell, et non pas la chapelle où il a été baptisé, l'Anglicane Saint-Margaret's of Westminster.

143. Dès la 8e édition, Equiano écrit « Mr. G. Smith ».

144. Equiano paraphrase et condense plusieurs versets bibliques (Actes 4, 10-12).

145. Il s'agit de l'adaptation de « The Spiritual Victory » d'Augustus Montague Toplady (1740-1778), in *Psalms and Hymns for Public and Private Worship. Collected (for the Most Part), and Published, by Augustus Toplady* (Londres, 1776).

146. Harcèlement des taureaux par des chiens. Cette pratique est courante en Angleterre à cette époque.

147. Benedict XIV est pape de 1740 à 1758. Il se peut que le père Vincent use d'ironie ici, parce qu'on appelait le principal guide des jésuites « The Black Pope, » tandis que Benedict XIV était connu pour ses positions antijésuites.

148. 2 Corinthiens 6, 17.

149. Il semble que Equiano cite des parties choisies du Psaume 107.

150. Ce sont les Indiens « Miskito », qui vivent sur la côte des Caraïbes en Amérique centrale et dont le chef était nominalement soumis à l'autorité du gouverneur de Jamaïque.

151. John Fox (1517-1587), *The Acts and Monuments of the Church, or Book of Martyrs* ; Fox était connu pour son opposition envers l'Église catholique romaine et, dans ce livre, il publie son opinion.

152. Bélial est un personnage démoniaque cité dans 2 Corinthiens 6, 15.

153. Thomas Jefferys situe ces Indiens au sud de « Moskito King's Party », l'actuel Nicaragua.

154. Matthieu 16, 26.

155. Il s'agit de la Nouvelle Grenade, aujourd'hui appelée Colombia.

156. Adaptation d'un passage de la pièce de Colley Cibber (1671-1757), *Love's Last Shift*.

157. Capitaine Stair Douglas du navire le *Squirrel*.

158. Il s'agit sans doute d'une albinos.

159. Le lieutenant Matthias Macnamara est gouverneur de James Island en 1774 et gouverneur de Senegambie à la fin de 1775. En 1778, après avoir perdu deux procès, il est démis de ses fonctions de gouverneur.

160. Articles publiés en 1563 qui constituent le *credo* de l'Église d'Angleterre.

161. À cette époque Robert Lowth (1710-1787) est l'évêque de Londres.

162. En réalité, plus qu'un simple mémoire il s'agit d'une pétition qui expose des faits bien précis.

163. À l'époque, Philip Quaque (1741-1816) est le prêtre noir de l'Église anglicane.

164. Cet homme noble pourrait être George Pitt (1721-1803), encore connu sous le nom de Baron Rivers, il est colonel de la milice de Dorset à partir de 1757 et s'inscrit sur la liste des souscripteurs de *The Interesting Narrative*.

165. Luc 10, 37.

166. Publié pour la première fois en 1766 à Philadelphie par Bénezet, *A Caution and Warning to Great Britain and her Colonies* est de nouveau publié en 1767 à Londres sous le titre cité par Equiano. Il s'agit d'une forme de pétition contre l'esclavage que la Société des Amis des quakers (*Society of Friends*) distribue à tous les principaux membres du gouvernement et du Parlement, ainsi qu'aux prêtres à travers l'Angleterre.

167. D'après les archives de John Kemps à la « Library of the Society of Friends House » à Londres, cette pétition est présentée par Gustavus Vassa, ainsi que sept autres personnes, le 21 octobre 1785.

168. Pots de chambre.

169. Thomas Boulden Thompson (1766?-1828) prend effectivement le commandant du *Nautilus* dès le 27 mars 1786. Bien qu'il fût un abolitionniste, il écrit une lettre à la Commission maritime (*Navy Board*) le 21 mars 1787 pour se plaindre de la conduite d'Equiano.

170. Dans la 9e édition, Equiano écrit « *Samuel Hoare, banker in the city* ». Outre cela, il note en bas de la page : « *Witness Thomas Steele, Esq. M. P. of the Treasury, and Sir Charles Middleton, Bart. & I should publicly have exposed him (even in writing falsely of me last March), were it not out of respect to the worthy quakers and others.* » Sir Charles Middleton (1726-

1813) était baron et deviendrait Lord Barham plus tard. Il s'opposait à la traite des Noirs ; Samuel Hoare (1751-1825) était un quaker et farouche défenseur de la cause des Noirs et membre du « Comité des Noirs désœuvrés » (*Committee for the Black Poor*) qu'il présida dès le 5 septembre 1786. Dans l'une de ses lettres à *The Public Advertiser* (17 juillet 1787), Equiano le qualifie d'opposant.

171. Il s'agit de Joseph Irwin.

172. Le terme anglais *Lascars* désignait les marins des Indes-Orientales qu'on considérait alors comme des Noirs. Une cinquantaine de ces marins étaient partis en Afrique à bord des bateaux anglais pour s'y installer.

173. Après son renvoi, Equiano se voit accuser de mauvaise gestion lors de son expédition vers l'Afrique par de nombreuses personnes. Afin de donner sa version des faits, il écrit cette pétition en guise de réponse à une lettre qui l'attaque à ce propos, publiée le 11 avril 1787 dans *The Public Advertiser.*

174. C'est la reine Charlotte (1744-1818) qui règne à cette époque.

175. *The Consolidated Slave Act of Jamaica* a été passé le 2 mars 1792 en remplacement de la loi de 1788 et permettait de diminuer les amendes imposées aux propriétaires cruels envers leurs esclaves.

176. Grandville Sharp, le révérend Thomas Clarkson, le révérend James Ramsay ; nos amis agréés, et les hommes de vertu sont un honneur pour notre pays, des ornements pour la nature humaine, heureux en eux-mêmes et des bienfaiteurs pour l'espèce humaine. *(Note de l'édition originale.)*

177. Proverbe 14, 31 ; 14, 34 ; 10, 29 ; 11, 5.

178. À cet endroit, dès la 5e édition, est inséré un paragraphe sur le mariage d'Equiano avec Susan Cullen, en 1792. Le mariage d'Equiano est publié dans *The Gentleman's Magazine.* Susan Cullen est inscrite sur la liste des souscripteurs de *The Interesting Narrative* dans la 3e édition du livre, en 1790, ainsi que sur la 4e, parue en 1791. Equiano et Susanna ont eu deux filles : Anna Maria, née le 16 octobre 1793, baptisée le 30 janvier 1794, morte le 21 juillet 1797 ; Joanna, née le 11 avril et baptisée le 29 avril 1795. Susanna décède en 1796. Equiano meurt le 31 mars 1797. Son décès paraît dans *The Gentleman's Magazine* d'avril 1797 dans la rubrique « Oblituary of remarkable persons » : « *In London, Mr. Gustavus Vassa, the African, well known to the* [*publick*] *by the interesting nar-*

rative of his life, supposed to be written by himself. » Dans une lettre écrite à sa nièce Jemima le 22 février 1811, Granville Sharp dit avoir vu Equiano sur son lit de mort : « *I went to see him when he lay upon his death bed, and had lost his voice so that he could only whisper* » (Granville Sharp Papers, Gloucester Record Office). L'héritière de la famille, Joanna Vassa, hérite à son vingt et unième anniversaire (en 1816) d'une propriété estimée à 950 livres.

RÉFÉRENCES BIBLIOGRAPHIQUES

ACHEBE, Chinua, *Le monde s'effondre*, trad. Michel Ligny, Paris, Présence africaine, 1972.

ACHOLONU, Catherine Obianuju, *The Igbo Roots of Olaudah Equiano: An Anthropological Research*, Owerri, Afa Publications, 1989.

ADAMS, John, *Sketches Taken During Ten Voyages to Africa*, Londres, 1822.

ADANSON, William, *A Voyage to Senegal, the Isle of Goree, and the River Gambia*, Londres, 1759.

ALLEINE, Joseph, *An Alarm to Unconverted Sinners*, Londres, 1673.

BASDEN, B. T., *Among the Ibos of Nigeria: An Account of the Curious and Interesting Habits, Customs and Beliefs of a Little Ixnow African People*, Londres, Frank Cass and Co, 1966.

BÉNEZET, Anthony, *A Short Account of the People called Quakers; their Rise, Religious Principles and Settlement in America, Mostly Collected from Different Authors*, New Bedford, 1799.

—, *Some Historical Account of Guinea, Its Situation, Produce, and the General Disposition of Its Inhabitants. With an Inquiry into the Rise and Progress of the Slave-trade, Its Nature, and Lamentable Effects. Also a Republication of the Sentiments of Several Authors of Note on this Interesting Subject, Particularly an Extract of a Treatise by Granville Sharp*, 1788, Londres, J. Phillips, 1971.

BÉNICHOU, Paul, *Le sacre de l'écrivain (1750-1830). Essai sur l'avènement d'un pouvoir spirituel laïque dans la France moderne*, Paris, 1985.

BOSWELL, James, *A Life of Johnson*, 6 vol., 1793, Oxford, Clarendon Press, 1934-1964.

BROWN, John, *Dictionary of the Bible*, vol. 2, Édinbourg, 1788.

CARRETTA, Vincent (éd.), *The Interesting Narrative and other Writings, by Equiano Olaudah*, 1789, New York, Penguin Classics, 1995.

CHEBEL, Malek, *Histoire de la circoncision, des origines à nos jours*, Le Nadir/Balland, Paris, 1992.

CINGAL, Guillaume, «*A Slave's Progress* : violence et modernité paradoxale in *The Interesting Narrative of the Life of Olaudah Equiano. Written By Himself*», in *Le Progrès*, textes réunis par Monique Chassagnol et Guy Laprevotte, n° 18 de la revue *Confluences*, Nanterre, Publidix, 2001.

CLARKSON, Thomas, *An Essay on the Slavery and Commerce of the Human Species*, Londres, 1786.

CROWLEY, Donald Jr., *Robinson Crusoe*, Oxford, Oxford UP, 1972.

CUGOANO, Quobna Ottobah, *Thoughts and Sentiments on the Evil and Wicked Traffic of the Slavery and Commerce of the Human Species*, Londres, 1787.

DAY, Thomas et BICKENELL, John, *The Dying Negro, A Poetical Epistle, from a Black, Who Shot Himself on Board a Vessel in the River Thames, to his Intended Wife*, Londres, 1773.

DE POMMEGORGE, Pruneau, *Description de la Nigritie*, Paris, 1789.

EDWARDS, Paul (éd.), *Equiano's Travels*, by Equiano Olaudah, 1789, Londres, Heinemann, 1967, 1989 et 1996.

—, *La véridique histoire par lui-même d'Olaudah Equiano, Africain, esclave aux Caraïbes, homme libre, par Equiano Olaudah*, 1789, trad. Claire-Lise Charbonnier, Paris, Éditions caribéennes, 1987.

FAGE, J. D., *History of Africa*, 3e édition, Londres, Routledge, 1995.

FALCONBRIDGE, William, *An Account of the Slave Trade on the Coast of Africa*, Londres, 1788.

FORDE, Daryl et JONES, G. I., *The Ibo- and Ibibio-speaking Peoples of Southern Nigeria*, Londres, Oxford UP, 1950.

FOX, John, *The Acts and Monuments of the Church, or Book of Martyrs*.

GATES Jr., Henri Louis (éd.), *The Interesting Narrative of the Life of Olaudah Equiano or Gustavus Vassa, the African, The Classic Slave Narratives, by Equiano Olaudah*, 1789, New York, Penguin, 1987.

GILL, John, *An Exposition of the Old Testament, in which Are Recorded the Original of Mankind, of the Several Nations of the World, and of the Jewish Nation in Particular...*, Londres, 1788.

GRAINGER, James, *An Essay on the More Common West-Indian Diseases... To which Are Added, Some Hints on the Management... of Negroes*, Londres, 1764.

GREEN, M., *Ibo Village affairs*, Londres, Sidwick and Jackson, 1947.

HAMMOND, J. R., *A Defoe Companion*, Lanham, Barnes and Noble Books, 1993.

HARLOW, Laurence, *The Conversion of an Indian, in a Letter to a Friend*, Londres, 1774.

JEFFREYS, Thomas, *The West India Atlas*, Londres, 1794.

JOHNSON, Samuel, *The Rambler*, Londres, 1750.

—, *Dictionary*, Londres, 1755.

KI-ZERBO, Joseph, *Histoire de l'Afrique Noire*, Paris, Hatier, 1978.

MEEK, Charles Kingsley, *Law and Authority in a Nigerian Tribe*, Oxford, Oxford UP, 1937.

MILTON, John, *Paradise Lost*, Londres, 1674.

PHIPPS, John, *A Voyage towards the North Pole Undertaken by His Majesty's Command 1773*, Londres, 1774.

—, *Journal of a Voyage Undertaken by order of His Present Majesty, for Making Discoveries Towards the North Pole*, 1788, Londres, 1774.

PURVER, Anthony, *A New and Literal Translation of All Books of the Old and New Testament; With Notes Explanatory...*, Londres, 1764.

ROBINSON, Robert, « Come Thou Fount of Every Blessing », in *The Methodist Hymn Book*, 417, édition de 1933.

SHARP, Granville, *The Just Limitation of Slavery*, Londres, 1776.

—, *A Representation of the Injustice and Dangerous Tendency of Tolerating Slavery; or of Admitting the Least Claim of private Property in the Persons of Men, in England...*, Londres, 1769.

SMEATHMAN, Henry, *Plan of a Settlement to Be Made Near Sierra Leona, on the Grain Coast of Africa. Intended More Particularly for the Service and Happy Establishment of Blacks and People of Colour, to Be Shipped as Freemen Under the Direction of the Committee for Relieving the Black Poor, and Under the Protection of the British Government*, Londres, 1786.

SMOLLETT, Tobias, *Travels Through France and Italy*, Londres, 1766.

SNELGRAVE, Guillaume, *Nouvelle relation de quelques endroits de Guinée et du commerce d'esclaves qu'on y fait...*, trad. M.A.F.D. De Coulanges, Amsterdam, 1735.

ROMAINE, *A Seasonable Antidote against Popery. In a Dialogue upon Justification*, Londres, 1757.

TALBOT, Percy A., *The Peoples of Southern Nigeria : A Sketch of their History, Ethnology and Language With an Abstract of the 1921 Census*, Londres, Oxford UP, 1926.

TEILHARD DE CHARDIN, J., *La Guinée Supérieure et ses missions. Étude géographique, sociale et religieuse des contrées évangélisées par les missionnaires de la Société des Missions africaines de Lyon*, Keer-Lez-Maastricht, Hollande, Collège apostolique des Missions africaines, vers 1900.

TOPLADY, Augustus Montague, *Psalms and Hymns for Public and Private Worship. Collected (for the Most Part), and Published, by Augustus Toplady*, Londres, 1776.

UGOCHUKWU, Françoise, *Contes Igbo du Nigeria*, Paris, Karthala, 1992.

VISSIÈRE, Isabelle et Jean-Louis, *La traite des Noirs au siècle des Lumières*, Paris, A.-M. Métailié, 1982.

WALVIN, James, *An African's Life : The Life and Times of Olaudah Equiano*, 1745-1797, Londres, Continuum, 1998.

WILSON, Thomas, *An Essay Towards an Instruction for the Indians ; Explaining the Most Essential Doctrines of Christianity. With May Be of Use to Such Christians, as Have not Well Considered the Meaning of the Religion they Profess ; or, Who Profess to Know GOD, But in Works Do Deny Him. In Several Short and Plain Dialogues...*, Londres, 1740.

AUTRES RÉFÉRENCES

La Bible en français courant, traduite de l'hébreu et du grec, Alliance biblique universelle, 1988.

La Sainte Bible contenant le Nouveau Testament, traduite du françois sur la Vulgate, par Mr Le Maistre De Saci, tome second, Paris, chez Guillaume Desprez, imprimeur & libraire ordin. Du Roi : & du Clergé de France, rue Saint Jacques, à S. Prosper & aux 3 vertus. 1730.

La Sainte Bible, traduite d'après les textes originaux hébreux et grecs, Paris, Alliance biblique universelle, 1992.

La Sainte Bible qui contient le Vieux et le Nouveau Testament, revue et corrigée sur le texte hébreux et grec, par les pasteurs et les professeurs de l'Église de Genève, avec les argumens [*sic*] et les réflexions sur les chapitres de l'Écriture sainte, et des notes. Par J. F. Ostervald, pasteur de l'Église de Neuchâtel, quatrième édition, soigneusement revue et corrigée, Neuchâtel, de l'imprimerie de la Société typographique, 1772.

gie. Exactions sur des nègres libres, comme d'habitude. Son commerce de dindes. Fait route vers Montserrat, et pendant sa traversée son ami, le capitaine, tombe malade et meurt. 202

CHAPITRE VIII — L'auteur, pour complaire à M. King, embarque une fois de plus dans l'un de ses vaisseaux en direction de la Géorgie. Un nouveau capitaine est nommé. Ils naviguent, et prennent une nouvelle route. Trois rêves remarquables. Le vaisseau fait naufrage sur la Berge de Bahama, mais l'équipage est protégé, principalement grâce à l'entremise de l'auteur. Il part de l'île avec le capitaine, dans un petit canot, à la recherche d'un bateau. Leur détresse. Rencontre d'un bateau sauveteur. Navigation vers Providence. Une tempête terrible les rattrape, et tous deux manquent de périr. Ils arrivent à Nouvelle Providence. L'auteur, après quelque temps, part de là pour la Géorgie. Il rencontre une autre tempête, et se voit obligé de rentrer au port pour remettre le bateau en état. Il arrive en Géorgie. Rencontre de nouvelles exactions. Deux hommes blancs tentent de le kidnapper. Il exerce les fonctions de pasteur lors d'une cérémonie funéraire. Il dit adieu à la Géorgie, et fait route vers la Martinique. 221

CHAPITRE IX — L'auteur arrive en Martinique. Rencontre de nouvelles difficultés. Se rend à Montserrat, où il prend congé de son ancien maître, et fait route vers l'Angleterre. Rencontre le capitaine Pascal. Apprend le cor d'harmonie. S'engage avec le docteur Irving, où il apprend à épurer l'eau de mer. Quitte le docteur, et part en voyage en Turquie et au Portugal ; et puis il effectue un voyage vers la

APPENDICES

DANS LA MÊME COLLECTION

COMTESSE D'AGOULT, *Mémoires, souvenirs et journaux.*

ANONYME, *Mémoires d'une femme de qualité sur le Consulat et l'Empire.*

MADEMOISELLE AVRILLION, *Mémoires sur l'impératrice Joséphine.*

MARGRAVE DE BAYREUTH, *Mémoires.*

CARDINAL DE BERNIS, *Mémoires.*

COMTESSE DE BOIGNE, *Mémoires,* I. *Du règne de Louis XVI à 1820.*

COMTESSE DE BOIGNE, *Mémoires,* II. *De 1820 à 1848.*

PRÉSIDENT DE BROSSES, *Lettres d'Italie,* I.

PRÉSIDENT DE BROSSES, *Lettres d'Italie,* II.

ALVAR NUÑEZ CABEZA DE VACA, *Relation et commentaires sur les deux expéditions qu'il fit aux Indes.*

MADAME CAMPAN, *Mémoires de la Première femme de chambre de Marie-Antoinette.*

HENRI DE CAMPION, *Mémoires.*

CANLER, *Mémoires.*

SCIPION DE CASTRIES, *Souvenirs maritimes.*

MADAME DE CAYLUS, *Souvenirs.*

ROBERT CHALLE, *Journal d'un voyage fait aux Indes orientales,* I.

ROBERT CHALLE, *Journal d'un voyage fait aux Indes orientales,* II.

DUC DE CHOISEUL, *Mémoires.*

ABBÉ DE CHOISY, *Mémoires.*

CLÉRY, *Journal de ce qui s'est passé au Temple.*

COLLECTIF, *Actes du tribunal révolutionnaire.*

CONSTANT, *Mémoires intimes de Napoléon Ier*, I.

CONSTANT, *Mémoires intimes de Napoléon Ier*, II.

COURTILZ DE SANDRAS, *Mémoires de Monsieur d'Artagnan.*

LORENZO DA PONTE, *Mémoires.*

PRINCESSE DASCHKOFF, *Mémoires.*

MADAME DU DEFFAND, *Lettres (1742-1780).*

ISAAC DUMONT DE BOSTAQUET, *Mémoires sur les temps qui ont précédé et suivi la Révocation de l'Édit de Nantes.*

MADAME DE DURAS, *Édouard.*

MADAME D'ÉPINAY, *Les Contre-Confessions, histoire de Madame de Montbrillant*, I.

MADAME D'ÉPINAY, *Les Contre-Confessions, histoire de Madame de Montbrillant*, II.

MADAME D'ÉPINAY, *Les Contre-Confessions, histoire de Madame de Montbrillant*, III.

COMTE DE FORBIN, *Mémoires (1686-1733).*

MADAME DE GENLIS, *Mémoires.*

MADAME DE GIRARDIN, *Lettres parisiennes du vicomte de Launay.*

CARLO GOLDONI, *Mémoires.*

MADAME DU HAUSSET, *Mémoires sur Louis XV et Madame de Pompadour.*

REGINALD F. JOHNSTON, *Au cœur de la cité interdite.*

MADAME DE LA FAYETTE, *Histoire de Madame Henriette d'Angleterre.*

PAUL-ÉMILE LAFONTAINE, *Campagne des mers du Sud.*

MADAME DE LA GUETTE, *Mémoires (1613-1676).*

MARQUIS DE LA MAISONFORT, *Mémoires d'un agent royaliste sous la Révolution, l'Empire et la Restauration (1763-1827).*

DUCHESSE DE LA ROCHEFOUCAULD, *Lettres à William Short.*

MARQUISE DE LA ROCHEJAQUELEIN, *Mémoires (1772-1857).*

MARQUISE DE LA TOUR DU PIN, *Mémoires, suivi de sa Correspondance (1815-1846).*

PRINCE DE LIGNE, *Mémoires.*

MARTIN LUTHER, *Mémoires écrits par lui-même, suivi de Correspondance.*

MADAME DE MAINTENON/PRINCESSE DES URSINS, *Correspondance, 1709: une année tragique.*

HORTENSE ET MARIE MANCINI, *Mémoires.*

GÉNÉRAL BARON DE MARBOT, *Mémoires,* I.

GÉNÉRAL BARON DE MARBOT, *Mémoires,* II.

JEAN MARTEILHE, *Mémoires d'un galérien du Roi-Soleil.*

MATHIEU MOLÉ, *Souvenirs de jeunesse.*

ABBÉ MORELLET, *Mémoires.*

GOUVERNEUR MORRIS, *Journal (1789-1792).*

MADAME DE MOTTEVILLE, *Chronique de la Fronde.*

ABBÉ MUGNIER, *Journal.*

BARONNE D'OBERKIRCH, *Mémoires sur la Cour de Louis XVI et la société française avant 1789.*

MARIE D'ORLÉANS, DUCHESSE DE NEMOURS, *Mémoires.*

PRINCESSE PALATINE, *Lettres (1672-1722).*

SAMUEL PEPYS, *Journal.*

MADAME ROLAND, *Mémoires.*

ARTHUR SCHOPENHAUER, *Journal de voyage.*

MADAME DE STAAL-DELAUNAY, *Mémoires sur la société française au temps de la Régence.*

COMTE ALEXANDRE DE TILLY, *Mémoires pour servir à l'histoire des mœurs de la fin du XVIIIe siècle.*

MADAME LA DUCHESSE DE TOURZEL, *Mémoires.*

MARGUERITE DE VALOIS, *Mémoires et autres récits.*

VOLTAIRE, *Mémoires.*

Composition Interligne.
Impression Société Nouvelle Firmin-Didot
à Mesnil-sur-l'Estrée, le 2 juin 2008.
Dépôt légal : juin 2008.
Numéro d'imprimeur : 90736.

ISBN 978-2-7152-2858-0/Imprimé en France.

159492